KB260205

임동석중국사상100

소학

小學

朱熹 編 / 林東錫 譯註

朱熹(1130~1200)

　"상아, 물소 뿔, 진주, 옥. 진괴한 이런 물건들은 사람의 이목은 즐겁게 하지만 쓰임에는 적절하지 않다. 그런가 하면 금석이나 초목, 실, 삼베, 오곡, 육재는 쓰임에는 적절하나 이를 사용하면 닳아지고 취하면 고갈된다. 그렇다면 사람의 이목을 즐겁게 하면서 이를 사용하기에도 적절하며, 써도 닳지 아니하고 취하여도 고갈되지 않고, 똑똑한 자나 불초한 자라도 그를 통해 얻는 바가 각기 그 자신의 재능에 따라주고, 어진 사람이나 지혜로운 사람이나 그를 통해 보는 바가 각기 그 자신의 분수에 따라주되 무엇이든지 구하여 얻지 못할 것이 없는 것은 오직 책뿐이로다!"

《소동파전집》(34) 〈이씨산방장서기〉에서 구당(丘堂) 여원구(呂元九) 선생의 글씨

책머리에

내 일찍이 《소학》을 완전히 소화하고 이해하며 이를 실천에 옮겼다면 좀 더 나은 삶을 살았을 것이며 더 일찍 학문에 눈을 떴을지도 모른다고 여긴다. 거백옥蘧伯玉은 쉰 살이 되어 "마흔아홉까지 그릇되게 살았구나"라고 후회하였다고 했다. 내 나이 이미 이순耳順에 들어서서도 버릴 것을 버리지 못하고, 천노遷怒, 이과貳過할 때가 있는 것을 보면 《소학》의 기본 덕목조차 제대로 익히지 못했던 셈이다. 그나마 지금 다시 이 책을 낱낱이 훑어보면서 고개를 끄덕이고 작은 감동도 스머드는 것을 보면 '일찍 하기만 하면 후회해도 늦지 않음'인가 여겨 안위가 된다.

우선 《논어論語》 자장편子張篇에 이러한 일화가 전하고 있다.

자유子游가 말하였다.

"자하子夏의 문인 중에 어린아이들은 쇄소洒埽·응대應對·진퇴進退 등에 당해서는 옳다. 그러나 이는 말末의 일이다. 근본을 가르침이 없으니 어찌 가하겠는가?"

자하가 이 말을 듣고 이렇게 말하였다.

"아! 언유(言游; 자유)가 잘못 알고 있구나! 군자의 도道는 어느 것을 먼저라 하여 전수해 주고, 어느 것을 나중이라 하여 게을리하겠는가? 초목에 비유하면 종류로 나누어 구별해 주어야 하는 것이다. 군자의 도를 어찌 가히 마구할 수 있겠는가? 처음이 있고 마침이 있게 순서를 정한 것은, 오직 그 성인만이 할 수 있는 것이었다!"

(子游曰:「子夏之門人小子, 當洒埽·應對·進退, 則可矣. 抑末也. 本之則無, 如之何?」 子夏聞之, 曰:「噫! 言游過矣! 君子之道, 孰先傳焉? 孰後倦焉? 譬諸 草木, 區以別矣. 君子之道, 焉可誣也? 有始有卒者, 其惟聖人乎!」)

여기에서처럼 쇄소洒埽, 灑掃·응대·진퇴가 어찌 작은 일이겠는가? 자하의 문인들은 이미 그 아이들을 가르치면서 이러한 성인이 정한 기본 절도로 부터 시작하였으니 그때 뿌린 씨앗이 수천 년을 두고 아동 교육의 절대 필수 과목으로 여겨졌던 것이다.

이러한 어린이 교육이 무너지는 것을 안타깝게 여긴 대유大儒 주희朱熹(송대 이학을 집대성하고 남송 민학파閩學派를 이룸)가 문인 유청지劉淸之, 子澄에게 부탁하여 편집하도록 하고 자신이 최종 마무리를 하여 내놓은 아동 교학 교재가 바로 《소학》이다.

이는 물론 창작은 아니며 고대부터 자신의 송대에 이르기까지 각종 이론 의 기록과 실제 성현과 군자들의 행적, 언행, 어록 등을 모아 채록한 것이 다. 다른 책과는 달리 층차層次와 내용의 심천深淺, 증명과 고실故實 등이 잘 안배되어 서로 연환連環을 이루도록 꾸며져 있다. 그리하여 내편 4권, 외편 2권 등 총 6편6권으로 이루어졌으며 주된 주제는 입교立敎·명륜明倫·경신 敬身을 기본 축으로 하고, 다시 오륜五倫과 심술心術, 위의威儀, 의복衣服, 음식 飮食 등 세세한 것까지 실제 상황에 맞추어 횡橫으로 설명하고 있으며 다시 앞의 세 가지를 증명하고 넓히며, 실천하도록 성현과 군자의 고사와 어록, 일화를 모아 제시한 것이다. 그럼에도 결국 《소학》의 편집의 목적과 취지를 말한다면 "쇄소灑掃·응대應對·진퇴進退의 절도와 애친愛親·경장敬長·융사隆師· 친우親友의 도로써 모두가 수신修身·제가齊家·치국治國·평천하平天下라는 큰 목표인 대학의 길로 가기 위한 것"이었다. 따라서 이 '소학'은 '대학'과 연결 고리를 맺고 있는 셈이며 어린아이로서 뒤에 성장하여 사회인으로 살아 가면서 지켜야 할 기본 덕목을 철저히 가르치고자 한 것이었다.

실로 당시로서는 최고이며 가장 이상적인 초등학교 교재였던 셈이었다. 그리하여 이 책이 나온 뒤 그 영향력이 지대하였으며 명청대에 이르러서는 수많은 주석서가 쏟아져 나왔다. 그리고 이 책이 우리나라 조선시대에는 건국이념에 그대로 맞아떨어져 일반 서당이나 궁중 동궁태자의 어린 시절 교육에 필수 교재임은 물론, 어지간한 학자들도 이를 학문적으로까지 연구한 내용이 지금까지 생생히 남아 있다. 전국 방방곡곡에 어디서나 어린이의 학업 시작에 《천자문》·《동몽선습》·《명심보감》·《소학》·《십팔 사략》·《고문진보》 등의 차례가 설정되어 근세까지 위세를 전혀 잃지 않았던 것이다. 게다가 국가 차원의 언해諺解가 이루어졌으며 그 판본은 끝 없이 이어져 비록 이름 높은 학자라 할지라도 우선 이 소학을 깊이 짚고 넘어가지 않으면 제대로 학문을 할 수 없는 '학문과 실천의 입문서入門書 로서의 역할'도 톡톡히 담당해 왔었다.

필자는 이에 〈사고전서四庫全書〉 진선陳選 주의 《소학》을 저본으로 하였 으며, 그 책의 주까지 낱낱이 뒤져 새롭게 역주를 시도해 보았다. 주가 워낙 세밀하고 또한 상세하며 내용이 알기 쉽도록 되어 있어 많은 보탬이 되었다. 그러나 그에 만족하지 아니하고 필자는 각 구절마다 그 원전의 출처를 탐색하여 찾아내는 작업도 함께 병행하였다. 이에 십삼경十三經은 물론 이십오사二十五史와 제자백가서諸子百家書, 그리고 많이 인용하고 있는 여본중呂本中의 《동몽훈童蒙訓》과 사마광司馬光의 《가범家範》, 왕통王通의 《문중자文中子》까지 섭렵하여 원전을 찾을 수 있는 것은 가능한 한 찾아내어 이를 참고란에 전재하였다. 이로써 지나친 주석의 혼란을 피할 수 있을 뿐더러 절록된 부분이 전체에서 어느 환경에 소속된 내용인지를 앎으로써 의미 전달의 정확성을 꾀함은 물론 오류도 최소화할 수 있었던 것이다. 따라서 문장 해독이나 역주보다는 실제 그러한 작업이 더욱 고통스럽고 많은 시간을 필요로 하였다. 그러나 이왕 책을 내고자 한다면 이제껏 나의 작업 유형대로 원전 전재 수록은 늘 나를 즐겁게 하기도 하였다. 다른 사람들이 활용할 때 학문적으로나 재창출의 근거로 제공될 수 있을 것이라는 기대 때문이었다.

　현대에 이르러 이 책이 제대로 읽히지 않는 지가 꽤 된 것 같다. 즉 조선시대 서당의 다른 동몽교재童蒙教材들은 어린이를 위한 새로운 편집이나 현대적 풀이로 널리 성행하지만 이 《소학》은 아직 그러한 붐을 타지 못하고 있는 느낌이다. 이에 이 책을 기준으로 더 많은 해설서나 어린이를 위한 다음 단계의 쉬운 책들이 쏟아져 나와 이 시대 아동 교육에 일련의 무리를 이룬 책으로 각 가정이나 서점의 서가書架를 채웠으면 하는 것이 필자의 작은 바람이다. 아울러 역주에 홀로 매달리다보니 일부 오자, 탈자, 누락, 오역 등 누소함을 면할 수 없을 것으로 여긴다. 이에 발견되는 대로 일러주시면 새롭게 고쳐나갈 것을 아울러 약속드리며 강호제현의 편달鞭撻과 사교賜教를 기다린다.

사포莎浦 임동석林東錫이 부곽재負郭齋에서 적다.

일러두기

1. 본 《소학小學》은 사고전서四庫全書 자부子部 유가류儒家類의 《어정소학집주御定小學集註》를 저본으로 하고 우리나라 조선시대 《소학언해小學諺解》(선조 18년, 1585) 및 《번역소학飜譯小學》(中宗 12, 1517), 그리고 원본집주原本集註 《소학小學》(世昌書館, 明文堂 印本, 1973), 《소학찬주小學纂註》(高愈, 漢文大系本), 《소학小學》(早稻田大學出版部)을 참고하여 완역한 것이다.

2. 한국의 기존 역서 《소학小學》(南晚星, 寶晉齋, 1973)과 《소학小學》(이해철 역, 자유교육협회 1972), 《소학선小學選》(李基奭, 培英社, 1977) 등도 참고하였다.

3. 많은 판본에는 모두 386장으로 분류하였으나 본 책은 《어정소학집주御定小學集註》에 의거 385장으로 나누었으며 매 장 절마다 일련번호를 부여하고 괄호 속에 편장 번호를 함께 넣었다.

4. 장마다 작은 제목을 한글로 달았으며 이는 독자의 편의를 위하여 역주자가 임의로 넣은 것이다.

5. 《어정소학집주》의 주註는 가능한 한 모두 필자가 표점을 부여하여 해당 어휘나 주, 해설에 부기附記하여 이해와 연구에 도움이 되도록 하였다.

6. 각 원문 문장의 출처를 철저히 밝혀 이를 경사자집經史子集의 해당 전적 典籍에서 가능한 한 모두 찾아, 참고란에 실어 대조와 연구에 편의를 제공하고자 하였다.

7. 해석은 직역을 위주로 하였으나 일부 의역한 곳도 있으며 이는 참고란 출처 문장과 대조하여 의미를 순통하게 하고자 함이었다.

8. 원문의 표점은 현대 중국 표점 방식을 준용準用하였다.

9. 부록으로 《소학》 관련 제발 및 평어 등을 모아 실었다.

10. 본 책의 역주에 참고한 주요 문헌 자료는 다음과 같다.

● 참고문헌

1. 《御定小學集註》宋, 朱熹. 明, 陳選(集註) 〈四庫全書〉(文淵閣) 子部(1) 儒家類 臺灣商務印書館(印本)

2. 《飜譯小學》朝鮮時代 諺解本(中宗 12년, 1517). 高麗大 所藏.

3. 《小學諺解》朝鮮時代 諺解本(宣祖 18년, 1585). 大提閣(印本), 1974. 서울.

4. 《小學》(上下) 原本集註 世昌書館. 明文堂(覆印本) 1973 서울

5. 《小學纂註》漢文大系本 明治 43년(1910), 大正 11년(1922) 13쇄본 富山房 東京. 臺灣 新文豐出版社(印本) 1978 臺北

6. 《小學》先哲遺著 漢籍國字解全書 明治 43년(1910) 早稻田大學出版部 東京

7. 《小學》이해철(역) 자유교육협회 1972 서울

8. 《小學》南晚星(譯) 寶晉齋 1973 서울

9. 《小學選》李基奭(編譯) 培英社 1977 서울

10. 《海東小學》朴在馨. 朝鮮時代 寫本

11. 《伊川擊壤集》四部叢刊本 書同文 電子版 北京

12. 《童蒙訓》宋, 呂本中(撰) 〈四庫全書〉 子部(1) 儒家類 臺灣商務印書館(印本)

13. 《家範》宋, 司馬光(撰) 〈四庫全書〉 子部(1) 儒家類 臺灣商務印書館(印本)

14. 《近思錄》宋 朱熹·呂祖謙(同編) 〈四庫全書〉 子部(1) 儒家類 臺灣商務印書館(印本)

15. 《近思錄集註》淸, 茅星來(撰) 〈四庫全書〉 子部(1) 儒家類 臺灣商務印書館(印本)

16. 《近思錄集註》淸, 江永(撰) 〈四庫全書〉 子部(1) 儒家類 臺灣商務印書館(印本)

17. 《揚子法言》漢, 揚雄(撰) 〈四庫全書〉 子部(1) 儒家類 臺灣商務印書館(印本)

18. 《中論》漢, 荀悅(撰) 〈四庫全書〉 子部(1) 儒家類 臺灣商務印書館(印本)

19. 《中說》隋, 王通(撰) 〈四庫全書〉 子部(1) 儒家類 臺灣商務印書館(印本)

20. 《二程遺書》宋, 朱熹(撰) 〈四庫全書〉 子部(1) 儒家類 臺灣商務印書館(印本)

21. 《二程外書》宋, 朱熹(撰) 〈四庫全書〉 子部(1) 儒家類 臺灣商務印書館(印本)

22. 《二程粹言》宋, 楊時(撰) 〈四庫全書〉 子部(1) 儒家類 臺灣商務印書館(印本)

23. 《節孝語錄》宋, 徐積(撰). 宋, 江端禮(編) 〈四庫全書〉 子部(1) 儒家類 臺灣商務印書館(印本)

24. 《儒言》宋, 晁說之(撰) 〈四庫全書〉 子部(1) 儒家類 臺灣商務印書館(印本)

25. 《上蔡語錄》宋, 謝良佐(撰). 朱熹(刪定) 〈四庫全書〉 子部(1) 儒家類 臺灣商務印書館(印本)

26. 《延平問答》宋, 朱熹(撰) 〈四庫全書〉 子部(1) 儒家類 臺灣商務印書館(印本)

27. 《二程集》宋, 程顥·程頤(纂) 〈四部刊要〉 子部 儒家類 漢京文化事業公司 (活字本) 1983 臺北

28. 《顏氏家訓》顏之推 諸子百家叢書本

29. 《弟子職》漢文大系本

30. 《太極圖說》周敦頤 諸子百家叢書本

31. 《通書》周敦頤 諸子百家叢書本

32. 《觀物篇》邵雍 諸子百家叢書本

33. 《中國儒學百科全書》中國大百科全書出版社 1997 北京

34. 《朝鮮圖書解題》朝鮮總督府 大正 8년(1919)

35. 《韓國圖書解題》高麗大學校 民族文化研究所 1971 서울

36. 《孔子家語》《荀子》《新語》《新書》《新序》《說苑》《潛夫論》《中論》《文中子》《管子》《韓非子》《呂氏春秋》《淮南子》《論衡》《老子》《莊子》《列子》《搜神記》《博物志》《抱朴子》《韓詩外傳》《晏子春秋》《世說新語》

《史記》《漢書》《後漢書》《三國志》《晉書》《宋書》《南齊書》《梁書》
《晉書》《魏書》《北齊書》《周書》《南史》《北史》《隋書》《舊唐書》《新唐書》
《九五代史》《新五代史》《宋史》《國語》《戰國策》《十八史略》《貞觀政要》
《中國史》《四書集註》《十三經注疏》《新編諸子集成》《百子全書》《藝文
類聚》《太平廣記》《文選》《太平御覽》《中國大百科全書》《辭海》《中文
大辭典》《三才圖會》《三禮辭典》《中國歷代人名大辭典》 기타 공구서
등은 기록 생략함.

해제

I. 소학小學의 함의

'소학小學'이라는 어휘는 대체로 세 가지 함의를 가지고 있다. 즉 고대 중국의 교육제도, 넓은 의미의 문자학, 그리고 송대 주희朱熹의 주관으로 편집된 책이름이다. 이들은 서로 연관성을 가지고 있으면서 동시에 약간씩 달리 쓰이는 말이다.

1. 상고시대 교육제도로서의 소학

중국 상고시대 사람으로 태어나 여덟 살이 되면 가숙家塾이나 당상黨庠에 입학하여 어린이로서 기본 소양을 익히도록 되어 있었으며, 이는 뒤에 대학大學에 진학하여 대인(大人, 지도자)의 학문을 배우기 위한 기본 과정이었다. 《예기禮記》 왕제편王制篇에 의하면 소학은 공궁公宮의 남쪽 왼편에 세우며, 대학은 교외郊外에 두었다고 하여 전문 교육 기관이 있었음을 밝히고 있다. 그런가 하면 대학은 천자의 궁궐에 세운 것을 벽옹辟雍, 제후의 대학은 반궁泮宮, 頖宮이라 한다 하였다. 그러나 같은 〈왕제편〉의 기록과 그 주注에 의하면 유우씨有虞氏 시대에는 대학을 상상上庠이라 하여 서교西郊에 두었고, 소학은 하상下庠이라 하여 국중國中의 왕궁 중앙에 두었다. 그리고 이어서 하후씨夏后氏 시대에는 대학을 동서東序라 하여 왕궁의 동쪽에, 소학은 서서西序라 하여 서교에 세웠으며, 은대殷代에는 대학을 우학右學이라 하여 서교에, 소학을 좌학左學이라 하여 국중 왕당王黨의 동쪽에 두었다고 하였다. 그리고 다시 주대周代에 이르러서는 대학은 동교東膠라 하여 국중 왕당 동쪽에, 소학은 우상虞庠이라 하여 서교, 또는 사교四郊에 세웠다고 하였다. 같은 《예기》

〈제의편祭義篇〉 “천자가 사학을 설치하다”(天子設四學)의 주에는 “사학은 주나라 때 사방 교외에 세운 우상을 말한다”(四學謂周四郊之虞庠也)라 하여 사방에 모두 설치하였음을 알 수 있다. 또《대대례기大戴禮記》보부편保傅篇에는 동서남북과 중앙 등 다섯 곳에 소학을 세웠으며 이를 ‘오학五學’이라 한다고 하였다. 그리고 같은 곳에는 “옛날 여덟 살이 되면 외사外舍로 나가 소학을 익히며, 작은 절도를 이수한다”(古者, 年八歲而出外舍, 學小學焉, 履小節焉)라 하였는데 보주補注에 “외사는 소학”(外舍, 一作小學)이라 하여 집 밖에 따로 건물을 지어 어린 아이들을 모아 가르쳤음을 알 수 있다.

그런데 몇 살 때 소학에 입학하였는지는 실제 여러 설이 있다. 앞서 말한 대로 각 기록에 8세에 입학한다는 설이 가장 널리 알려져 있으며 인정되고 있기는 하나《상서대전尙書大傳》에는 “공경의 태자나 대부 중 원사의 적자는 13살에 비로소 소학에 들어가며 작은 절도를 배운다”(公卿之太子, 大夫元士之嫡子, 年十三始入小學, 見小節焉)라 하였고,《신서新書》용경편容經篇에는 “옛날 나이 아홉이면 소학에 들어가며 작은 절도를 실천한다”(古者, 年九歲入就小學, 踐小節焉)라 하여 혹, 13살 또는 9살로 보기도 하였다. 그러나《한서漢書》예문지藝文志, 식화지殖貨志, 그리고《설문해자說文解字》등에는 대체로 8살에 입학한 것으로 보고 있어 거의 많은 기록에 8살로 되어 있으며 성장 과정으로 보아 이 연령이 옳은 것으로 보고 있다.

다음으로 이 소학에서 배우게 되는 이수과목에 대한 문제이다. 물론《맹자》에서 말한 순舜이 설契에게 오교五敎, 즉 오륜五倫으로써 가르치도록 한 것이 그 기본일 것으로 여기지만 그 외에도 뒤에 세분화되고 구체화되어 이른바 삼사三事, 三物 즉, 육덕(六德: 知·仁·聖·義·忠·和), 육행(六行: 孝·友·睦·媚·任·恤), 육예(六藝: 禮·樂·射·御·書·數)를 과정별로 가르쳤을 것으로 보고 있다. 이 내용은 《주례周禮》 대사도大司徒에 자세히 실려 있으며 본 《소학》 입교편(007)에도 전재되어 있다.

그러나 이들은 모두 결국 인간 윤리의 기본이며 그 중 어린아이로서, 혹은 어릴 때부터 익히고 갖추어야 할 덕목이며 구체적으로는 쇄소灑掃·응대應對· 진퇴進退의 절도와 애친愛親·경장敬長·융사隆師·친우親友의 작은 행동과 실천이 었다. 이에 주자는 〈대학장구大學章句〉에서 소학의 학업 과정과 대학으로의 발전 단계를 이렇게 설명한 것이다.

"三代之隆, 其法寖備, 然後王宮·國都以及閭巷, 莫不有學. 人生八歲, 則自 王公以下, 至於庶人之子弟, 皆入小學, 而敎之以灑掃·應對·進退之節, 禮樂射 御書數之文; 及其十有五年, 則自天子之元子·衆子, 以至公·卿·大夫·元士之 適子, 與凡民之俊秀, 皆入大學, 而敎之以窮理·正心·修己·治人之道. 此又學 校之敎·大小之節所以分也."

(삼대 이후에 사도師道가 아래로 떨어지고 학교學校가 부흥하지 못하여 능히 쇄소지교灑掃之敎가 실행되지 못하였다. 그 때문에 근해筋骸가 이미 강해 졌음에도 이욕利欲이 그 가운데에서 교차하여, 나에게 있는 명덕이 스스로 밝아질 수가 없었다. 이미 격치格物, 致知를 할 수 없으니 다시 어찌 성의誠意 로써 할 수 있겠는가? 이미 정심正心을 할 수 없으니 다시 어찌 수신修身을 할 수 있겠는가? 격치(격물, 치지)를 능히 하지 못하여 의성意誠·심정心正·가제 家齊·국치國治가 될 수 없으니 그 무엇을 희망하겠는가? 그 무엇을 희망 하겠는가?)

2. 문자학으로서의 소학

 '소학'이라는 어휘는 광의의 문자학 개념으로 오랫동안 쓰여 왔다. 고대 '소학'은 바로 '대학' 공부를 위한 것이며 이를 뒷받침하기 위하여 문자를 먼저 익혀야 한다. 대학의 교재는 바로 경학이었기 때문이다. 이에 문자학이 분화되기 전 문자에 대한 총체적인 학습이 필수였으며 이 때문에 이들 관련 도서는 경학에 속하게 된 것이다. 《한서》 예문지에 "古者, 八歲入小學. 故周官保氏掌養國子, 敎之六書: 謂象形, 象事, 象意, 象聲, 轉注, 假借, 造字之本也"라 하였던 것이다.

 물론 여기서 육서는 뒤에 명칭과 순서가 합리적으로 바뀌어 상형象形·지사指事·회의會意·형성形聲·전주轉注·가차假借가 되었으며 '조자造字의 근본'이라는 말도 여러 분석을 거쳐 의미의 차이를 밝혀내기도 하였다. 이리하여 한대漢代까지 《사주편史籀篇》·《창힐편蒼頡篇》·《급취편急就篇》 등의 문자학 학습 교재가 나타나게 되었고, 《한서》 예문지 소학가小學家에는 10가 45편의 책이름이 저록되게 되었던 것이다. 현대 학문이 들어오기 전 청대까지만 해도 문자학을 통틀어 말하는 광의의 문자학은 이 '소학'이라는 말로 쓰였으며 그 뒤 한자가 가진 형음의形音義 3요소가 학문적으로 분화되어 오늘날 형(形: 文字學)·음(音: 聲韻學, 音韻學)·의(義: 訓詁學)로 분화된 것이다.

Ⅱ. 《소학小學》

1. 《소학小學》의 편집과 유청지劉淸之, 그리고 주희朱熹

어린아이로서 가져야 할 태도, 절차, 의무, 예절 등에 관한 교재는 삼대에 소학 과정에 있었던 만큼 당연히 일찍부터 있었을 것이다. 그러나 실제 어떤 교재였는지는 남아 있지 아니하며 춘추시대 《관자管子》의 〈제자직弟子職〉을 보면 상당히 구체적으로 제자로서 지켜야 할 직무와 태도가 실려 있다. 그 뒤 한대를 거쳐 위진 남북조를 이어오면서 단편적인 기록들이 산견되지만 전문적으로 편집된 책은 보기가 어렵다. 다만 《천자문千字文》, 《백가성百家姓》 따위는 습자는 물론 어린아이로서 익혀야 할 기본 내용을 담아 그 목적에 부합하도록 한 것으로 보인다. 그 외에 그 이전부터 있어왔던 가훈이나 제자弟子 및 자제子弟, 가족, 후손들에게 경계의 글로 남긴 것도 역시 이에 해당한다. 특히 《안씨가훈顔氏家訓》의 경우 전형적인 가훈이며 동시에 어린 자녀들에게 삶의 방법을 일러준 교재로서도 전혀 손색이 없는 교재라 할 수 있을 것이다. 그리고 송대에 들어서자 본격적인 교재들이 나타나기 시작하였다. 이를테면 《삼자경三字經》·《동몽훈童蒙訓》·《가범家範》·《소학감주小學紺珠》 등과 각 이학가理學家들이 남긴 어록 등과 각종 몽학서蒙學書, 啓蒙書가 이에 해당한다.

이에 본격적으로 체계를 세워 교재 편찬에 관심을 기울인 이가 바로 남송南宋의 주희朱熹였다. 그는 고대 있었던 소학 설치의 이상적 교육제도를 철저히 신봉하였으며 당시 이러한 제도가 제대로 확산되지 못하고 퇴행의 길을 걷는 것을 아주 안타깝게 여겼다. 게다가 마땅한 교재도 없으며 실질적 내용이나 교육의 중요성을 모르고 있는데 대하여 더 이상 방치할 수 없다고 여겼던 것이다. 이에 자신의 문인 유청지劉淸之에게 편집 작업을 부탁한 것으로 보인다.

유청지(1134~1190)는 자가 자징子澄이며 임강臨江 사람으로 여릉廬陵에 옮겨 살았다. 호는 정춘靜春 선생이며, 송 고종 소흥 27년에 진사에 올라 지의황현 知宜黃縣에 이르렀다. 추천을 거쳐 임금을 뵙자 그는 "古今未有俗不可變, 弊不可革者" 라 하여 개혁과 교화를 적극 주장하기도 하였다. 그는 여러 벼슬을 거쳤으나 뒤에 모함에 걸리자 낙향하여 괴음정사槐陰 精舍를 짓고 강학에 힘썼으며 주희의 뜻을 깨닫고 이학연구에 몰두하였다. 그리 하여 당시 이름이 높았던 여조겸呂祖謙, 장식張栻과 교유하였으며 왕응전汪應展, 이도李燾 등은 그를 아주 경모하였다고 한다. 《증자내외잡편曾子內外雜編》·《계자 통록戒子通錄》·《물장총록墨莊總錄》 등과 문집을 남겼으며 《황조명신외록皇朝道學 名臣外錄》과 《송사宋史》(437) 유림전儒林傳 에 그의 전기가 실려 있다.

東萊 呂祖謙 《三才圖會》

南軒 張栻 《三才圖會》

그가 《소학》의 원고를 집필하는 과정에서 주자가 그에게 편집을 재촉한 내용의 편지가 《주자문집朱子文集》 순희淳熙 10년(1183)에 실려 있는 것으로 보아 주희는 이 문제에 대하여 상당한 관심과 완성에 대한 의욕을 보여 사전에 편집의도와 체제, 주된 내용의 선별 등에 대하여 의견을 나누었을 것으로 보인다. 그리고 2년 뒤인 송宋 효종孝宗 순희 12년(1185), 원고가 주희 에게 넘겨지자 주희는 즉시 편목 중에 시부詩賦는 삭제하고 고대부터 당시

까지 몇 가지 사례를 더하여 판본을 확정지은 것이다. 이렇게 하여 순희 14년 (1187)에 〈소학서제小學書題〉와 〈소학제사小學題辭〉를 써서 책 앞머리에 붙이고 완성을 보았으니 이때는 주희 나이 58세 때였다. 주희는 스스로 늙어감을 인식하고 "내 말을 늙어 혼미한 것이라 여기지 말 것이며 오직 성현의 가르침으로 여길지니라!"(匪我言耄, 惟聖之謨)라고 하였던 것이니 완성을 보고 한편으로는 안심했을 것이라는 느낌도 드는 표현이다.

다음으로 주희에 대하여 간단히 살펴보기로 하자.

주희(朱熹: 1130~1200)는 남송南宋 때 휘주徽州 무원婺源 사람으로 건양建陽의 고정考亭에 옮겨 살았다. 자는 원회元晦, 혹은 중회仲晦이며 호는 회암晦庵·회옹晦翁·둔옹遯翁·창주병수滄洲病叟 등이었으나 별칭으로는 자양紫陽 선생·고정考亭 선생·운곡노인雲谷老人 등으로 불렸다. 주송朱松의 아들로서 고종高宗 소흥紹興

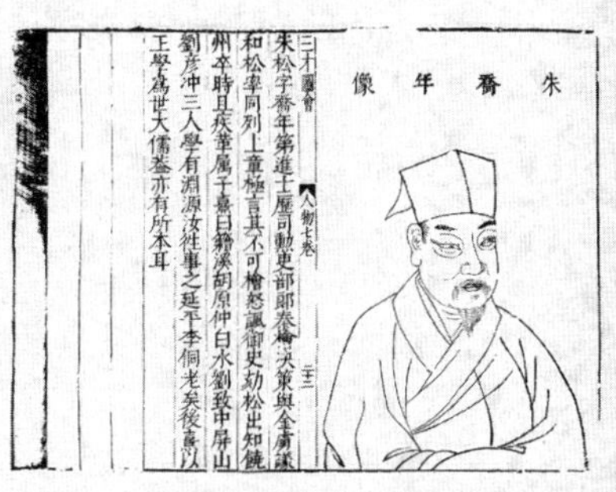
朱松《三才圖會》

18년(1148)에 진사에 올라 동안주부同安主簿라는 벼슬을 하였다. 효종孝宗 순희淳熙 연간에 지남강군知南康軍이 되었다가 절동차염공사浙東茶鹽公事에 오르기도 하였다. 당시 절동 지역에 큰 기근이 들자 구황救荒을 서두르며 정치의 폐단을 주장하기도 하였다. 경원慶元 2년 귀향하여 경원 6년(1200)에 생을 마쳤으며 시호는 문공文公이라 하였다. 그는 이동李侗에게 수학하여 정호程顥, 정이程頤의 학문을 전수하는 것으로써 목표를 삼고 아울러 주돈이周敦頤, 장재張載 등의 학설을 모아 북송 이래 이학을 집대성하기에 이르렀다.

　그리하여 백록동서원白鹿洞書院, 악록서원岳麓書院, 무이정사武夷精舍 등에서 50여 년간 강학講學에 힘써 민학파閩學派, 혹은 고정학파考亭學派라는 남송 최대 이학의 한 파를 이루었으며, 이정二程의 학문을 이어받았다 하여 정주학程朱學이라고도 불린다. 그의 학문은 한때 한탁주韓侂周 등으로부터 위학僞學으로 배척을 받기도 하였으나 역시 한 대漢代 이래 최고의 학자로 지금까지 널리 칭송을 받고 있다. 그는 《사서장구집주四書章句集註》·《명신언행록名臣言行錄》·《이락연원록伊洛淵源錄》·《자치통감강목資治通鑑綱目》·《시집전詩集傳》·《초사집주楚辭集註》·《소학》 등이 있으며 후인이 편집한 〈주자어류朱子語類〉, 〈주문공문집朱文公文集〉 등이 있다. 그의 사적은 《면암집勉齋集》(36) 행장行狀과 《송사》(429) 도학전道學傳에 자세히 실려 있다.

2. 《소학》의 체제와 내용

《소학》은 체계를 갖추어 의도적으로 심천深淺, 층위層位, 내용의 연환連環 등을 고려하여 편집된 책이다. 우선 크게 내편內篇과 외편外篇으로 나누어져 있으며 체제는 6권으로 되어 있다. 내편은 〈1〉입교立敎 〈2〉명륜明倫 〈3〉경신敬身 〈4〉계고稽古의 4편 4권이다.

〈입교〉는 교육의 중요성과 방법에 관한 기록들을 모은 것으로 태교로부터 시작되며 그 아래 세부 편을 나누지 않은 채 모두 13장이다.

그리고 〈명륜〉은 오륜에 대한 설명과 예증으로 부자·군신·부부·장유·붕우의 인간관계에서 지켜야 할 도리와 덕목이 주된 내용이다. 그리고 그 아래 세부 편목으로는 (1)明父子之親 (2)明君臣之義 (3)明夫婦之別 (4)明長幼之序 (5)明朋友之交 (6)通論 등으로 '明'자를 넣어 '밝히다'의 뜻으로 묶었으며 모두 107장으로 이루어져 있다.

이어서 〈경신〉편은 자신에 대한 공경과 수양, 공부에 관한 것으로 거경궁리居敬窮理의 기본 틀을 중시하여 관련 자료를 모은 것이다. 그 아래 세부 편목으로 역시 (1)明心術之要 (2)明威儀之則 (3)明衣服之制 (4)明飮食之節 (5)通論으로 하여 심술·위의·의복·음식 등을 들고 이를 묶어 통론으로 결말을 맺고 있으며 모두 46장으로 이루어져 있다.

다음으로 〈계고〉편은 상고시대부터 漢代 이전의 성현들 사상과 행적을 실어 앞의 입교·명륜·경신의 내용을 하나씩 증명해 나간 것이다. 이에 집주에는 "考虞夏商周, 聖賢已行之迹, 以證前篇立敎·明倫·敬身之言也"라 하였다.

다음으로 외편은 〈5〉가언嘉言 〈6〉선행善行 두 편으로 이루어져 있으며 이는 내편의 〈입교〉·〈명륜〉·〈경신〉의 이론을 이편에서 '言'과 '行'을 통해 사례로써 증명함과 아울러 실천하도록 유도한 것이다.

따라서 〈가언〉은 이제껏 내편에서 고대 성현의 사례를 살펴보았다면 이제 부터는 한대 이후 송대까지 군자들의 언론과 어록을 살핌으로써 앞서 세 가지 이론을 증명하려 한 것이다. 이에 〈집주〉에는 "學者, 讀內篇, 而遠師虞 夏商周之聖賢; 讀外篇, 而近師漢唐宋之君子. 盛德大業於是乎在矣. 奚可以爲 童稚之習, 而忽之哉!"라 한 것이다.

이의 〈가언〉의 세부 편목으로는 당연히 (1)廣立敎 (2)廣明倫 (3)廣敬身 등 으로 앞에 '廣'자를 넣어 명칭을 삼아 넓혀 증명하고자 하였다. 여기에는 역대 인물들의 어록과 그에 따른 일화가 주를 이루고 있으며, 특히 송대 이학가들, 즉 이정二程·횡거橫渠·소옹邵翁·사마광司馬光·호안국胡安國 등과 당시 이름난 문인, 행정가들의 행적과 어록도 상당수를 차지하여 주희의 이학가에 대한 존경과 열정도 살필 수 있도록 되어 있다.

〈선행〉편은 (1)實立敎 (2)實明倫 (3)實敬身으로 하여 '實'자를 넣어 실천과 사실 증명을 내세운 것이다. 따라서 이편에서는 아동의 흥미를 유발할 수 있는 역대 효도·충의·열녀 등의 고사를 풍부히 싣고 있어 이야기를 통해 자연스럽게 그 덕목을 실천하고 익힐 수 있도록 되어 있다. 그리고 마지막 으로 '채근菜根'의 고사를 실어 마무리를 하고 있으며 이 고사는 뒤에 명대

홍자성洪自誠, 應明의 《채근담菜根譚》의 서명이 되기도 하였다. 이처럼 《소학》
은 '태교'에서 시작하여 '채근'에서 끝을 맺고 있다.

　　한편 6권(편)의 각 첫머리에는 소서小序에 해당하는 글이 첫머리에 실려
있다. 다만 외편은 묶어서 이를 도입부분에 실었으며 따라서 〈6〉선행편에는
소서가 없어 모두 다섯 편의 소서 문장이 실려 있다고 볼 수 있다.

　　또한 모든 판본에는 대체로 전체 장수를 386장이라 명기하고 있다.
그리고 소서 다음의 첫 문장을 제외하고는 모두가 ○ 표시를 하여 분장이
시작됨을 확연히 알 수 있도록 하였다. 그러나 《어정소학집주》(四庫全書본)
만은 각주에서 각 편의 장수를 밝히고 있는데 모두 합하면 385장이 된다.
이는 〈명륜〉편 「明夫婦之別」의 4번째 문장, 전체 일련번호 076(2-3-4)에서
차이가 나게 된 것이다. 즉 "取婦之家, 三日不擧樂, 思嗣親也. 昏禮不賀, 人之
序也."의 원문이다. 〈어정본〉에선 이를 묶어 하나의 장으로 처리하였다.
그러나 이는 실제 앞 단락은 《예기》 증자문편曾子問篇에서, 그리고 뒤의 단락
은 교특생편郊特牲篇에서 취록한 것으로 두 개의 별개 문장이다. 따라서 분장
함이 마땅하나 본 책은 〈어정본〉을 저본으로 한 것이어서 임시로 이를 묶어
하나의 장으로 처리하였음을 밝힌다. 이상 전체 목록을 표로 보이면 다음과
같다.

篇	篇名	細部篇名	範圍	章數	備考
內篇	〈1〉 立教		001~013	13	小序
	〈2〉 明倫	(1)明父子之親	014~052	39	小序
		(2)明君臣之義	053~072	20	
		(3)明夫婦之別	073~080	8	분장불일치
		(4)明長幼之序	081~100	20	
		(5)明朋友之交	101~111	11	
		(6)通論	112~120	9	
	〈3〉 敬身	(1)明心術之要	121~132	12	小序
		(2)明威儀之則	133~153	21	
		(3)明衣服之制	154~160	7	
		(4)明飮食之節	161~166	6	
	〈4〉 稽古	(1)立教	167~170	4	小序
		(2)明倫	171~201	31	
		(3)敬身	202~210	9	
		(4)通論	211~213	3	
外篇	〈5〉 嘉言	(1)廣立教	214~227	14	小序
		(2)廣明倫	228~268	41	
		(3)廣敬身	269~304	36	
	〈6〉 善行	(1)實立教	305~312	8	
		(2)實明倫	313~357	45	
		(3)實敬身	358~385	28	
計			385	385	他本 386장

3. 역대 《소학》의 주석서

주자에 의해 《소학》이 편집된 뒤 주자의 자주_{自註}가 있어 그로써 교재로 활용하기에 무리가 없었다. 이에 원대 허형_{許衡}같은 이는 자신의 문인들에게 소학을 중시하여 철저히 익힐 것을 극력 권하기도 하였다. 그 뒤 명청_{明淸}을 거쳐 오면서 드디어 소학에 대한 주석서가 쏟아져 나오기 시작하였다. 우선 그 대표적인 목록을 살펴보면 다음과 같다.

1. 《小學集註》(6卷) 明, 陳選(註) 〈四庫全書〉 子部 儒家類 《御定小學集註》로 실려 있음.
2. 《小學句讀》(6卷) 明, 陳選(撰)
3. 《小學集說》(6卷) 明, 程愈(撰)
4. 《小學訓解》(6卷) 明, 黃裳(撰) 《明史》에 목록이 보임.
5. 《小學集成》(6卷) 明, 何士信(撰) 《明史》에 목록이 보임.
6. 《小學章句》(6卷) 明, 王雲鳳(撰) 陳選의 〈句讀本〉을 다시 장구로 나눈 것.
7. 《小學集注》(6卷) 明, 劉實(撰) 《明史》에 목록이 보임.
8. 《小學集解》(6卷) 淸, 黃澄(撰) 〈四庫全書提要〉 子部 儒家類에 存目이 있음.
9. 《小學分節》(2卷) 淸, 高熊徵(撰) 〈四庫全書提要〉 子部 儒家類에 存目이 있음.
10. 《小學集解》(6卷) 淸, 蔣永修(撰) 〈四庫全書提要〉 子部 儒家類에 存目이 있음.
11. 《小學纂注》(6卷) 淸, 高愈(撰) 〈四庫全書提要〉 子部 儒家類에 存目이 있음. 日本 〈漢文大系〉에 실림.
12. 《小學句讀記》(6卷) 淸, 王建常(撰) 〈四庫全書提要〉 子部 儒家類에 存目이 있음.
13. 《小學集註》(6卷) 淸, 張伯行(撰) 이는 〈正誼堂全書〉本을 근거로 한 〈叢書集成初編〉에 수록되어 있음.

　한편 이들 여러 판본 중에 지금 가장 널리 참고로 활용되는 것은 진선의 《소학구두》와 《소학집주》로 알려져 있다. 진선은 명대明代 절강浙江 천태天台 사람으로 좌포정사左布政使를 지냈으며 주자朱子의 학문을 지극히 신봉했던 인물이다. 그리고 이 〈구두본〉은 왕운봉의 《소학장구》와 청 고유의 《소학찬주》, 장백행의 《소학집주》 등과 함께 가장 널리 보편적으로 성행했던 주석서이다.

Ⅲ. 조선시대 《소학》에 관한 열기와 언해 및 연구서

《소학》이 우리나라에 언제 전수되었는지는 기록이 없어 알 수가 없다. 그러나 고려말 주자학의 유입과 함께 들어왔으리라는 것은 충분히 짐작할 수 있다. 여말 안향安珦이 충렬왕을 따라 원나라 대도에 들어가 《주자전서朱子全書》를 가자고 돌아온 것이 1296년경이므로 이미 백 년 전에 나온 이 소학을 그 때 함께 가지고 들어왔을 가능성이 있다. 이때까지는 실제 명대明代 주석서들이 나오기 전이었으므로 주자 자주본 《소학》이었을 것이다. 그리고 조선이 들어서면서 이른바 삼대 국시 중에 억불숭유抑佛崇儒 정책에 따라 이 책은 자연스럽게 환영을 받았을 것이며 게다가 아동 계몽을 위한 가치를 넘어 유학, 특히 정주학程朱學의 핵심서이며 개론서로써 가장 쉽게 성리학의 기본 개념에 접근할 수 있는 내용을 담고 있어 아주 유용한 자료로 활용되었을 것이다. 그리고 《명심보감明心寶鑑》이나 《십팔사략十八史略》, 《고문진보古文眞寶》가 그렇듯이 문장이 쉽고 내용이 보편적이어서 서당의 교재로 사용하기에도 아주 적당하여 일반인들에게 퍼지기 아주 쉬운 조건을 갖추고 있었다. 기록상 우리나라에 최초로 이를 간행한 사람은 권부權溥로 전해지고 있다.

한편 길재吉再의 학통을 이어받은 김숙자金叔滋와 그의 아들 김종직金宗直, 그리고 다시 그의 아들 김굉필金宏弼로 이어지는 가문에 김종직은 아들 굉필에게 "학문에 뜻을 둔 이상 반드시 소학을 출발점으로 할 것"을 강하게 주문하였다고 하였으며, 김굉필의 제자 김안국金安國은 영남안찰사嶺南觀察使로 있을 때 이 《소학》과 《이륜행실도二倫行實圖》를 간행하여 교화에 힘썼으며 그가 성균관 교수가 되자 사서, 오경, 성리대전과 이 《소학》을 기본 교재로 하였다고도 전해지고 있다. 이를 이은 퇴계와 율곡 역시 《소학》을 기본으로 하였음은 짐작할 수 있으며 퇴계는 정식으로 〈소학도小學圖〉라는 그림을 남기기도 하였다.

이리하여 중종 13년1517에 김전金銓, 최숙생崔叔生 등이 번역한 《번역소학》이 있었으나 전 10권 중 8권(고려대 소장), 9권(가람문고 소장), 10권(국립도서관 소장)만이 지금 전하고 있다. 그리고 다시 이 《번역소학》이 지나치게 의역에 흘렀다 하여 선조 18년(1584) 교정청校正廳을 설치하여 유가경전儒家經典을 언해하는 사업에서 우선 처음 《소학》에 대한 언해부터 서둘러 선조 20년(1586)에 《소학언해》를 간행하기에 이르렀던 것이다. 이것이 최초의 《어제소학언해》이며 지금 도산서원陶山書院에 전질이 소장되어 있다. 이 판본은 방점 및 반치음 시옷(ᅀ) 등이 그대로 사용되어 임진왜란 이전의 국어 연구에 귀중한 자료로 평가받고 있다. 이 판본은 다시 광해군 4년(1612)에 방점 등을 없앤 중간본이 나오기도 하였다. 그 외에 중종 때 유숭조柳崇祖가 언해한 것이 아닌가 여겨지는 판본도 있으며 간행 연대를 알 수 없는 3, 4권 1책의 《소학언해》도 국립도서관에 소장되어 있다.

그리고 숙종 20년(1694)에는 다시 간행을 서둘렀으며 이 판본에는 이덕성(李德成: 1655~1704)의 〈어제소학서御制小學序〉가 있어 간행 과정을 살필 수 있다. 역대 임금들은 이처럼 《소학》에 대하여 지극히 관심을 가졌으며 심지어 동궁에서 기본 교재로 강학하기도 하였다. 이에 따라 영조 역시 그의 22년(1774)에 직접 번역하기도 하였으며, 영조 24년(1766)에는 다시 《어제소학지남御制小學指南》을 출간하기도 하였다.

한편 조선시대 《소학》 관련 저술로는 정조 20년(1796) 순조가 동궁이었을 때 박준원朴準源이 답술한 내용을 1802년에 2권 1책으로 펴낸 《소학문답小學問答》이 있고, 앞서 말한 정약용의 《소학지언小學枝言》 1책은 《소학》 각

편의 모든 구절을 열거하고 그 아래에 요지를 부가하여 구주舊注를 보충한 것으로서 《대학강의大學講義》,《심경밀험心經密驗》 등과 합하여 〈여유당전서與猶堂全書〉 200권 78책에 수록되어 있다.

그리고 성호星湖 이익李瀷의 《소학질서小學疾書》 1책은 《소학》 각 조목에 따라 어의를 정확하게 해석하여 초학자의 도움을 삼고자 한 것이다. 또한 박세채朴世采의 《소학총론小學總論》 1책은 후학에게 도움을 주고자 《소학》의 취지를 살려 증보하고 책머리에 퇴계의 〈소학도〉를 싣고 있으며 그 외에 작자 미상의 《소학초략小學抄略》 5권 1책은 《소학》을 초략하여 편집한 것이며 이를 언해한 《소학초략언해小學抄略諺解》(2책)도 전하고 있다. 그런가 하면 고종 말년 성균직강成均直講이었던 양종희梁宗熙의 《소학신석小學新釋》(6권)은 종래의 고주古注에 자신의 주석을 더하여 편찬한 책도 있다. 그 외에 특이한 것은 이 《소학》의 편목을 준거로 우리나라 고려高麗 이래 명유名儒·석보碩輔·의사義士·숙원淑媛 등의 가언嘉言과 선행善行을 모아 편집한 박재형朴在馨의 《해동소학海東小學》(6권 2책, 사본)은 우리만의 독특한 주체성을 엿볼 수 있는 귀중한 책이기도 하다. 근래까지 서당 등에서 널리 읽혔던 구활자본 「원본집주原本集註《소학小學》」(世昌書館, 明文堂 번각본 1973)은 하사신何士信(集成)·오눌吳訥(集解)·진조陳祚(正誤)·진선陳選(增補)·정유程愈(集說)를 종합하여 이루어진 것으로 일부 오자, 탈자가 있기는 하나 그나마 일반인들이 쉽게 접할 수 있었던 자료이며 이는 율곡栗谷이 편찬한 《소학제가집주小學諸家集註》(1612, 李恒福의 跋과 成渾의 跋文이 있음)를 근거로 한 것이 아닌가 한다. 그 외 일본에서는 《소학찬주小學纂註》(漢文大系本 明治 43년1910), 大正 11년(1922) 13쇄본 富山房 東京가 있어 지금 대만臺灣 신문풍출판사新文豐出版社에서도 인본印本으로 출간되어 널리 통용되고 있으며, 《소학小學》「선철유저한적국자해전서先哲遺著漢籍國字

解全書」(明治 43년, 1910)가 조도전대학출판부早稻田大學出版部에서 출간된 적이 있다. 그리고 근래 한국 번역본으로는 이해철(역) 자유교육협회 1972판의 《소학》과 남만성南晩星(譯, 寶晉齋 1973)의 《소학》, 그리고 이기석李基奭(編譯)의 《소학선小學選》(培英社, 1977) 등이 있다.

끝으로 우리나라에 전하는 고판본에 대하여 《고서목록古書目錄》(李相殷, 保景文化社, 1987)에는 무려 93종의 많은 판본(중복 판본 포함)이 기록되어 있다.

朱熹

차례

◈ 책머리에
◈ 일러두기
◈ 해제

◈ 小學序題

小學 三

3. 명의복지제明衣服之制

4. 명음식지절明飮食之節

第四 계고稽古

◎ 稽古 小序

1. 입교立敎

3. 경신敬身

4. 통론通論

外篇

第五 가언嘉言

◎ 嘉言 小序

1. 광입교廣立敎

2. 광명륜廣明倫

小學 하

内篇

第一 입교立教

◎ 立教 小序

第二 명륜明倫

◎ 明倫 小序

1. 명부자지친明父子之親

2. 명군신지의明君臣之義

第三 경신敬身

◎ 敬身 小序

1. 명심술지요明心術之要

2. 명위의지칙明威儀之則

小學 下

3. 광경신廣敬身

第六 선행善行

1. 실입교實立敎

2. 실명륜實明倫

3. 실경신實敬身

◉ 부록 (序跋 및 관련자료)

3. 명의복지제 明衣服之制

'의복衣服'이란 신분에 따라 제도가 있고 생활에 따라 그 재질과
갖춤이 있다. 본 편은 그 의복의 제도를 밝힌 것이다.

모두 7장이다.

〈擊鼓說唱陶俑〉(東漢) 明器 1957 四川 成都 天回山 출토

154(3-3-1)
관례의 순서와 내용

〈사관례士冠禮〉에 말하였다.

관례를 처음 시작하여 첫 번째 관을 씌워주면 이렇게 축사를 한다.

"좋은 달 좋은 날에 원복元服을 입혀주노니 너의 어릴 때 뜻을 모두 버리고 이제부터 너의 덕을 이루어라. 그리하면 오래 장수하여 그 복을 받을 것이다. 너의 큰 복을 받도록 하라!"

다음으로 두 번째 모자를 씌워주면서 이렇게 말한다.

"좋은 달 좋은 날에 너에게 옷을 입혀주노니 너의 위의威儀를 공경히 하여 너의 덕을 진실하게 삼가라. 미수眉壽가 되도록 만년의 영원한 큰 복을 받도록 하라!"

세 번째 관을 씌워주며 이렇게 말한다.

"좋은 해 좋은 달에 모든 옷을 다 입혀주노니 형제가 모두 무고하여 그 덕을 이루도록 하라. 황구黃耈가 되도록 끝없이 이어져 하늘이 주는 경사를 받도록 하라!"

〈士冠禮〉: 始加, 祝曰:「令月吉日, 始加元服, 棄爾幼志, 順爾成德, 壽考維祺, 介爾景福!」

再加曰:「吉月令辰, 乃申爾服, 敬爾威儀, 淑愼爾德, 眉壽萬年, 永受胡福!」

三加曰:「以歲之正, 以月之令, 咸加爾服, 兄弟具在, 以成厥德, 黃耈無疆, 受天之慶!」

【士冠禮】《儀禮》의 편명으로 士 신분의 冠禮에 관한 意義와 節次를 기록한 것임.

【始加】관례에서 첫 절차로 淄布冠을 씌워줌. 이를 처음 시작한다 하여 元服이라 함.

【維祺】維는 뜻이 없으며 祺는 상서로움.

【介爾景福】'介'는 '크다(大)'의 뜻, '爾'는 '너(你)', '景福'은 큰 복. "너는 큰 복을 크게 누리리라"의 축사.《詩經》小雅 小明에 "嗟爾君子, 無恆安息. 靖共爾位, 好是正直. 神之聽之, 介爾景福"라 하였고, 楚茨에는 "以維酒食, 以饗以祀, 以妥以侑, 以介景福"이라 하였으며, 大田에는 "來方禋祀, 以其騂黑, 雨其黍稷. 以享以祀, 以介景福"이라 함. 역시 大雅 旣醉에도 "旣醉以酒, 旣飽以德. 君子萬年, 介爾景福"이라 하는 등 고대 축사로 널리 쓰이던 구절이었음을 알 수 있음.

【申】거듭. 신신당부함.

【胡福】오래도록 끝이 없는 복. '胡'는 '遐'와 같음. 雙聲互訓.

【黃耇無疆】黃耇는 '머리가 희어졌다가 다시 누렇게 나다'의 뜻으로 아주 오래도록 장수함을 말함. 〈集註〉에 "黃, 謂髮白而復黃; 耇, 凍梨也. 老人面色如之, 皆壽徵也"라 함. '無疆'은 끝이 없음을 뜻함. 〈集註〉에 "疆, 猶限也"라 함.《詩經》大雅 行葦에 "曾孫維主, 酒禮維醹. 酌以大斗, 以祈黃耇. 黃耇台背, 以引以翼. 壽考維祺, 以介景福"이라 함.

【緇布冠】베를 검게 물들여 만든 관.

【皮弁】사슴가죽으로 만든 모자. 관례 때 두 번째 씌워주며 원래는 벼슬길에 처음 나갈 때 쓰는 모자임.

【爵弁】冕旒冠과 같음. 참새 머리의 모양이어서 雀弁으로도 표기함. 관례의 세 번째 씌워주는 모자.

＊〈集註〉에 "德旣成, 則有無疆之壽, 而受天之福慶也"라 함.

참고 및 관련 자료

1.《儀禮》士冠禮

始加, 祝曰:「令月吉日, 始加元服. 棄爾幼志, 順爾成德. 壽考惟祺, 介爾景福.」

再加曰:「吉月令辰, 乃申爾服. 敬爾威儀, 淑愼爾德. 眉壽萬年, 永受胡福.」三加曰:「以歲之正, 以月之令, 咸加爾服. 兄弟具在, 以成厥德. 黃耇無疆, 受天之慶.」

155(3-3-2)
부모님 생존 여부와 의관 색깔

○ 〈곡례曲禮〉에 말하였다.

"사람의 아들 된 자는 부모님께서 살아 계실 때라면 의관을 흰색으로 선을 두른 것을 사용하지 않으며, 아버지를 여읜 아들로서 집안을 이어 가야 하는 자는 의관에 채색으로 선을 두르지 않는다."

○ 〈曲禮〉曰: 「爲人子者, 父母存, 冠衣不純素, 孤子當室, 冠衣不純采.」

【曲禮】《禮記》의 첫 번째 篇名으로 禮에 관한 節目과 여러 가지 상황에서 지켜야 할 도리를 낱낱이 적은 것으로 上下로 나뉘어져 있음. 鄭玄의 《三禮目錄》에 "名曰曲禮者, 以其篇記五禮之事, 祭祀之說, 吉禮也; 喪荒去國之說, 凶禮也; 致貢朝會之說, 賓禮也; 兵車旌鴻之說, 軍禮也; 事長敬老執贄納女之說, 嘉禮也"라 하였고, 陸德明은 《經傳釋文》에서 "曲禮者, 是儀禮之舊名, 委曲說禮之事"라 함.
【純】모자나 의복의 가에 두른 장식. 〈集註〉에 "冠飾衣緣皆曰純"이라 함.
【采】彩와 같음. 흰색이 아닌 여러 가지 彩色.
【當室】아버지가 없어 자신이 집안을 이끌어가야 하는 책임이 주어진 아들. 〈集註〉에 "當室, 爲父後者. 雖除喪猶純素. 加, 隆也. 衆子則否"라 하여 나머지 아들은 이에 관계가 없다 하였음.

1. 《禮記》曲禮(上)

爲人子者: 父母存, 冠衣不純素. 孤子當室, 冠衣不純采.

156(3-3-3)
공자의 옷차림

○《논어論語》에 말하였다.

"군자孔子는 감색紺色과 추색緅色으로는 옷깃을 꾸미지 않았으며, 붉은 빛 자줏빛으로는 설복褻服을 삼지 않았다. 더울 때에는 홑 칡 옷과 굵은 베옷을 반드시 겹으로 껴입었다."

○《論語》曰:「君子不以紺緅飾, 紅紫不以爲褻服. 當暑, 袗絺綌, 必表而出之.」

【君子】여기서의 君子는 구체적으로 孔子를 가리킴.
【紺色】深靑色.
【飾】옷깃, 목 부분, 팔 끝 부분, 소매 부분 등. 여기서는 주로 목둘레를 뜻함.
【褻服】私服, 平常服. 집안에서 사사롭게 편히 입는 옷. 褻의 음은 '설.'

참고 및 관련 자료

1.《論語》鄕黨篇
君子不以紺緅飾, 紅紫不以爲褻服. 當暑, 袗絺綌, 必表而出之. 緇衣, 羔裘; 素衣, 麑裘; 黃衣, 狐裘. 褻裘長, 短右袂. 必有寢衣, 長一身有半. 狐貉之厚以居. 去喪, 無所不佩. 非帷裳, 必殺之. 羔裘玄冠不以弔. 吉月, 必朝服而朝.

157(3-3-4)
상기를 마친 후

○상기喪期를 마친 후에는 어떤 패물도 모두 다시 패용하였다.

○去喪, 無所不佩.

【去喪】 상갓집 위문을 다녀온 다음이나 혹 상기가 끝난 뒤 공자의 생활 모습을 설명한 것임.
＊〈集註〉에 "朱子曰:「君子無故, 玉不去身. 觿礪之屬, 亦皆佩也.」"라 함.

〈孔門弟子守喪圖〉

참고 및 관련 자료

1. 《論語》鄕黨篇

君子不以紺緅飾, 紅紫不以爲褻服. 當暑, 袗絺綌, 必表而出之. 緇衣, 羔裘; 素衣, 麑裘; 黃衣, 狐裘. 褻裘長, 短右袂. 必有寢衣, 長一身有半. 狐貉之厚以居. 去喪, 無所不佩. 非帷裳, 必殺之. 羔裘玄冠不以弔. 吉月, 必朝服而朝.

158(3-3-5)
공자의 조문 복장

○ 공자께서는 검은 염소갖옷이나 검은 관을 쓰고는 조문을 하지 않았다.

○ 孔子羔裘玄冠不以弔.

【羔裘】검은색 염소 가죽으로 만든 갖옷.
【玄冠】검은색의 모자.
＊〈集註〉에 "羔裘, 用黑羊皮爲之. 元, 黑色. 朱子曰:「喪主素, 吉主元, 弔必變服, 所以哀死.」"라 함.

참고 및 관련 자료

1. 《論語》鄕黨篇
君子不以紺緅飾, 紅紫不以爲褻服. 當暑, 袗絺綌, 必表而出之. 緇衣, 羔裘; 素衣, 麑裘; 黃衣, 狐裘. 褻裘長, 短右袂. 必有寢衣, 長一身有半. 狐貉之厚以居. 去喪, 無所不佩. 非帷裳, 必殺之. 羔裘玄冠不以弔. 吉月, 必朝服而朝.

어린아이의 복장

○《예기禮記》에 말하였다.
"어린아이에게는 갖옷을 입히지 아니하며, 명주옷을 입히지 아니하며, 신발 코를 장식하지 않는다."

○《禮記》曰:「童子不裘, 不帛, 不屨絢」

【禮記】 三禮(禮記·儀禮·周禮) 중에 체계를 갖추지 아니하고 學術, 禮俗 등을 잡다하게 모은 것으로 공자 제자들이 輯錄한 것으로 보고 있음. 漢代에 이르러 《大戴禮記》(戴德)와 《小戴禮記》(戴聖)가 있었으며 대대가 古禮 204편을 85편으로 줄이고, 다시 소대가 49편으로 줄여 지금의 《예기》가 이루어진 것으로 보고 있음. 그러나 이설이 많아 정확한 編定 과정은 자세히 알 수 없음.
【不裘·不帛】〈集註〉에 "不備服也"라 함. 이러한 옷은 어른이 입는 것이었음.
【屨絢】 신발의 코. 〈集註〉에 "不屨屨, 不盡飾也. 皆以其未成人也"라 함.

참고 및 관련 자료

1.《禮記》玉藻
童子之節也, 緇布衣錦緣, 錦紳, 並紐錦, 束髮皆朱錦也. 童子不裘不帛, 不屨絢, 無緦服. 聽事不麻, 無事, 則立主人之北面. 見先生, 從人而入.

160(3-3-7)
도에 뜻을 둔 선비라면

○ 공자가 말하였다.

"일을 맡은 자로서 도에 뜻을 두었다고 하면서 거친 옷과 거친 음식을 부끄러워하는 자가 있다면, 더불어 의논을 펴볼 상대도 되지 못한다."

○ 孔子曰:「士志於道, 而恥惡衣惡食者, 未足與議也.」

【士】 事와 같음. 引伸하여 일을 맡은 자, 즉 任事者의 뜻임.

【與議】 더불어 事物의 이치를 논의함.

＊〈集註〉에 "朱子曰:「心欲求道, 而以口體之奉, 不若人爲恥. 其識趣之, 卑陋甚矣. 何足與議於道哉!」"라 함.

[참고 및 관련 자료]

1. 《論語》里仁篇

子曰:「士志於道, 而恥惡衣惡食者, 未足與議也.」

右明衣服之制

이상은 의복衣服의 제도를 밝힌 것이다.

4. 명음식지절_{明飮食之節}

'음식_{飮食}'이란 생존에 있어서 필수불가결한 것이지만 그에 맞게 섭취하고 절제와 예절이 있어야 하는 것이다. 본편은 그 음식의 절도를 밝힌 것이다.

모두 6장이다.

〈白陶鬹〉 大汶口 문화 1059 山東 泰安 大汶口 출토

161(3-4-1)
남의 집에서 식사를 할 때

〈곡례曲禮〉에 말하였다.

"남의 집에서 주인과 함께 밥을 먹을 때는 배부르게 먹지 말 것이며, 함께 식사를 할 때에는 손에 땀이나 물이 젖어 있어서는 안 된다. 밥을 뭉치지 말 것이며, 밥숟가락을 크게 뜨지 말며, 물을 마시듯 들이켜서도 안 된다. 그리고 소리 내어 먹지 말 것이며 뼈를 깨물어 먹지 않으며 먹던 생선이나 고기를 되돌려 놓지 말 것이니라. 뼈를 개에게 던져주지 말 것이며, 어느 것을 자신이 가져다 먹으려 고집부리지 말 것이며, 밥을 쑤셔 젓지 말 것이며, 기장밥을 젓가락으로 뜨지 말 것이니라. 국에서 국물만 마시고 마는 일이 없도록 하며 국에 간을 더 타지 말 것이며, 이를 쑤시지 말 것이며, 젓갈을 들이마시지 말 것이니라. 객이 국에 간을 더 타면 주인은 제대로 끓이지 못했음을 사과해야 하며, 객이 젓갈을 들이마시면 주인은 집이 가난하여 제대로 갖추지 못하였다고 사과해야 한다. 젖은 육류는 이빨로 끊고 마른 고기는 이빨로 끊어먹지 않는다. 구운 고기는 한꺼번에 입에 넣고 먹지 말도록 해야 한다."

〈曲禮〉曰:「共食不飽, 共飯不澤手, 毋搏飯, 毋放飯, 毋流歠, 毋咤食, 毋齧骨, 毋反魚肉. 毋投與狗骨, 毋固獲, 毋揚飯, 飯黍毋以箸. 毋嚃羹, 毋絮羹, 毋刺齒, 毋歠醢. 客絮羹, 主人辭不能烹, 客歠醢, 主人辭以窶濡肉齒決, 乾肉不齒決, 毋嘬炙.」

【曲禮】《禮記》의 첫 번째 篇名으로 禮에 관한 節目과 여러 가지 상황에서 지켜야 할 도리를 낱낱이 적은 것으로 上下로 나뉘어져 있음. 鄭玄의 《三禮目錄》에 "名曰曲禮者, 以其篇記五禮之事, 祭祀之說, 吉禮也; 喪荒去國之說, 凶禮也; 致貢朝會之說, 賓禮也; 兵車旌鴻之說, 軍禮也; 事長敬老執贄納女之說, 嘉禮也"라 하였고, 陸德明은 《經傳釋文》에서 "曲禮者, 是儀禮之舊名, 委曲說禮之事"라 함.

【搏飯】밥을 둥글게 뭉쳐 순가락으로 뜨는 것. 〈集註〉에 "取飯作搏, 則易得多, 是欲爭飽也"라 함.

【放飯】밥을 많이 뜨는 것. 〈集註〉에 "放飯·大飯. 食無節也"라 함.

【咤】'타'로 읽으며, 혀로 소리를 내는 것. 〈集註〉에 "咤, 謂以舌作聲"이라 함.

【固獲】〈集註〉에 "固獲, 謂必欲取之"라 함.

【揚飯】밥의 뜨거움을 식히기 위해 헤집음. 〈集註〉에 "陳氏曰:「揚, 謂散其熱氣, 嫌欲食之急也.」"라 함.

【箸】기장밥은 젓가락으로 집을 수 없으며 남에게 불안감을 주기 때문임. 〈集註〉에 "毋以箸, 取匙之便也"라 함.

【嚃, 絮, 刺, 歠, 醢, 羹】각기 탑(嚃), 처(絮), 척(刺), 철(歠), 해(醢), 구(羹)로 읽으며, 〈集註〉에 "嚃, 謂羹有菜以口嚃食之; 絮, 謂羹無味, 就器調和之; 刺, 猶剔也. 歠, 謂詳味之. 毋嚃羹, 宜以箸也; 毋刺齒, 亦嫌不謹也; 毋絮羹·毋歠醢, 皆惡貪味也. 辭不能烹煮, 辭以貧羹. 蓋主人不當正客之失, 但遜辭之而已"라 함.

【濡肉·乾肉】〈集註〉에 "濡, 濕也. 決, 斷也. 乾肉, 脯類. 濕肉, 以齒斷之; 乾肉, 以手治之, 各有宜也"라 함.

【嘬炙】'嘬'는 '최'로 읽으며, "炙肉一食盡臠曰嘬. 毋嘬炙, 謂宜以漸食之"라 하였음.

참고 및 관련 자료

1. 《禮記》曲禮(上)

侍食於長者, 主人親饋, 則拜而食. 主人不親饋, 則不拜而食. 共食不飽, 共飯不澤手. 毋搏飯, 毋放飯, 毋流歠, 毋咤食, 毋齧骨, 毋反魚肉, 毋投與狗骨. 毋固獲, 毋揚飯. 飯黍毋以箸. 毋嚃羹, 毋絮羹, 毋刺齒, 毋歠醢. 客絮羹, 主人辭不能亨. 客歠醢, 主人辭以窶. 濡肉齒決, 乾肉不齒決. 毋嘬炙. 卒食, 客自前跪, 徹飯齊以授相者, 主人興辭於客, 然後客坐.

162(3-4-2)
군자를 모시고 식사를 할 때

○〈소의少儀〉에 말하였다.

"군자를 모시고 식사할 때라면 그보다 먼저 먹기 시작하여 나중에 마친다. 밥술을 마구 뜨지 아니하며 마시듯 들이키지 아니한다. 작은 양을 떠서 빠르게 먹으며 자주 씹되 입을 크게 벌리지 않도록 해야 한다."

○〈少儀〉曰:「侍食於君子, 則先飯而後已. 毋放飯, 毋流歠. 小飯而亟之, 數噍, 毋爲口容.」

【少儀】《禮記》제17번째 편명. 細小한 威儀 등을 모아 기록한 것임. 혹 젊은 사람이 어른을 모시는 내용을 다룬 것이라 함.
【君子】신분이 높은 사람. 대부 등의 신분을 가진 자.
【先飯後已】먼저 먹는 것은 맛을 보기 위한 것이며, 나중에 마치는 것은 편히 더 잡숫도록 하기 위한 것임. 〈集註〉에 "先飯者, 嘗食之禮; 後已者, 勸食之意"라 함.
【小飯, 亟之】적게 떠서 먹는 것은 목이 메지 않게 하기 위함이며 급히 먹는 것은 혹 식사 중 그가 말을 걸어올 때를 대비하기 위한 것임. 〈集註〉에 "小口而飯, 備噦噎也; 亟疾而嚥, 備見問也"라 함.
【數噍】'數'은 '삭'으로 읽으며 '자주'의 뜻. '噍'는 '嚼'과 같음. 씹어먹음.
  ＊〈集註〉에 "數數而嚼, 易至於弄口爲容, 故又以爲戒"라 함.

1. 《禮記》少儀

燕侍食於君子, 則先飯而後已; 毋放飯, 毋流歠; 小飯而亟之; 數嚼, 毋爲口容.

163(3-4-3)
공자의 식사 습관

○《논어論語》에 말하였다.

"공자께서는 밥은, 정갈한 것은 싫증을 내지 않았고, 회膾도 가늘게 썬 것은 싫어하지 아니하였다. 밥이 상하여 쉰 것, 생선이 상한 것, 고기가 부패한 것은 먹지 아니하였다. 색깔이 나쁜 것은 먹지 않았으며, 냄새가 악한 것은 먹지 아니하였다. 절차에 맞추어 익히지 않은 것은 먹지 않았으며, 제철이 아닌 것은 먹지 아니하였다. 바르게 썰지 않은 것은 먹지 않았으며, 그 간장이 맞추어지지 않은 것도 먹지 않았다. 고기가 비록 많다 해도 사기食氣보다 더하게 먹지는 않았다. 오직 술만은 한량이 없었으나 어지러울 지경에 이르지는 않았다. 파는 술이나 저자에서 파는 포는 먹지 않았다. 생강 먹는 일은 그치지 않았으며, 밥은 많이 먹지 않았다."

○《論語》曰:「食不厭精, 膾不厭細. 食饐而餲, 魚餒而肉敗, 不食. 色惡, 不食. 臭惡, 不食. 失飪, 不食. 不時, 不食. 割不正, 不食. 不得其醬, 不食. 肉雖多, 不使勝食氣. 唯酒無量, 不及亂. 沽酒市脯不食. 不撤薑食, 不多食.」

【餒】생선 등이 상한 것. 음은 '뇌.'
【食氣】穀氣. 밥 기운. '사기'로 읽음.
　＊〈集註〉에 "朱子曰:「適可而止, 無貪心也.」此一節記孔子飮食之節"이라 함.

1.《論語》鄕黨篇

食不厭精, 膾不厭細. 食饐而餲, 魚餒而肉敗, 不食. 色惡, 不食. 臭惡, 不食. 失飪, 不食. 不時, 不食. 割不正, 不食. 不得其醬, 不食. 肉雖多, 不使勝食氣. 唯酒無量, 不及亂. 沽酒市脯不食. 不撤薑食, 不多食. 祭於公, 不宿肉. 祭肉不出三日. 出三日, 不食之矣. 食不語, 寢不言. 雖疏食菜羹, 瓜祭, 必齊如也.

〈殺鷄圖〉 嘉峪關 魏晉墓 벽화

164(3-4-4)
군자가 도살장을 멀리하는 이유

○《예기禮記》에 실려 있다.

"임금은 이유 없이 소를 잡지 아니하며, 대부는 이유 없이 양을 잡지 아니하며, 사士는 이유 없이 개나 돼지를 잡지 아니한다. 군자는 도살장을 멀리하며, 무릇 혈기가 있는 것은 직접 죽이지 아니한다."

○《禮記》曰:「君無故不殺牛, 大夫無故不殺羊, 士無故不殺犬豕, 君子遠庖廚, 凡有血氣之類, 弗身踐也.」

【禮記】三禮(禮記·儀禮·周禮) 중에 체계를 갖추지 아니하고 學術, 禮俗 등을 잡다하게 모은 것으로 공자 제자들이 輯錄한 것으로 보고 있음. 漢代에 이르러 《大戴禮記》(戴德)와 《小戴禮記》(戴聖)가 있었으며 대대가 古禮 204편을 85편으로 줄이고, 다시 소대가 49편으로 줄여 지금의 《예기》가 이루어진 것으로 보고 있음. 그러나 이설이 많아 정확한 編定 과정은 자세히 알 수 없음.

【無故】제사나 연회 등 희생을 잡아야 할 경우가 아닌 때.

【庖廚】도살장이나 주방. 살아 있는 생명을 직접 죽여 요리하는 곳. 〈集註〉에 "庖, 宰殺之所; 廚, 烹飪之所"라 함. 《孟子》梁惠王(上)에 "君子之於禽獸也, 見其生, 不忍見其死; 聞其聲, 不忍食其肉. 是以君子遠庖廚也."라 함.

【身踐】몸소 이를 수행함. 직접 베거나 잘라 죽임. 〈集註〉에 "踐, 當作剪"이라 함. '踐'은 '剪'의 뜻으로 疊韻互訓임.

1.《禮記》玉藻

君無故不殺牛, 大夫無故不殺羊, 士無故不殺犬豕. 君子遠庖廚, 凡有血氣之類, 弗身踐也.

165(3-4-5)
술에 대한 예절

○ 〈악기樂記〉에 말하였다.

"돼지를 기르고 술을 만드는 것은 재앙을 위한 것이 아니건만 그런데도 이로 인해 옥송獄訟이 갈수록 늘어나고 번잡해지니 이는 술이 흘러 만들어내는 재앙이다. 이 까닭으로 선왕先王께서 술에 대한 예禮를 만들되 한 잔의 술을 바치는 예절에 손님과 주인이 백 번 절하도록 하여 종일 마셔도 취하지 않도록 한 것이다. 이는 선왕께서 술로 인한 화근에 대비하도록 하기 위한 것이다."

○ 〈樂記〉曰:「豢豕爲酒, 非以爲禍也. 而獄訟益繁, 則酒之流生禍也. 是故, 先王因爲酒禮, 一獻之禮, 賓主百拜, 終日飮酒, 而不得醉焉. 此先王之所以備酒禍也.」

【樂記】《禮記》의 19번째 편명. 음악에 관한 내용을 실은 것임. 鄭玄의 《三禮目錄》에 "名曰樂記者, 以其記樂之義"라 함.

【豢豕】환(豢)은 가축에게 곡물을 먹여 기르는 것을 의미함.

【獄訟】술로 인한 범죄로 감옥에 갇히거나 송사를 일으킴. 〈集註〉에 "獄訟益繁, 爲小人乘醉相侵, 以致獄訟滋多也"라 함.

【先王】고대 여러 예법을 정한 임금.

＊〈集註〉에 "酒所以合懽, 先王因其生禍而制禮以防之, 益通乎上下, 記特擧士以例其餘耳"라 함.

1.《禮記》樂記

夫豢豕爲酒, 非以爲禍也, 而獄訟益繁, 則酒之流生禍也. 是故先生因爲酒禮,
壹獻之禮, 賓主百拜, 終日飮酒而不得醉焉; 此先王之所以備酒禍也.

2.《史記》樂書

天地之道, 寒暑不時則疾, 風雨不節則饑. 敎者, 民之寒暑也, 敎不時則傷世.
事者, 民之風雨也, 事不節則無功. 然則先王之爲樂也, 以法治也, 善則行象德矣.
夫豢豕爲酒, 非以爲禍也; 而獄訟益煩, 則酒之流生禍也. 是故先王因爲酒禮,
一獻之禮, 賓主百拜, 終日飮酒而不得醉焉, 此先王之所以備酒禍也. 故酒食者,
所以合歡也.

〈銅爵〉(商) 1976 河南 安陽 婦好墓 출토

166(3-4-6)
음식을 탐내는 사람

○《맹자孟子》에 말하였다.

"음식을 탐내는 사람이라면 남들이 그를 천하게 여긴다. 이는 작은 것을 기르기 위하여 큰 것을 잃는 것이기 때문이다."

○《孟子》曰:「飮食之人, 則人賤之矣, 爲其養小以失大也」

【飮食之人】 음식에 기본을 두고 사는 사람. 음식을 탐하는 사람.
【養小】 입과 배 등 작은 것을 奉養하기 위한 일.
【失大】 인의도덕과 같은 큰 心志의 가치를 잃는 것임.
 ＊〈集註〉에 "飮食之人, 專養口腹者也. 小謂口腹, 大謂心志"라 함.

1. 《孟子》 告子(上)

孟子曰:「人之於身也, 兼所愛. 兼所愛, 則兼所養也. 無尺寸之膚不愛焉, 則無尺寸之膚不養也. 所以考其善不善者, 豈有他哉? 於己取之而已矣. 體有貴賤, 有大小. 無以小害大, 無以賤害貴. 養其小者爲小人, 養其大者爲大人. 今有場師, 舍其梧檟, 養其樲棘, 則爲賤場師焉. 養其一指而失其肩背而不知也, 則爲狼疾人也. 飮食之人, 則人賤之矣, 爲其養小以失大也. 飮食之人無有失也, 則口腹豈適爲尺寸之膚哉?」

右明飲食之節

이상은 음식飲食의 절제에 대해 밝힌 것이다.

〈鴨尊〉(서주) 遼寧省 출토

第四 계고稽古

〈계고稽古〉는 내편의 네 번째 편이다. '稽'는 '詳考하다'의 뜻이다. 따라서 고대 우순虞舜, 하우夏禹, 상탕商湯, 주문무周文武 때 성현의 행적을 상고하여 이미 다루었던 입교立敎·명륜明倫·경신敬身의 세 편을 다시 증명하고자 설정한 것이다.

따라서 세부 편목도 다시 그에 맞추어 (1)입교立敎 (2)명륜明倫 (3)경신敬身으로 나누고 이를 마무리한 (4)통론通論을 넣고 있다.

입교(4장)·명륜(31장)·경신(9장)·통론(3장) 등 모두 47장으로 이루어져 있다.

＊〈集註〉에 "稽, 考也. 考虞夏商周, 聖賢已行之迹, 以證前篇立敎·明倫·敬身之言也. 凡四十七章"이라 함.

◎ 稽古 小序

맹자孟子는 성선性善을 말하면서 언필칭 요순堯舜을 거론하였다.
그는 이렇게 말하였다.
"요순은 천하의 법이 되어 가히 후세에 전할 수 있었으나 나는 아직도
시골 촌사람 신세를 면하지 못하고 있으니 이것이 근심거리이다. 근심스럽
다면 어찌할 것인가? 순임금처럼 노력할 뿐이다."
이에 옛 사람들의 행동을 주워 모으고, 옛 사람들의 말을 실증으로 들어
이 편을 기술하여 읽는 자로 하여금 흥기하는 바가 있도록 하고자 한다.

孟子道性善, 言必稱堯舜.
其言曰:「舜爲法於天下, 可傳於後世, 我猶未免爲鄕人也, 是則
可憂也, 憂之如何, 如舜而已矣」摭往行, 實前言, 述此篇, 使讀者
有所興起.

【性善】맹자가 주장한 性善說. 인간은 누구나 근본이 선하여 堯舜과 같은
善行을 성취할 수 있다고 여긴 맹자의 주장. 흔히 荀子의 性惡說과 대비
하여 말함. 〈集註〉에 "朱子曰:「道, 言也. 性者, 人所稟於天以生之理也. 渾然
至善, 未嘗有惡人, 與堯舜初無少異. 但衆人汩沒於私欲而失之. 堯舜則無私
欲之蔽, 而能充其性爾. 故孟子每道性善, 而必稱堯舜, 以實之, 欲人知仁義,
不可外求. 聖人可學而至, 而不懈於用力也.」라 함.
【堯】고대 五帝의 하나. 陶唐氏라 하며 성은 伊祁, 이름은 放勛, 帝嚳의 아들
로 德政을 베풀었으며 뒤에 舜에게 천하를 선양함. 《十八史略》(1)에 "帝堯

陶唐氏: 伊祁姓, 或曰名放勳, 帝嚳子也. 其仁如天, 其知如神, 就之如日, 望之
　如雲, 都平陽"이라 함.
【舜】古代 五帝의 하나로 有虞氏의 수령이었으며 이 때문에 흔히 虞舜으로도
　부름. 姓은 姚氏. 이름은 重華. 諸馮(지금의 山東 諸城)에서 태어나 효성과
　덕으로 무리를 모음. 歷山(지금의 山東省 濟南市)에서 농사를 지었다 함. 堯
　임금이 그의 덕행과 재능을 인정하여 天下를 그에게 선양함.《十八史略》(1)
　에 "帝舜有虞氏: 姚姓, 或曰名重華, 瞽瞍之子, 顓頊六世孫也. 父惑於後妻,
　愛少子象, 常欲殺舜. 舜盡孝悌之道, 烝烝乂不格姦"이라 함.
【鄕人】시골 촌사람. 〈集註〉에 "鄕人, 鄕里之常人也"라 함.
【摭·實】'척'으로 읽음. 주워 모음. 수집함. '實'은 실제 증거로 삼음. 〈集註〉에
　"摭, 猶采也; 實, 猶證也"라 함.
【興起】감흥을 일으켜 분발하여 실천하고자 유도함. 〈集註〉에 "興起, 謂感
　動奮發而爲善也"라 함.

1. 이는 제4편 〈稽古篇〉의 小序에 해당하는 부분임.

2.《孟子》離婁(下)

孟子曰:「君子所以異於人者, 以其存心也. 君子以仁存心, 以禮存心. 仁者愛人,
有禮者敬人. 愛人者人恆愛之; 敬人者人恆敬之. 有人於此, 其待我以橫逆, 則君
子必自反也:『我必不仁也, 必無禮也, 此物奚宜至哉?』其自反而仁矣, 自反而
有禮矣, 其橫逆由是也, 君子必自反也:『我必不忠.』自反而忠矣, 其橫逆由是也,
君子曰:『此亦妄人也已矣. 如此則與禽獸奚擇哉? 於禽獸又何難焉?』是故君子
有終身之憂, 無一朝之患也. 乃若所憂則有之:『舜人也, 我亦人也. 舜爲法於
天下, 可傳於後世, 我由未免爲鄕人也, 是則可憂也.』憂之如何? 如舜而已矣.
若夫君子所患則亡矣. 非仁無爲也, 非禮無行也. 如有一朝之患, 則君子不患矣.」

1. 입교立教

이는 제1편 〈입교立敎〉편에 대한 증명이다. 입교에 맞는 고대 성현의 행적·고사·일화 등을 모아 증거로 삼은 것이다.

모두 4장이다.

乾隆〈霽青金彩海宴河清尊〉(부분)

태임의 태교

태임太任은 문왕文王의 어머니이며 지임씨摯任氏의 둘째 딸이다. 왕계王季가 이를 맞아 비妃로 삼았다. 태임은 성품이 단정하고 한결같이 성실하고 장엄하여 오직 덕을 근거로 행동하였다. 그는 문왕文王을 임신하자 눈으로는 악한 색을 보지 않았으며, 귀로는 음란한 소리를 듣지 아니하였고, 입으로는 오만한 말을 하지 않았다. 문왕을 낳으니 명석하고 성스러웠으며 태임이 하나를 가르쳐주면 백 가지를 알았다. 마침내 그는 주周나라의 종주宗主가 되었다. 군자들은 "태임은 능히 태교를 잘하였다"라 하였다.

〈洗兒圖〉

太任, 文王之母, 摯任氏之中女也. 王季娶以爲妃. 太任之性, 端一誠莊, 惟德之行. 及其娠文王, 目不視惡色, 耳不聽淫聲, 口不出敖言. 生文王而明聖, 太任敎之以一而識百, 卒爲周宗.

君子謂:「太任爲能胎敎」

【太任】太妊(太姙), 大任으로도 쓰며 王季(季歷, 古公亶父의 셋째 아들)의 아내이며 文王(昌)을 낳음. 太姜(고공단보의 아내이며 왕계, 즉 계력의 어머니)과 太姒(文王의 아내이며 武王의 어머니)를 묶어 '周室三母', '周室三姑'라 하여

아내와 어머니, 시어머니의 표준으로 여김.

【文王】古公亶甫의 손자이며 季歷의 아들로 周나라를 일으킨 聖君. 이름은
  姬昌.

【摯任氏】고대 씨족 이름이며 나라 이름. 任姓으로 商나라의 속국으로 지금
  의 河南 汝寧縣이었다 함.

【王季】太王 古公亶甫(古公亶父)의 아들 季歷을 가리킴. 문왕(姬昌)의 아버지,
  무왕(姬發)의 할아버지. 고공단보는 后稷의 후예로 姬姓. 문왕의 조부이며
  계력의 아버지. 처음 豳(邠, 지금의 陝西 彬縣)에 살았으며 戎狄이 괴롭히자
  그 땅을 버리고 岐山 아래 周原(지금의 陝西 岐縣)으로 옮겨 더욱 번창해졌음.
  이에 국호를 周라 함. 그에게는 아들 太伯·虞仲·季歷의 세 아들이 있었으며
  계력의 아들 昌(문왕)이 뛰어남을 보고 왕위가 계력을 통해 창에게 이어지기
  를 원하였음. 이를 알게 된 태백과 우중이 남쪽 吳 땅으로 도망하여 그
  뜻대로 계력을 거쳐 창, 그리고 發(무왕)로 이어져 紂를 멸하고 천하를 잡았
  으며 이에 할아버지 古公을 추존하여 太王이라 부름.

【中女】둘째 딸.

【敖言】조소하고 희롱하는 언사.

【胎敎】《大戴禮記》保傳篇을 참조할 것.

【君子】고대 문장에서 이를 비평하거나 찬양할 때, 혹은 내용을 평가할 때
  가설로 내세우는 인물. 흔히 작자의 뜻을 대변해 주는 역할을 함.

참고 및 관련 자료

1.《列女傳》母儀傳「周室三母」

三母者: 大姜·大任·大姒. 大姜者, 王季之母, 有台氏之女. 大王娶以爲妃, 生
大伯·仲雍·王季, 貞順率導, 靡有過失. 大王謀事遷徙, 必與大姜. 君子謂:「大姜
廣於德敎.」(德敎本也, 而謀事次之. 詩云:『古公亶父, 來朝走馬, 率西水滸,
至於岐下, 爰及姜女, 聿來胥宇.』此之謂也. 蓋太姜淵智非常, 雖太王之賢聖,
亦與之謀, 其知太王仁恕必可以比國人而景附矣.) 大任者, 文王之母, 摯任氏
中女也. 王季娶爲妃. 大任之性, 端一誠莊, 惟德之行. 及其有娠, 目不視惡色,
耳不聽淫聲, 口不出敖言, 能以胎敎. 溲於豕牢, 而生文王. 文王生而明聖, 大任
敎之以一而識百, 卒爲周宗. 君子謂:「大任爲能胎敎.」古者婦人妊子, 寢不側,

坐不邊, 立不蹕, 不食邪味. 割不正不食, 席不正不坐, 目不視於邪色, 耳不聽於淫聲. 夜則令瞽誦詩, 道正事, 如此則生子形容端正, 才德必過人矣. 故妊子之時, 必愼所感, 感於善則善, 感於惡則惡. 人生而肖萬物者, 皆其母感於物, 故形音肖之, 文王母可謂知肖化矣. 大姒者, 武王之母, 禹後有莘姒氏之女. 仁而明道, 文王嘉之, 親迎於渭, 造舟爲梁. 及入, 大姒思媚大姜·大任, 旦夕勤勞, 以進婦道, 大姒號曰文母. 文王治外, 文母治內. 大姒生十男: 長伯邑考·次武王發·次周公旦·次管叔鮮·次蔡叔度·次曹叔振鐸·次霍叔武·次成叔處·次康叔封·次聃季載. 大姒教誨十子, 自少及長, 未嘗見邪僻之事. 及其長, 文王繼而教之, 卒成武王·周公之德. 君子謂:「大姒仁明而有德」詩曰:『大邦有子, 倪天之妹. 文定厥祥, 親迎于渭. 造舟爲梁, 不顯其光.』又曰:『大姒嗣徽音, 則百斯男.』此之謂也. 頌曰:『周室三母, 大姜妊姒. 文武之興, 蓋由斯起. 大姒最賢, 號曰文母. 三姑之德, 亦甚大矣.』

2.《史記》周本紀

古公有長子曰太伯, 次曰虞仲. 太姜生少子季歷, 季歷娶太任, 皆賢婦人, 生昌, 有聖瑞. 古公曰:「我世當有興者, 其在昌乎?」長子太伯·虞仲知古公欲立季曆以傳昌, 乃二人亡如荊蠻, 文身斷髮, 以讓季歷.

3.《大戴禮記》保傅篇

胎教之道, 書之玉板, 藏之金匱, 置之宗廟, 以爲後世戒. 靑史氏之記曰:「古者, 胎教, 王后腹之, 七月而就宴室, 太史持銅而御戶左, 太宰持斗而御戶右. 比及三月者, 王后所求聲音非禮樂, 則太師縕瑟而稱不習, 所求滋味者非正味, 則太宰倚斗而言曰: 不敢以待王太子. 太子生而泣, 太師吹銅曰: 聲中其律. 太宰曰: 滋味上某.」然后卜名. 上無取於天, 下無取於墜, 中無取於名山通谷, 無拂於鄉俗, 是故君子名難知而易諱也. 此所以養恩之道.

4.《家範》(3) 父母篇 司馬光

周大任之娠文王也, 目不視惡色, 耳不聽淫聲, 口不出敖言. 文王生而明聖, 卒爲周宗. 君子謂:「太任爲能胎教」古者婦人任子, 寢不側, 坐不邊, 立不蹕, 不食邪味. 割不正不食, 席不正不坐, 目不視於邪色, 耳不聽於淫聲. 夜則令瞽誦詩, 道正事, 如此則生子形容端正, 才藝博通矣. 彼其子尚未生也, 固已教之, 況已生乎?

168(4-1-2)
맹모삼천

○ 맹가孟軻의 어머니가 무덤 가까운 곳에 집을 마련하였다. 맹자가 어린 나이에 놀이로 그 무덤 사이에서 벌어지는 슬픔에 펄펄 뛰고 축대를 쌓고 매장하는 모습을 따라 하는 것이었다.

〈孟母斷機圖〉 清 康濤(畫)

맹자 어머니가 말하였다.

"이곳은 아들을 데리고 살 곳이 못되는구나."

그리하여 이번에는 시장 근처에 집을 정하였다. 그러자 맹자는 놀이로 상인들이 물건을 사고파는 일을 흉내 내는 것이었다.

맹자 어머니가 말하였다.

"이곳은 내 아들과 함께 살 곳이 못되는구나."

그리하여 이번에는 학궁學宮 곁으로 이사하여 집을 정하였다. 그랬더니 맹자는 놀이에서 조두俎豆를 마련해 놓고, 읍양揖讓하며 진퇴進退하는 모습을 흉내 내는 것이었다.

맹자 어머니가 말하였다.

"이곳이야말로 진실로 내 아들과 살 곳이로다."

그리고는 드디어 그곳을 살 곳으로 정하였다.

맹자가 어린 나이였을 때 물었다.

"동쪽 이웃집에 돼지를 잡던데 무엇에 쓰려는 것입니까?"

어머니는 무심결에 대답하였다.

"너에게 주려고 그러지."

이윽고 어머니는 후회하며 이렇게 말하였다.

"내 들으니 옛날에 태교胎敎가 있었다 하였는데 지금 마침 철이 들려는 나이에 속였으니 이는 불신을 가르친 셈이로구나."

그리하여 그 돼지고기를 사서 이를 먹여주었다. 이윽고 맹자가 장성하여 학문의 길에 들어서서 드디어 큰 선비로 성공한 것이다.

○ 孟軻之母, 其舍近墓, 孟子之少也, 嬉戲爲墓間之事, 踊躍築埋, 孟母曰:「此非所以居子也」乃去舍市, 其嬉戲爲賈衒. 孟母曰:「此非所以居子也」乃徙舍學宮之旁, 其嬉戲乃設俎豆, 揖讓進退. 孟母曰:「此眞可以居子矣」遂居之.

孟子幼時, 問:「東家殺猪何爲?」母曰:「欲啖汝」旣而悔曰:「吾聞, 古有胎敎, 今適有知而欺之, 是敎之不信」乃買猪肉以食之, 旣長就學, 遂成大儒.

〈孟母斷機〉 및 〈孟母三遷之敎〉 기념비 山東

【孟軻】자는 子輿(B.C.372~B.C.289). 전국시대 鄒邑 사람으로 子思의 문인에게
  수학하였으며 齊, 梁, 滕, 宋 등을 다니며 王道政治를 주창하였으나 실행
  하지 못하고 돌아와 제자 萬章 등과 함께《孟子》7편을 저술하여 宋나라
  때 四書에 들었으며 13경에도 列入됨. 孔子의 儒家를 이어 性善說을 주장
  하였으며 亞聖으로 불림.《史記》孟荀列傳 참조.
【母】《列女傳》,《百家姓》등에 의하면 그 이름이 '장씨(仉氏)'라 하였음.
【踊躍】펄쩍펄쩍 뛰는 모습을 표현한 雙聲連綿語. 여기서는 葬禮에서 자손이
  곡을 하며 애통해하는 모습을 말함.
【賈衒】〈集註〉에 "坐而賣曰賈, 行而賣曰衒"이라 함.
【俎豆】祭器. 제사지낼 때 쓰는 그릇과 제상 차림. 俎와 豆는 古代의 禮器
  로 祭禮 등에서 肉食을 담거나 차려놓는 그릇. 여기서는 禮에 관한 일이
  라는 뜻. 예절을 배우거나 실행함을 뜻함.《論語》衛靈公篇에 "衛靈公問陳
  於孔子. 孔子對曰:「俎豆之事, 則嘗聞之矣; 軍旅之事, 未之學也.」明日遂行."
  이라 함.
＊〈集註〉에 "趙氏曰:「孟子夙喪父, 幼被慈母三遷之敎, 長受孔子之孫子思,
  通五經, 著書七篇, 命世亞聖之大才也.」"라 함.

참고 및 관련 자료

1.《列女傳》節義篇 鄒孟軻母

鄒孟軻之母也, 號孟母. 其舍近墓, 孟子之小也, 嬉遊爲墓間之事: 踊躍築埋.
孟母曰:「此非吾所以居處子也.」乃去, 舍市傍, 其嬉戲爲賈人衒賣之事. 孟母
又曰:「此非吾所以居處子也.」復徙舍學宮之傍, 其嬉遊乃設俎豆揖讓進退.
孟母曰:「眞可以居吾子矣.」遂居之. 及孟子長, 學六藝, 卒成大儒之名. 君子謂:
「孟母善以漸化.」詩云:『彼姝者子, 何以予之?』此之謂也. 孟子之小也, 旣學而歸,
孟母方績, 問曰:「學何所至矣?」孟子曰:「自若也.」孟母以刀斷其織. 孟子懼
而問其故. 孟母曰:「子之廢學, 若吾斷斯織也. 夫君子學以立名, 問則廣知, 是以
居則安寧, 動則遠害. 今而廢之, 是不免於廝役, 而無以離於禍患也. 何以異於
織績而食, 中道廢而不爲? 寧能衣其夫子, 而長不乏糧食哉? 女則廢其所食,
男則墮於修德, 不爲竊盜, 則爲虜役矣.」孟子懼, 旦夕勤學不息, 師事子思, 遂成
天下之名儒. 君子謂:「孟母知爲人母之道矣.」詩云:『彼姝者子, 何以告之?』此之
謂也. 孟子旣娶, 將入私室, 其婦袒而在內, 孟子不悅, 遂去不入. 婦辭孟母而

求去, 曰:「妾聞夫婦之道, 私室不與焉. 今者妾竊墮在室, 而夫子見妾, 勃然不悅, 是客妾也. 婦人之義, 蓋不客宿, 請歸父母.」於是孟母召孟子而謂之曰:「夫禮: 『將入門, 問孰存?』所以致敬也. 『將上堂, 聲必揚.』所以戒人也. 『將入戶, 視必下.』恐見人過也. 今子不察於禮, 而責禮於人, 不亦遠乎?」孟子謝, 遂留其婦. 君子謂: 「孟母知禮而明於姑母之道.」孟子處齊而有憂色. 孟母見之曰:「子若有憂色, 何也?」孟子曰:「不敏」異日閒居, 擁楹而歎. 孟母見之曰:「鄉見子有憂色, 曰不也. 今擁楹而歎, 何也?」孟子對曰:「軻聞之: 君子稱身而就位, 不爲苟得而受賞, 不貪榮祿. 諸侯不廳, 則不達其上; 聽而不用, 則不踐其朝. 今道不用於齊, 願行而母老, 是以憂也.」孟母曰:「夫婦人之禮: 精五飯, 冪酒漿, 養舅姑, 縫衣裳而已矣. 故有閨內之脩而無境外之志. 易曰: 『在中饋, 无攸遂.』詩曰: 『無非無儀, 惟酒食是議.』以言婦人無擅制之義, 而有三從之道也. 故年少則從乎父母, 出嫁則從乎夫, 夫死則從乎子, 禮也. 今子成人也, 而我老矣. 子行乎子義, 吾行乎吾禮.」君子謂:「孟母知婦道」詩云:『載色載笑, 匪怒伊教.』此之謂也. 訟曰:『孟子之母, 教化列分. 處子擇藝, 使從大倫. 子學不進, 斷機示焉. 子遂成德, 爲當世冠.』

2.《韓詩外傳》(9)

孟子少時誦, 其母方織. 孟輟然中止, 乃復進. 其母知其諠也, 呼而問之曰:「何爲中止?」對曰:「有所失復得」其母引刀裂其織, 以此誡之. 自是之後, 孟子不復諠矣. 孟子少時, 東家殺豚. 孟子問其母曰:「東家殺豚, 何以爲?」母曰:「欲啖汝」其母自悔而言曰:「吾懷妊是子, 席不正, 不坐; 割不正, 不食; 胎教之也. 今適有知而欺之, 是教之不信也」乃買東家豚肉以食之, 明不欺也. 詩曰:『宜爾子孫, 繩繩兮.』言賢母使子賢也.

3.《韓詩外傳》(9)

孟子妻獨居, 踞, 孟子入戶視之. 白其母, 曰:「婦無禮, 請去之」母曰:「何也?」曰:「踞.」其母曰:「何知之?」孟子曰:「我親見之.」母曰:「乃汝無禮也, 非婦無禮. 禮不云乎?『將入門, 問孰存; 將上堂, 聲必楊; 將入戶, 視必下.』不掩人不備也. 今汝獨往燕私之處, 入戶不有聲, 令人踞而視之, 是汝之無禮也. 非婦無禮也.」於是孟子自責, 不敢去婦. 詩曰:『采對采菲, 無以下體?』

4.《藝文類聚》(94)

韓詩外傳曰: 孟子少時, 東家嘗殺猪, 孟子問其母曰:「東家殺猪, 何以爲?」其母曰:「欲啖汝」其母悔失言曰:「吾懷妊是子, 席不正, 不坐; 割不正, 不食; 胎教之也. 今適有知而欺之, 是教之不信也」乃買東家猪肉以食之, 明不欺也.

5. 《**韓非子**》外儲說左上(曾子의 일화로 되어 있음)

曾子之妻之市, 其子隨之而泣. 其母曰:「女還, 顧反爲女殺彘.」妻適市來, 曾子欲捕彘殺之. 妻止之曰:「特與嬰兒戲耳.」曾子曰:「嬰兒非與戲也. 嬰兒非有知也, 待父母而學者也, 聽父母之教. 今子欺之, 是教子欺也. 母欺子, 子而不信其母, 非以成教也.」遂烹彘也.

6. 《**幼學瓊林**》老壽幼誕篇

列俎豆而習禮儀, 孟氏沖年乃爾; 執干戈以衛社稷, 汪踦小子能然.

7. 《**文選**》(11)〈景福殿賦〉注

孟軻母者, 卽孟子母也, 號曰孟母. 其舍近墓. 孟子之少也, 嬉戲爲墓間之事, 踊躍築埋. 孟母曰:「此非所以居處子也.」乃去. 舍市傍, 其子嬉戲爲賈. 又曰:「此非所以居處子也.」乃舍學宮之傍. 其子遊戲, 乃設俎豆, 揖讓進退. 曰:「此可以居子.」遂居. 及孟子長, 學六藝, 卒成大儒. 故將廣智, 必先多聞.

8. 《**文選**》(16)〈閑居賦〉注

列女傳曰: 孟母舍近墓, 孟子嬉戲爲墓間之事. 孟母曰:「此非所以居子處也.」乃去, 舍市旁, 其子嬉戲爲賈衒. 孟母又曰:「此非所以居子處也.」乃舍學宮之旁, 其子嬉戲乃設俎豆, 進退揖讓. 孟母曰:「此眞可以居子矣.」遂居之. 及孟子長, 學六藝, 卒成大儒.

9. 《**太平御覽**》(829)

列女傳曰: 孟子之小也, 旣學而歸, 孟母方績, 問曰:「學何所至矣?」子曰:「自若也.」母以刀斷其織. 子懼而問其故. 母曰:「子之廢學, 若吾斷斯織也. 夫君子學以立名, 問則廣知, 是以居則安寧, 動則遠害. 今而廢之, 則是不免於廝役, 而無以離於患禍. 何以異於織績而食, 中道廢而不爲? 豈能衣其夫子, 而長不乏糧食哉?」孟子懼, 旦夕勤學不息.

10. 《**十八史略**》(1)

孟子其門人也. 名軻, 魯孟孫之後, 生於鄒, 幼被慈母三遷之教, 長受業子思之門. 道旣通, 游齊梁, 不用. 退與萬章之徒, 難疑答問, 作七篇.

11. 《**蒙求**》(067)

《古列女傳》: 鄒孟軻母, 其舍近墓. 孟子少嬉遊, 爲墓間之事. 孟母曰:「此非吾所以居處子也.」乃去, 舍市傍. 其嬉戲乃賈人衒賣之事. 又曰:「此非吾所以居處子也.」復徙舍學官之旁. 其嬉戲乃設俎豆, 揖讓進退. 孟母曰:「眞可以居吾子矣.」遂居. 及孟子旣學而歸, 孟母問學所至. 孟子曰:「自若也.」孟母以刀斷其織曰:「子之廢學, 若吾斷斯織也.」孟子懼, 旦夕勤學不息, 師事子思, 遂成名儒. 君子謂:「孟母知爲人母之道.」

12.《家範》(3) 父母篇 司馬光

孟軻之母, 其舍近墓, 孟子之少也, 嬉戲爲墓間之事, 踊躍築埋, 孟母曰:「此非所以居之也」乃去舍市傍, 其嬉戲爲衒賣之事. 孟母曰:「此非所以居之也」乃徙舍學宮之傍, 其嬉戲乃設俎豆, 揖讓進退. 孟母曰:「此眞可以居子矣」遂居之. 孟子幼時, 問:「東家殺猪何爲?」母曰:「欲啖汝」旣而悔曰:「吾聞, 古有胎敎, 今適有知而欺之, 是敎之不信」乃買猪肉食, 旣長就學, 遂成大儒. 彼其子尙幼也, 固已愼其所習, 況已長乎!

169(4-1-3)
공자의 아들 교육

○ 공자께서 한때 홀로 서 계실 때 아들 이鯉가 뜰 앞을 뛰어 지나가자 공자께서 말씀하셨다.

"시詩를 배웠느냐?"

아들 이가 대답하였다.

"아직 배우지 못하였습니다."

"시를 배우지 않고서는 말을 할 수 없느니라."

이리하여 아들 이는 물러나 시를 배웠다. 다른 날에 공자께서 홀로 서 계실 때에 이가 빠른 걸음으로 뜰을 지나려 하자, 공자가 물었다.

"예禮를 배웠느냐?"

"아직 배우지 못하였습니다."

"예를 배우지 않으면 설 수가 없느니라."

그리하여 공리는 물러나 예를 배웠다.

○ 孔子嘗獨立, 鯉趨而過庭, 曰:「學詩乎?」 對曰:「未也」「不學詩, 無以言」 鯉退而學詩, 他日又獨立, 鯉趨而過庭, 曰:「學禮乎?」 對曰:「未也」「不學禮, 無以立」 鯉退而學禮.

【伯魚】孔鯉. 孔子의 아들. 伯魚는 字.
【獨立】홀로 서 있음. 주위에 사람이 없음.
【學】배움의 단계를 넘어 실습하고 실천함을 말함.

【無以立】설 수가 없음.

＊〈集註〉에 "朱子曰:「品節詳明而德性堅定, 故能立.」"이라 함.

1.《論語》季氏篇

陳亢問於伯魚曰:「子亦有異聞乎?」對曰:「未也. 嘗獨立, 鯉趨而過庭. 曰:『學詩乎?』對曰:『未也.』『不學詩, 無以言.』鯉退而學詩. 他日, 又獨立, 鯉趨而過庭. 曰:『學禮乎?』對曰:『未也.』『不學禮, 無以立.』鯉退而學禮. 聞斯二者」陳亢退而喜曰:「問一得三, 聞詩, 聞禮, 又聞君子之遠其子也.」

2.《家範》(3) 父母篇 司馬光

陳亢問於伯魚曰:「子亦有異聞乎?」對曰:「未也. 嘗獨立, 鯉趨而過庭. 曰:『學詩乎?』對曰:『未也.』『不學詩, 無以言.』鯉退而學詩. 他日, 又獨立, 鯉趨而過庭. 曰:『學禮乎?』對曰:『未也.』『不學禮, 無以立.』鯉退而學禮. 聞斯二者」陳亢退而喜曰:「問一得三, 聞詩, 聞禮, 又聞君子之遠其子也.」

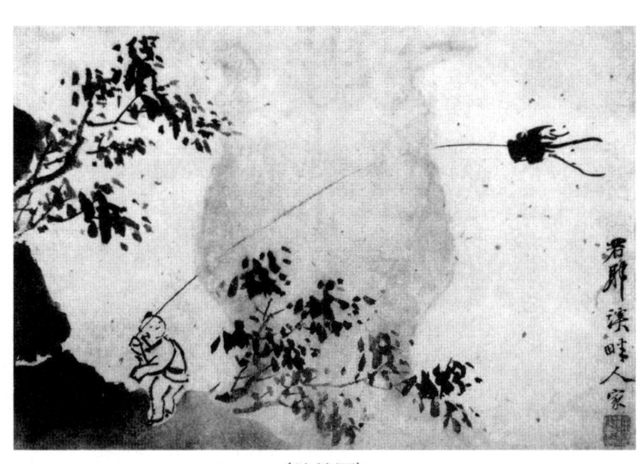

〈放箏圖〉

담을 마주하고 서 있는 형국

○ 공자가 아들 백어伯魚에게 이렇게 말하였다.

"너는 〈주남周南〉·〈소남召南〉을 배웠느냐? 사람으로서 〈주남〉·〈소남〉을 배우지 아니하면 이는 마치 담을 마주하고 서 있는 것과 같으니라!"

○ 孔子謂伯魚曰:「汝爲周南·召南矣乎? 人而不爲周南·召南, 其猶正牆面而立也與!」

【汝】'너.'《論語》원본에는 '女'로 되어 있음.

【伯魚】孔鯉. 孔子의 아들.

【周南·召南】《詩經》國風의 처음 두 篇. 〈周南〉에는 '關雎' 이하 11편, 〈召南〉에는 '鵲巢'이하 14편 등 모두 25편이 실려 있음. 〈集註〉에 "周南·召南, 詩首篇名. 所言皆脩身齊家之事"라 함.

【牆面而立】담을 마주하고 서 있어 아무것도 보이지 않으며 앞으로 나갈 수도 없음을 비유함.

＊〈集註〉에 "正牆面而立, 言卽其至近之地, 而一物無所見, 一步不可行"이라 함.

참고 및 관련 자료

1.《論語》陽貨篇

子謂伯魚曰:「女爲周南·召南矣乎? 人而不爲周南·召南, 其猶正牆面而立也與!」

右立教.

이상은 입교立教이다.

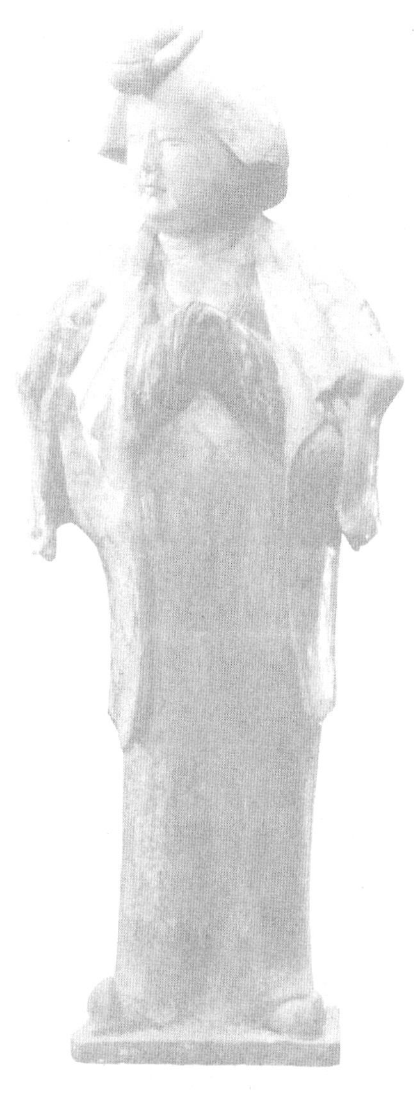

2. 명륜明倫

이는 제2편 〈명륜明倫〉편에 대한 증명이다. 명륜에 맞는 고대 성현의 행적·고사·일화 등을 모아 증거로 삼은 것이다.

모두 31장이다.

〈野菊飛鳥七寶琺瑯瓶〉(淸) 부분

171(4-2-1)
순임금의 아버지

우순虞舜은 아버지는 완고하였고 어머니는 우매하였으며 아우 상象은 오만하였으나 이를 능히 효도로써 화해를 이루었다. 그리고 점차 교화하여 격간格姦함에 이르지 않도록 하였다.

虞舜, 父頑母嚚, 象傲, 克諧以孝, 烝烝, 乂不格姦.

【虞舜】古代 五帝의 하나로 有虞氏의 수령이었으며 이 때문에 흔히 虞舜으로도 부름. 姓은 姚氏. 이름은 重華. 諸馮(지금의 山東 諸城)에서 태어나 효성과 덕으로 무리를 모음. 歷山(지금의 山東省 濟南市)에서 농사를 지었다 함. 堯임금이 그의 덕행과 재능을 인정하여 天下를 선양함.
【父頑母嚚】순의 아버지 瞽瞍(瞽叟)는 장님이었으며 후처를 얻어 象을 낳았는데, 그 계모는 악독하고 말이 많았음. 그리하여 셋이 함께 여러 차례 순을 죽이려 드는 등 악한 행동을 자행하였음. 은(嚚)은 말이 많고 어리석으며 진실성이 없음을 말함. "口不道忠信之言爲嚚"이라 함.
【象】순임금의 異母弟.
【克】'能'과 같음.
【烝】'進'과 같음. 烝烝은 '점차 나아가다'의 뜻을 강조한 것임.
【乂】'治'와 같음.
【格】'至'와 같음.
＊〈集註〉에 "言舜不幸遭此, 而能和以孝, 使之進, 進以善. 自治而不至於大爲姦惡也"라 함.

1.《史記》五帝本紀

堯曰:「嗟! 四嶽: 朕在位七十載, 汝能庸命, 踐朕位?」嶽應曰:「鄙德忝帝位.」
堯曰:「悉擧貴戚及疏遠隱匿者」衆皆言於堯曰:「有矜在民閒, 曰虞舜」堯曰:
「然, 朕聞之. 其何如?」嶽曰:「盲者子. 父頑, 母嚚, 弟傲, 能和以孝, 烝烝治,
不至姦」堯曰:「吾其試哉」於是堯妻之二女, 觀其德於二女. 舜飭下二女於嬀汭,
如婦禮. 堯善之, 乃使舜愼和五典, 五典能從. 乃遍入百官, 百官時序. 賓於四門,
四門穆穆, 諸侯遠方賓客皆敬. 堯使舜入山林川澤, 暴風雷雨, 舜行不迷. 堯以
爲聖, 召舜曰:「女謀事至而言可績, 三年矣. 女登帝位.」舜讓於德不懌. 正月
上日, 舜受終於文祖. 文祖者, 堯大祖也.

2.《尚書》堯典

帝曰:「咨四岳, 朕在位七十載, 汝能庸命, 巽朕位」岳曰:「否德忝帝位」曰:
「明明揚側陋」錫帝曰:「有鰥在下, 曰虞舜」帝曰:「俞, 予聞, 如何?」岳曰:
「瞽子, 父頑, 母嚚, 象傲, 克諧以孝, 烝烝乂, 不格姦」帝曰:「我其試哉! 女于時,
觀厥刑于二女, 釐降二女于嬀汭, 嬪于虞」帝曰:「欽哉!」

3.《孟子》萬章(上)

萬章曰:「父母使舜完廩, 捐階, 瞽瞍焚廩. 使浚井, 出, 從而揜之. 象曰:『謨蓋
都君咸我績. 牛羊父母, 倉廩父母, 干戈朕, 琴朕, 弤朕, 二嫂使治朕棲.』象往入
舜宮, 舜在牀琴. 象曰:『鬱陶思君爾.』忸怩. 舜曰:『惟茲臣庶, 汝其于予治.』
不識舜不知象之將殺己與?」

4.〈孟子集註〉:「舜父頑母嚚, 常欲害舜. 告則不聽其娶, 是廢人之大倫, 以讐
怨於父母也.」

172(4-2-2)
순임금의 대효

○ 만장萬章이 물었다.

"순舜이 밭에 나가 하늘을 향해 호읍號泣하였으니 어찌하여 그렇게 울부짖은 것입니까?"

맹자가 말하였다.

"원망하고 사모한 것이다. '내가 힘써 농사지어 자식의 직분을 다하면 그만일 뿐 부모가 나를 사랑하지 않음이 내게 무슨 죄가 되리오!'라 여긴 것이다.

제요帝堯가 그 자녀 구남이녀九男二女에게 백관百官과 소·말·창고를 다 갖추어 놓고 순을 농사꾼 속에서 발탁하여 모시도록 하였다. 그러자 천하의 많은 선비들이 순에게 찾아갔다. 제요는 장차 천하의 인심을 헤아려 순에게 물려주려 하였다. 그러자 순은 부모와의 관계가 순조롭지 못하였으므로 마치 궁한 사람이 돌아갈 곳이 없는 듯이 하였다.

천하의 선비들 누구나 좋아함은 사람이면 누구나 바라는 바이지만 이것으로 순은 근심을 풀기에는 족하지 못하였다. 예쁜 아내를 얻는 것도 사람이라면 누구나 바라는 바로써 제요의 두 딸을 아내로 맞았건만 이것으로도 근심을 풀기에 족하지 못하였다. 또 부富는 사람이라면 누구나 바라는 바로써 천하를 가진 부자였건만 이것으로도 근심을 풀기에 족하지 못하였으며, 귀貴는 사람이라면 누구나

《孟子》

바라는 바로써 귀함이 천자天子였건만 이것으로 근심을 풀기에는 족하지
못하였다. 남들이 자기를 좋아하고, 예쁜 아내를 얻고, 부하고 귀하기까지
하였건만 족히 근심을 해소하지 못하였다는 것은, 오직 부모에게 효순함
만이 곧 근심을 해소할 수 있다는 것이다.

사람이란 어려서는 부모를 그리워하지만 호색을 알고 나면 젊고 예쁜
이성을 그리워하게 된다. 그리고 처자가 있게 되면 처자를 그리워하고, 벼슬
하게 되면 임금을 사모하고, 임금에게 사랑을 얻지 못하면 속에 열병을
앓게 된다.

대효大孝란 종신토록 부모를 사모하는 것이다. 50이 되어서도 부모를
사모한 자를 내 대순大舜에게서 보았노라!"

○ 萬章問曰:「舜往于田, 號泣于旻天, 何爲其號泣也?」

孟子曰:「怨慕也, 我竭力耕田, 共爲子職而已矣, 父母之不我愛,
於我何哉! 帝使其子九男二女, 百官牛羊倉廩備, 以事舜於畎畝之中.
天下之士, 多就之者, 帝將胥天下而遷之焉. 爲不順於父母, 如窮人
無所歸. 天下之士悅之, 人之所欲也, 而不足以解憂; 好色人之所欲,
妻帝之二女, 而不足以解憂; 富人之所欲, 富有天下, 而不足以解憂;
貴人之所欲, 貴爲天子, 而不足以解憂. 人悅之好色, 富貴, 無足以
解憂者, 惟順於父母, 可以解憂. 人少則慕父母, 知好色則慕少艾,
有妻子則慕妻子, 仕則慕君, 不得於君則熱中, 大孝終身慕父母,
五十而慕者, 予於大舜見之矣!」

【萬章】趙岐 注에「萬姓, 章名, 孟子弟子也」라 하였음. 孟子의 수제자로 《史記》
　　孟子列傳에「退而與萬章之徒作《孟子》七篇」이라 함. 6-5 참조.
【舜】虞舜. 姓은 姚氏. 歷山(지금의 山東省 濟南市)에서 농사를 지었다 함.
【號泣于旻天】旻天은 秋天. 《說文解字》에「旻, 秋天也. 虞書說, 仁閔覆下則

稱旻天」이라 함. 순임금이 들에 나가 부모를 위해 하늘을 보고 울었다는
고사는 《尙書》 大禹謨 및 《新序》(1), 《說苑》 등에 널리 실려 있음.

【於我何哉】趙岐 注에「於我之身, 獨有何罪? 自求責於己而悲感焉」이라 하였
으나, 焦循 《正義》에는 「一說此申言上愬字, 若愬然無愁, 則以我旣竭力耕田
共子職矣, 尙有何罪而父母不我愛哉? 孝子必不若是也」라 하여 의견이 다름.

【九男二女】요가 두 딸(娥皇·女英)을 舜에게 시집보낸 사건은 《尙書》 堯典,
《列女傳》 母儀篇 등에 널리 실려 있음.

【胥天下】胥는 '輔弼하다'의 뜻. 혹은 《爾雅》 釋詁에 「胥, 皆也」라 하여 '盡'
의 뜻으로 봄.

【少艾】젊고 예쁜 여자. 《戰國策》 및 《楚辭》 九歌 참조.

【五十而慕】趙岐 注에「大孝之人, 終身慕父母. 若老萊子七十而慕. 衣五綵
之衣, 爲嬰兒匍匐於父母前也. 我於大舜, 見五十而尙慕父母, 《書》曰: 舜生
三十徵庸, 三十在位, 在位時尙慕』故言五十也」라 함.

1. 《孟子》 萬章(上)

萬章問曰:「舜往于田, 號泣于旻天, 何爲其號泣也?」孟子曰:「怨慕也」萬章曰:
「父母愛之, 喜而不忘; 父母惡之, 勞而不怨. 然則舜怨乎?」曰:「長息問於公明
高曰:『舜往于田, 則吾旣得聞命矣; 號泣于旻天, 于父母, 則吾不知也.』公明
高曰:『是非爾所知也.』夫公明高以孝子之心, 爲不若是愬, 我竭力耕田, 共爲
子職而已矣, 父母之不我愛, 於我何哉? 帝使其子九男二女, 百官牛羊倉廩備,
以事舜於畎畝之中. 天下之士多就之者, 帝將胥天下而遷之焉. 爲不順於父母,
如窮人無所歸. 天下之士悅之, 人之所欲也, 而不足以解憂; 好色, 人之所欲,
妻帝之二女, 而不足以解憂; 富, 人之所欲, 富有天下, 而不足以解憂; 貴, 人之
所欲, 貴爲天子, 而不足以解憂. 人悅之·好色·富貴, 無足以解憂者, 惟順於父母,
可以解憂. 人少, 則慕父母; 知好色, 則慕少艾; 有妻子, 則慕妻子; 仕則慕君,
不得於君則熱中. 大孝終身慕父母. 五十而慕者, 予於大舜見之矣.」

173(4-2-3)
효자는 시간을 아낀다

○ 양자揚子가 말하였다.

"부모를 섬기면서 스스로 부족하다고 여겼던 자는 순舜임금이리라! 오래도록 계속 섬길 수 없는 것이란 어버이를 섬기는 것을 두고 이른 것이다. 효자는 시간을 아까워한다."

○ 揚子曰:「事父母自知不足者, 其舜乎! 不可得而久者, 事親之謂也, 孝子愛日.」

【揚子】揚雄. 자는 子雲(B.C.53~A.D.18). '楊雄'으로도 표기하며 蜀郡 成都 사람. 西漢때 賦家, 哲學家. 〈甘泉賦〉, 〈羽獵賦〉 등과 《太玄經》, 《方言》, 《法言(揚子法言)》 등의 저술이 있음. 《漢書》 揚雄傳 참조. 일부 판본에는 楊子로 되어 있음. '楊'과 '揚'은 흔히 混淆하여 썼음.
【自知不足】〈集註〉에 "舜雖已順其親, 而其心常若不足也"라 함.
【舜】古代 五帝의 하나로 有虞氏의 수령이었으며 이 때문에 흔히 虞舜으로도 부름. 姓은 姚氏. 이름은 重華. 諸馮(지금의 山東 諸城)에서 태어나 효성과 덕으로 무리를 모음. 歷山(지금의 山東省 濟南市)에서 농사를 지었다 함. 堯 임금이 그의 덕행과 재능을 인정하여 天下를 선양함.
【不可得而久者】부모님은 연세가 들면 돌아가셔서 더 이상 영원히 모실 수 있는 대상이 아님.
【愛日】하루가 또 흘러감을 아까워하고 안타깝게 여김. '愛'는 愛惜히 여김을 말함. 〈集註〉에 "惜此日之易過, 懼來日之無多, 而不得久事其親也"라 함.

＊《韓詩外傳》(9)에 "樹欲靜而風不止, 子欲養而親不待. 往而不可追者, 年也; 去以不可得見者, 親也"라 하였음.

1.《法言》至孝篇

孝, 至矣乎! 一言而該, 聖人不加焉. 父母, 子之天地與. 無天何生? 無地何形? 天地裕於萬物乎! 萬物裕於天地乎! 裕父母之裕, 不裕矣. 事父母自知不足者, 其舜乎! 不可得而久者, 事親之謂也. 孝子愛日.

揚雄《三才圖會》

문왕이 세자였을 때

○ 문왕文王이 세자世子가 되어 아버지 왕계王季를 하루에 세 번씩 뵈었다. 닭이 처음 울 때 복장을 갖추고 아버지의 침실 문 밖에 이르러 내수內豎의 어자御者에게 이렇게 묻는다.

"오늘 아버님 안부가 어떠신가?"

내수가 말한다.

"안녕하십니다."

문왕은 그제야 즐거워하였다. 낮 정오가 되면 다시 이르러 역시 똑같이 하며, 저녁 어스름 때가 되면 다시 찾아가 역시 똑같이 하였다.

만약 아버님이 일상에 편안하지 못함이 있으면 내수가 이를 문왕에게 고한다. 그러면 문왕은 근심스러운 얼굴빛을 띠고 걸음도 제대로 걷지 못하였다. 왕계가 다시 식사를 하게 된 연후에야 문왕은 옛날 처음 모습으로 돌아가는 것이었다. 식사를 올릴 때면 반드시 음식의 차고 따뜻함의 정도를 살폈고 식사가 끝나면 잡숫고 남기신 음식의 많고 적음을 물으면서 선재膳宰에게 이렇게 명하였다.

"남은 반찬을 두 번 올리지 말라."

선대가 이렇게 대답하였다.

"네, 그렇게 하겠습니다."

그런 연후에야 문왕은 물러섰다.

○ 文王之爲世子, 朝於王季日三. 雞初鳴, 而衣服, 至於寢門外, 問內豎之御者曰:「今日安否何如?」內豎曰:「安」文王乃喜. 及日

中又至, 亦如之; 及莫又至, 亦如之. 其有不安節, 則內豎以告文王,
文王色憂, 行不能正履. 王季復膳, 然後亦復初. 食上, 必在視寒
暖之節, 食下問所膳, 命膳宰曰:「末有原.」應曰:「諾.」然後退.

【文王】周나라 文王 姬昌. 고공단보(古公亶父)의 셋째 아들이 王季(季歷)이며
  그의 아들이 文王 昌이었음. 은나라에 의해 西伯으로 봉해짐. 그리고 다시
  문왕의 아들 武王(姬發)에 이르러 殷나라 紂를 멸하고 천하의 봉건국가를
  건설함.
【世子】임금이 될 아들. 원래 天子의 아들로 왕위 후계자를 世子라 하였으나
  뒤에 太子로 달리 불렀으며 대신 諸侯의 아들을 世子라 함. 〈集註〉에 "國君
  之適子曰世子"라 함.
【朝】찾아가 문안을 드림.
【王季】季歷. 고공단보(太公, 太王)에게 泰伯, 虞仲, 季歷 세 아들이 있었으며
  계력의 아들 昌이 태어나자 고공단보의 의중에 왕위가 창에게 넘어가기를
  바라는 뜻을 알고 태백과 우중이 吳나라 땅으로 도망하여 披髮紋身하고
  그곳을 개발하여 吳나라를 일으켰으며, 자연스럽게 왕위가 계력을 거쳐
  文王, 武王에게 이어졌음.《史記》周本紀 참조.
【內豎】뜰 안에서 지키는 소신. '豎'는 '竪'와 같음. 〈集註〉에 "內庭之小臣曰
  內豎"라 함.
【御者】내수 중에 그 날 당직을 하는 자. 〈集註〉에 "御, 直日者"라 함.
【不安節】질환이 있어 일상생활이 다른 날과 다름. 〈集註〉에 "不安節, 謂有
  疾不能循其起居飮食之常也"라 함.
【復膳】다시 음식을 먹어 안정을 되찾음. 〈集註〉에 "復膳, 飮食安節也"라
  함.
【復初】근심을 풀고 일상생활대로 함. 〈集註〉에 "復初, 其憂解也"라 함.
【在視】'在'는 '察'과 같음. 〈集註〉에 "在, 察也. 進食, 則察視寒暖之節, 如飯
  宜溫羹宜熱之類. 食畢而徹, 則問所食之多寡"라 함.
【膳宰】주방장. 음식을 만드는 조리사.
【末有原】'末'은 '勿'과 같으며 '原'은 '再'와 같음. 〈集註〉에 "末, 猶勿也; 原, 猶
  再也. 謂所食之餘, 不可再進也"라 함.

1. 《禮記》文王世子

文王之爲世子, 朝於王季, 日三. 雞初鳴而衣服, 至於寢門外, 問内豎之御者曰: 「今日安否何如?」内豎曰:「安.」文王乃喜. 及日中, 又至, 亦如之. 及莫, 又至, 亦如之. 其有不安節, 則内豎以告文王, 文王色憂, 行不能正履. 王季腹膳, 然後亦復初. 食上, 必在, 視寒煖之節, 食下, 問所膳; 命膳宰曰:「末有原!」應曰諾, 然後退.

2. 《家範》(4) 子上篇 司馬光

文王之爲世子, 朝於王季日三. 雞初鳴, 而衣服, 至於寢門外, 問内豎之御者曰: 「今日安否何如?」内豎曰:「安.」文王乃喜. 及日中又至, 亦如之; 及莫又至, 亦如之. 其有不安節, 則内豎以告文王, 文王色憂, 行不能正履. 王季復膳, 然後亦復初. 武王帥而行之, 不敢有加焉. 文王有疾, 武王脫冠帶而養, 文王一飯亦一飯, 文王再飯亦再飯. 旬有二日乃間.

175(4-2-5)
무왕의 효성

○ 문왕文王이 병이 들자 그 아들 무왕武王은 관과 띠를 풀지도 아니한 채 봉양하였다. 문왕이 한 번 식사를 하면 그제야 그도 한 번 식사를 하였고 문왕이 두 번 식사를 하면 그제야 그도 두 번 식사를 하였다.

○ 文王有疾, 武王不說冠帶而養. 文王一飯亦一飯, 文王再飯亦再飯.

〈周武王〉宋 馬麟(畫)

【文王】季歷의 아들이며 고공단보(古公亶父)의 손자. 姬昌. 殷나라 말기 서방의 제후로 西伯이라 칭하였음. 儒家에서 성인으로 추앙함.
【武王】周나라 초기 文王의 아들이며 이름은 姬發. 아버지의 업을 이어 폭군 殷나라 紂를 멸하고 姜太公, 周公 등의 도움으로 천하를 이상적으로 다스림. 역시 儒家에서 聖人으로 추앙함.
【說】'脫'과 같음. '탈'로 읽음. 옷이나 관을 벗음.

참고 및 관련 자료

1.《禮記》文王世子

武王帥而行之, 不敢有加焉. 文王有疾, 武王不脫冠帶而養. 文王一飯, 亦一飯; 文王再飯, 亦再飯. 旬有二日乃間.

176(4-2-6)
무왕과 주공의 효성

○ 공자가 말하였다.

"무왕武王과 주공周公은 효를 통달하였도다! 무릇 효란 선인의 뜻을 계승하고 선인의 사업을 잘 따르는 것이다. 선왕의 지위를 실천하고, 선왕의 예를 실행하며, 선왕의 음악을 연주하며, 선왕이 받들던 분을 공경하며, 선왕이 친히 여기던 분을 친애하였다. 돌아가신 분을 마치 살아 계신 듯이 모시며, 계시지 아니한 분을 계신 듯이 모셨으니 이것이 효의 지극함이다."

○ 孔子曰:「武王·周公, 其達孝矣乎! 夫孝者: 善繼人之志, 善述人之事者也, 踐其位, 行其禮, 奏其樂, 敬其所尊, 愛其所親, 事死如事生, 事亡如事存, 孝之至也.」

【武王】 姬發. 周나라 초기 文王(姬昌)의 아들이며 成王(姬誦)의 아버지인 동시에 周公(姬旦)의 형. 아버지의 뜻을 이어받아 폭군 殷나라 紂를 멸하고 주나라를 일으켜 이상적인 封建國家를 건설함. 儒家에서 聖人으로 모심.
【周公】 姬旦. 문왕의 아들이며 무왕의 아우. 조카 성왕을 보필하였으며 주나라 문물제도를 완비하였음. 魯나라에 봉을 받아 시조가 됨. 유가에서 聖人으로 모심.
＊〈集註〉에 "朱子曰:「言文王·周公之孝, 乃天下之人通謂之孝也.」"라 함.

1. 《中庸》19장

子曰:「武王·周公, 其達孝矣乎! 夫孝者: 善繼人之志, 善述人之事者也. 春秋脩其祖廟, 陳其宗器, 設其裳衣, 薦其時食. 宗廟之禮, 所以序昭穆也; 序爵, 所以辨貴賤也; 序事, 所以辨賢也; 旅酬下 爲上, 所以逮賤也; 燕毛, 所以序齒也. 踐其位, 行其禮, 奏其樂, 敬其所尊, 愛其所親, 事死如事生, 事亡如事存, 孝之至也. 郊社之禮, 所以事上帝也; 宗廟之禮, 所以祀乎其先也. 明乎郊社之禮·禘嘗之義, 治國其如示諸掌乎!」

周公(姬旦) 《三才圖會》

177(4-2-7)
주공의 효성

○《회남자淮南子》에 말하였다.

"주공周公이 아버지 문왕文王을 섬기면서 행동에는 전제專制함이 없었고, 일에는 자신의 뜻을 말미암음이 없었다. 몸은 마치 옷을 이겨내지 못할 듯이 하였고, 말은 입에서 내지 못할 듯이 하였다. 문왕에게 물건을 받들어 올릴 때에는 긴장하고 조심하여 마치 이겨내지 못할 듯이 하였고, 마치 놓치면 어쩌나 하였다. 그러니 가히 훌륭한 아들이라 이를 만 하도다."

周公(姬旦)

○《淮南子》曰:「周公之事文王也, 行無專制, 事無由己. 身若不勝衣, 言若不出口; 有奉持於文王, 洞洞屬屬, 如將不勝, 如恐失之, 可謂能子矣.」

【淮南子】西漢 劉邦의 손자인 淮南王 劉安(B.C.179~B.C.122)의 저술로 雜家에 속하며 모두 21권.《淮南鴻烈》이라고도 부름.

【周公】文王(姬昌)의 아들이며 武王(姬發)의 아우. 儒家의 聖人으로 추앙함.

【專制】자신의 뜻대로 마구 결정하고 처리함.

【洞洞屬屬】'통통촉촉'으로 읽으며, 조심하고 경건히 여기는 모습.

【能子】자식으로서의 도리를 능히 해내는 훌륭한 아들.

＊〈集註〉에 "能子, 能盡子道也"라 함.

1. 《淮南子》氾論訓

周公事文王也, 行無專制, 事無由己, 身若不勝衣, 言若不出口, 有奉持於文王, 洞洞屬屬, 如將不能, 恐失之, 可謂能子矣. 武王崩, 成王幼少, 周公繼文王之業, 履天子之籍, 聽天下之政, 平夷狄之亂, 誅管·蔡之罪, 負扆而朝諸侯, 誅賞制斷, 無所顧問, 威動天地, 聲懾海內, 可謂能武矣. 成王旣壯, 周公屬籍致政, 北面委質而臣事之, 請而後爲, 復而後行. 無擅恣之志, 無矜伐之色, 可謂能臣矣.

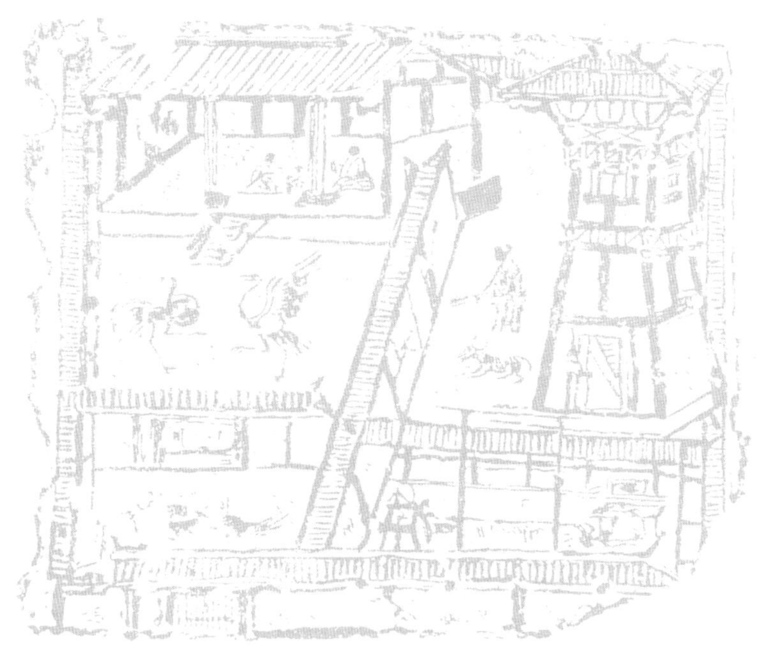

증석과 증자, 그리고 증원

○《맹자孟子》에 말하였다.

"증자曾子가 그의 아버지 증석曾晳을 봉양함에 반드시 술과 고기를 갖추었다. 장차 밥상을 거둘 때면 반드시 남은 것은 누구에게 주시겠습니까 하고 청하였고, 증석이 남은 것이 있느냐고 물으면 반드시 '있습니다'라 대답하였다. 증석이 죽고 이번엔 증원曾元이 그의 아버지 증자를 보양하게 되었다. 그때에도 반드시 술과 고기를 갖추되 밥상을 거둘 때에는 누구에게 줄 것인가를 청하지 않았고, 남은 것이 있는가라 물을 때면 '없습니다'라 하였는데, 이는 장차 다음번에 다시 올리려고 생각하였기 때문이었다. 이것이 이른바 입과 몸만 봉양한다는 것이다. 증자 같은 경우라야 가히 뜻을 봉양한다고 할 수 있다. 어버이를 모심에는 증자같이 해야 되느니라."

○《孟子》曰:「曾子養曾晳, 必有酒肉. 將徹, 必請所與. 問有餘, 必曰『有』. 曾晳死, 曾元養曾子, 必有酒肉. 將徹, 不請所與. 問有餘, 曰『亡矣』. 將以復進也, 此所謂養口體者也. 若曾子, 則可謂養志也. 事親若曾子者, 可也.」

【曾子】曾參. 자는 子輿. 南武城 사람으로 孔子의 수제자이며 효성으로 이름이 났었음. 아버지는 曾晳(曾點)이었으며 아들은 曾元이었음.《孝經》을 정리한 것으로 알려짐.
【曾晳】이름은 點. 曾參의 아버지이며 공자의 제자.《論語》에 沂浴의 고사가 있음.

【曾元】증삼의 아들.《禮記》檀弓에 그 이름이 보임.

【復進】남은 것을 다음 식사 때에 다시 올림.《孟子》趙岐 注에「曾元曰無, 欲以復進曾子也」라 함.

【亡矣】‘亡’는 ‘무’로 읽으며 ‘없다’의 뜻. 雙聲互訓.〈集註〉에 "亡, 音無"라 함.

＊〈集註〉에 "朱子曰:「曾子, 養其父, 每食必有酒肉, 食畢, 將徹去, 必請於父曰: 『此餘者, 與誰?』 或父問: 『此物尙有餘否?』 必曰: 『有.』 恐親意更欲與人也. 曾元不請所與, 雖有言無其意, 將以復進於親, 不欲其與人也. 此但能養父母之口體而已. 曾子則能承順父母之志而不忍傷之也.」라 함.

＊〈集註〉에 "朱子曰:「言當如曾子之養志, 不可如曾元但養口體.」라 함.

1.《孟子》離婁(上)

孟子曰:「事孰爲大? 事親爲大; 守孰爲大? 守身爲大. 不失其身而能事其親者, 吾聞之矣; 失其身而能事其親者, 吾未之聞也. 孰不爲事? 事親, 事之本也; 孰不爲守? 守身, 守之本也. 曾子養曾晳, 必有酒肉. 將徹, 必請所與. 問有餘, 必曰: 『有』. 曾晳死, 曾元養曾子, 必有酒肉. 將徹, 不請所與. 問有餘, 曰: 『亡矣』. 將以復進也, 此所謂養口體者也. 若曾子, 則可謂養志也. 事親若曾子者, 可也.」

2.《家範》(4) 子上篇 司馬光

《孟子》曰:「曾子養曾晳, 必有酒肉. 將徹, 必請所與. 問有餘, 必曰『有』. 曾晳死, 曾元養曾子, 必有酒肉. 將徹, 不請所與. 問有餘, 曰『亡矣』. 將以復進也, 此所謂養口體者也. 若曾子, 則可謂養志也. 事親若曾子者, 可也.」

179(4-2-9)
민자건의 효성

○ 공자가 말하였다.

"효성스럽도다, 민자건閔子騫이여! 그 누구도 그의 부모곤제父母昆弟가 칭찬한 말에 덧붙일 것이 없구나."

○ 子曰:「孝哉, 閔子騫! 人不間於其父母昆弟之言.」

【閔子騫】閔損. 공자의 제자.
【父母昆弟】昆은 兄과 같음. 父母兄弟와 같은 뜻.
【間】批評·間評을 뜻함. 첨언을 함. 陳群은「人不得有非間之言」이라 하였음.
＊〈集註〉에 "胡氏曰:「父母兄弟稱其孝, 友人皆信之無異辭者, 益其孝友之實, 有以積於中而著於外. 故父子嘆而美之.」"라 함.

> 참고 및 관련 자료

1.《論語》先進篇
子曰:「孝哉, 閔子騫! 人不間於其父母昆弟之言.」

색동옷을 입고 효성을 다한 노래자

○ 노래자老萊子가 효도를 다하여 양친을 받들면서 자신의 나이 일흔에 어린아이 같은 놀이를 하면서 몸에는 오색의 알록달록한 색동옷을 입었다. 한 번은 물을 떠서 마루 위로 오르면서 거짓으로 넘어져 땅에 엎어지는 척하면서 어린아이처럼 울었다. 그리고 어버이 곁에서 병아리 흉내를 내면서 어버이를 즐겁게 해 드리고자 하였다.

老萊子者楚人也當時世亂逃世耕於蒙山之陽莞葭爲牆蓬蒿爲室枝木爲牀著艾爲席飮水食菽墾山播種人或言於楚王王於是駕至萊子之門萊子方織畚王曰守國之政孤願煩先生老萊子曰諾王去其妻樵還曰子許之乎老萊曰然妻曰妾聞之可食以酒肉者可隨而鞭箠可㦖以官祿者可隨而鈇鈇妾不能爲人所制者妻投其畚而去老萊子亦隨其妻至於江南而止曰鳥獸之毛可績而衣其遺粒足食也仲尼嘗聞其論而感然改容爲著書十五篇言道家之用人莫知其所終也

《高士傳》老萊子 부분

○ 老萊子, 孝奉二親, 行年七十, 作嬰兒戲, 身著五色斑斕之衣. 嘗取水上堂, 詐跌仆臥地, 爲小兒啼, 弄雛於親側, 欲親之喜.

【老萊子】楚나라의 賢人. 黃老의 학설을 배워 관직에 나아가지 않고 《老萊子》 15편을 저술함. 《史記》에서는 "或曰: 老萊子亦楚人也, 著書十五篇, 言道家之用, 與孔子同時云"이라 하여 이가 老子가 아닌가 하였음.

【五色】靑·赤·黃·白·黑. 여러 가지 알록달록한 색을 말함.

【斑斕】 '班襴', '斑爛' 등으로도 표기하며 무늬가 알록달록한 색깔이나 모습을 뜻하는 疊韻連綿語. 혹 색동옷을 표현하는 말.

【弄雛】 '雛'는 병아리. 병아리 흉내를 내면서 부모님을 즐겁게 해드림.

＊〈集註〉에 "吳氏曰:「恐父母見子之老而生悲感, 故爲是以樂其心也.」"라 함.

1. 《高士傳》(皇甫謐) 上卷

老萊子者, 楚人也. 當時世亂逃世, 耕於蒙山之陽. 莞葭爲墻, 蓬蒿爲室, 枝木爲牀, 著艾爲席, 陰水食菽, 墾山播種. 人或言於楚王, 王於是駕至萊子之門. 萊子方織畚. 王曰:「守國之政, 孤願煩先生.」老萊子曰:「諾.」王去, 其妻樵還曰:「子許之乎?」老萊曰:「然.」妻曰:「妾聞之: 可食以酒肉者, 可隨而鞭箠; 可擬以官祿者, 可隨而鈇鉞. 妾不能爲人所制者.」妾偸其畚而去. 老萊子亦隨其妻, 至於江南而止, 曰:「鳥獸之毛, 可以績而衣, 其遺粒足食也.」仲尼嘗聞其論而蹵然改容焉. 著書十五篇, 言道家之用. 人莫知其所終也.

2. 《列女傳》 賢明傳 楚老萊妻

楚老萊子之妻也. 萊子逃世, 耕於蒙山之陽, 葭牆蓬室, 木牀蓍席, 衣縕食菽, 墾山播種. 人或言之楚王曰:「老萊賢士也.」王欲聘以璧帛, 恐不來. 楚王駕至老萊之門, 老萊方織畚, 王曰:「寡人愚陋, 獨守宗廟, 願先生幸臨之.」老萊子曰:「僕山野之人, 不足守政.」王復曰:「守國之孤, 願變先生之志!」老萊子曰:「諾.」王去. 其妻戴畚萊挾薪樵而來, 曰:「何車迹之衆也?」老萊子曰:「楚王欲使吾守國之政.」妻曰:「許之乎?」曰:「然.」妻曰:「妾聞之, 可食以酒肉者, 可隨以鞭捶; 可授以官祿者, 可隨以鈇鉞. 今先生食人酒肉, 授人官祿, 爲人所制也, 能免於患乎? 妾不能爲人所制.」投其畚萊而去. 老萊子曰:「子還, 吾爲子更慮.」遂行不顧, 至江南而止, 曰:「鳥獸之解毛, 可績而衣之; 据其遺粒, 足以食也.」老萊子乃隨其妻而居之, 民從而家者, 一年成落, 三年成聚. 君子謂:「老萊妻果於從善」詩曰:『衡門之下, 可以棲遲; 泌之洋洋, 可以療饑.』此之謂也. 頌曰:『老萊與妻, 逃世山陽. 蓬蒿爲室, 莞葭爲蓋. 楚王聘之, 老萊將行. 妻曰世亂, 乃遂逃亡.』

3. 《二十四孝》 戲彩娛親

周, 老萊子性至孝, 奉養雙親. 備極甘脆, 行年七十. 言不稱老, 常著五彩斑爛之衣, 爲嬰兒戲於親側, 又常取水上堂, 詐跌臥地, 作嬰兒啼以娛親. 有詩爲頌. 詩曰:『戲舞學嬌癡, 春風動彩衣. 雙親開口笑, 喜氣滿庭幃.』

4. 《文選》(21) 〈遊仙詩〉 注

列女傳曰: 萊子逃世, 耕於蒙山之陽. 或言之楚, 楚王遂駕至老萊之門. 楚王曰:「守國之孤, 願變先生.」老萊曰:「諾.」妻曰:「妾之居亂世, 爲人所制, 能免於患乎? 妾不能爲人所制!」投其畚而去. 老萊乃隨而隱.

5.《文選》(59)〈劉先生夫人墓誌〉注

列女傳曰：老萊子逃世, 耕於蒙山之陽. 或言之楚王, 楚王遂駕車至老萊之門.
楚王曰：「守國之孤, 願變先生.」老萊曰：「諾」妻曰：「妾聞之, 居亂世爲人所制,
此能免於患乎? 妾不能爲人所制者」投其畚而去. 老萊乃隨之.

6.《藝文類聚》(20)

列女傳曰：老萊子孝養二親. 行年七十, 嬰兒自娛. 著五色采衣, 嘗取漿上堂,
跌仆, 因臥地爲小兒啼, 或弄烏鳥於親側.

7.《蒙求》(221)

《高士傳》：老萊子楚人. 少以孝行, 養親極甘脆. 年七十, 父母猶存. 萊子服荊
蘭之衣, 爲嬰兒戲於親前, 言不稱老. 爲親取食上堂, 足跌而偃, 因爲嬰兒啼.
誠至發中. 楚室方亂, 乃隱耕於蒙山之陽, 著書號《老萊子》, 莫知所終. 舊注云：
「著五色斑爛之衣.」出《列女傳》, 今文無載.

8.《家範》(4) 子上篇 司馬光

老萊子, 孝奉二親, 行年七十, 作嬰兒戲, 身著五色斑爛之衣. 嘗取水上堂, 詐跌
仆臥地, 爲小兒啼, 弄雛於親側, 欲親之喜.

181(4-2-11)
악정자춘의 효성

○ 악정자춘樂正子春이 마루에서 내려오다가 그만 헛디뎌 발을 다치자 몇 달을 나오지 않으면서 그래도 얼굴에 근심 띤 표정을 하는 것이었다.

문하의 제자들이 물었다.

"선생님께서는 발이 다 나으셨는데 몇 달을 외출하지도 않으시면서 오히려 근심 띤 얼굴을 하시니 어찌 된 것입니까?"

이에 악정자춘은 이렇게 말하였다.

"너의 질문은 훌륭하도다! 너의 질문은 훌륭하도다! 내 증자曾子에게 들었는데, 증자께서는 부자夫子로부터 이렇게 들으셨다 하였다. '하늘이 내린 생명이며 땅이 길러주는 것으로서 오직 사람만이 위대하다. 부모님께서 온전히 이렇게 낳아주셨으니 자식 된 자는 이를 온전히 하여 돌아가야 가히 효라 할 수 있다. 그 몸을 훼상하지 아니하며 그 몸을 욕되게 하지 아니하는 것이 바로 온전히 하는 것이다'라고 말이다.

그러므로 군자라면 한 번, 두 번의 걸음걸이에도 감히 효를 잊지 아니하여야 한다. 지금 나는 그 효를 잊은 것이다. 내가 이 까닭으로 근심 띤 얼굴을 하는 것이다. 한 번 발을 들 때에도 감히 부모를 잊어서는 안 되는 까닭에 길을 걸어도 지름길로 가지 아니하며, 배를 타고 건너야 할 물을 헤엄쳐 건너지 아니하여 감히 먼저 부모님께서 전해주신 이 몸을 위험한 곳에 처하지 아니하도록 하는 것이다. 그리고 한 마디 말을 내뱉을 때에도 감히 부모를 잊어서는 안 되는 까닭에 악한 말을 입 밖으로 내지 아니하며 분한 말로 인해 자신에게 보복이 돌아오지 아니하도록 하는 것이다. 그 몸을 욕되지 않도록 하고 그 어버이를 부끄럽지 않게 하는 것이니 이렇게 해야 가히 효라 할 수 있는 것이다."

○ 樂正子春, 下堂而傷其足, 數月不出, 猶有憂色, 門弟子曰: 「夫子之足瘳矣. 數月不出, 猶有憂何色也?」

樂正子春曰: 「善如爾之問也! 善如爾之問也! 吾聞諸曾子, 曾子聞諸夫子曰: 『天之所生, 地之所養, 惟人爲大, 父母全而生之, 子全而歸之, 可謂孝矣; 不虧其體, 不辱其身, 可謂全矣.』故君子頃步而不敢忘孝也. 今予忘孝之道, 予是以有憂色也. 一擧足而不敢忘父母, 是故道而不徑, 舟而不游, 不敢以先父母之遺體行殆; 一出言而不敢忘父母, 是故惡言不出於口. 忿言不反於身, 不辱其身, 不羞其親, 可謂孝矣.」

【樂正子春】 樂正은 성, 子春은 이름. 曾子의 제자.

【瘳】 '추'로 읽으며 병이나 질환 등이 나음. 〈集註〉에 "瘳. 愈也"라 함.

【曾子】 曾參. 자는 子輿. 南武城 사람으로 孔子의 수제자이며 효성으로 이름이 났었음. 아버지는 曾晳(曾點)이었으며 아들은 曾元이었음. 《孝經》을 정리한 것으로 알려짐.

【聞諸夫子】 '諸'는 '之於(之乎)'의 合音字로 '저'로 읽음. 夫子는 孔子를 가리킴.

【不虧其體】 〈集註〉에 "房氏曰: 「不虧其體, 所以全其形; 不辱其身, 所以全其德" 이라 함.

【頃步】 '頃'은 '괴/규'(苦猥切)로 읽으며 규(跬)와 같음. 혹 跬의 譌字. 跬는 규(蹞)와 같음. 한번 발을 내디딤. 보는 두 번 발을 내딛는 것을 말한다 함. 〈集註〉에 "頃, 若猥切, 亦作跬, 亦作蹞. 一擧足爲頃, 再擧足爲步"라 함.

【道而不徑】 〈集註〉에 "道, 大路也; 徑, 小路也"라 함.

＊〈集註〉에 "由道而不由徑, 由舟而不由水, 不敢以先父母之遺體, 行歷於危殆故也. 己之惡言不出於口, 故人之忿言不反於身. 忿言不反, 則不辱身·不羞親矣"라 함.

1. 《禮記》祭義

樂正子春下堂而傷其足, 數月不出, 猶有憂色. 門弟子曰:「夫子之足瘳矣, 數月不出, 猶有憂色, 何也?」樂正子春曰:「善如爾之問也! 善如爾之問也! 吾聞諸曾子, 曾子聞諸夫子曰:『天之所生, 地之所養, 無人爲大. 父母全而生之, 子全而歸之, 可謂孝矣; 不虧其體, 不辱其身, 可謂全矣.』故君子頃步而弗敢忘孝也. 今予忘孝之道, 予是以有憂色也. 壹擧足而不敢忘父母, 壹出言而不敢忘父母. 壹擧足而不敢忘父母, 是故道而不徑, 舟而不游, 不敢以先父母之遺體行殆. 壹出言而不敢忘父母, 是故惡言不出於口, 忿言不反於身. 不辱其身, 不羞其親, 可謂孝矣.」

2. 《家範》(4) 子上篇 司馬光

樂正子春下堂而傷足, 數月不出, 猶有憂色. 門弟子曰:「夫子之足瘳矣, 數月不出, 猶有憂色, 何也?」樂正子春曰:「善如爾之問也! 善如爾之問也! 吾聞諸曾子, 曾子聞諸夫子曰:『天之所生, 地之所養, 惟人爲大. 父母全而生之, 子全而歸之, 可謂孝矣; 不虧其體, 不辱其身, 可謂全矣.』故君子頃步而弗敢忘孝也. 今予忘孝之道, 予是以有憂色也. 一擧足而不敢忘父母, 一出言而不敢忘父母. 一擧足而不敢忘父母, 是故道而不徑, 舟而不游, 不敢以先父母之遺體行殆. 一出言而不敢忘父母, 是故惡言不出於口, 忿言不反於身. 不辱其身, 不羞其親, 可謂孝矣.」

182(4-2-12)
어머니의 기력을 슬퍼한 백유

○ 백유伯兪가 잘못을 저지르자 그 어머니가 매를 가하였다. 그러자 백유가 우는 것이었다. 어머니가 물었다.

"다른 날에 너를 매질할 때 너는 울어본 적이 없더니 지금 이렇게 우는 것은 무슨 이유냐?"

백유가 대답하였다.

"제가 죄를 지었을 때 매질을 가하시면 언제나 아팠습니다. 그런데 지금 어머니의 힘으로는 능히 저를 아프게 하지 못하시니 이 때문에 우는 것입니다."

그러므로 이렇게 말하는 것이다.

"부모님께서 노하시면 그 반발하는 뜻을 지어서는 안 되며, 얼굴에 원망의 빛을 띠어서도 안 된다. 깊이 그 죄를 받아 부모 마음을 가련하게 여기게 하는 것이 가장 높은 것이다. 부모님께서 노하시면 마음에 반발하는 뜻을 짓지 아니하며 얼굴에 원망하는 색을 드러내지 않는 것이 그 다음이다. 부모님께서 노하심에 반발하는 뜻을 짓거나 얼굴에 원망하는 색을 드러내는 것은 가장 낮은 것이다."

○ 伯兪有過, 其母笞之, 泣. 其母曰:「他日笞, 子未嘗泣. 今泣, 何也?」對曰:「兪得罪, 笞常痛, 今母之力, 不能使痛, 是以泣」

故曰:「父母怒之, 不作於意, 不見於色, 深受其罪, 使可哀憐, 上也. 父母怒之, 不作於意, 不見於色, 其次也. 父母怒之, 作於意, 見於色, 下也」

【伯兪】효성으로 널리 알려진 인물. 《說苑》에는 '伯瑜'로 되어 있음. 〈集註〉에
"伯兪, 姓韓, 名兪"라 하여 이름이 韓兪라 하였음.
【故曰】이 이하는 劉向의 말임.
【深受其罪】그 잘못을 깊이 뉘우치면서 부모님의 화냄을 받아들임.

참고 및 관련 자료

1. 《說苑》 建本篇

伯兪有過, 其母笞之, 泣, 其母曰: 「他日笞子未嘗見泣, 今泣何也?」 對曰: 「他日
兪得罪笞嘗痛, 今母之力不能使痛, 是以泣.」 故曰父母怒之, 不作於意, 不見於色,
深受其罪, 使可哀憐, 上也; 父母怒之, 不作於意, 不見於色, 其次也; 父母怒之,
作於意, 見於色, 下也.

2. 《蒙求》(208)

《說苑》曰: 伯瑜有過, 其母笞之, 泣. 母曰: 「他日笞未嘗泣, 今泣何也?」 對曰:
「他日得罪笞, 常痛. 今母之力不能痛, 是以泣.」 《十二國史》: 瑜作兪.

183(4-2-13)
공명선과 증자

○ 공명선公明宣은 증자曾子에게 학문을 배웠으나 3년이 다 되도록 제대로 배우지를 못하고 있었다. 이에 증자가 물었다.

"그대는 나의 문하에 거한 지 3년이나 되면서도 제대로 배우지 못하니 무슨 이유인가?"

공명선이 이렇게 말하였다.

"어찌 감히 배우지 않겠습니까? 제가 선생님을 뵙건대 집에 계실 때에는 개나 말조차 꾸짖는 소리가 이르게 하는 것을 한 번도 보지 못하였습니다. 저는 이것을 매우 좋아하나 배워도 따르지를 못하고 있습니다. 또 선생님께서 손님을 맞이하실 때에는 공겸恭儉히 하시되 허술함이 없었습니다. 저는 이를 매우 좋아하나 배워도 실행하지를 못합니다. 그리고 선생님께서 조정에 나가시면 아랫사람에게 엄하시되 그들을 상하게 하지 않으시니 저는 이를 매우 좋아하나 배워도 따르지 못합니다. 제가 말씀드리는 이 세 가지는 배워도 실행하지 못할 뿐 어찌 감히 배우려 하지도 않으면서 선생님의 문하에 거하겠습니까!"

○ 公明宣, 學於曾子, 三年不讀書, 曾子曰:「宣而居參之門三年, 不學何也?」公明宣曰:「安敢不學? 宣見夫子居庭, 親在, 叱咤之聲, 未嘗之於犬馬, 宣說之, 學而未能; 宣見夫子之應賓客, 恭儉而不懈惰, 宣說之, 學而未能; 宣見夫子之居朝廷, 嚴臨下, 而不毀傷, 宣說之, 學而未能. 宣說此三者, 學而未能, 宣安敢不學而居夫子之門乎!」

【公明宣】曾子의 제자. 춘추시대 魯나라 南武城 출신. 성은 公明, 이름이 宣임.
【曾子】曾參. 자는 子輿. 南武城 사람으로 孔子의 수제자이며 효성으로 이름
이 났었음. 아버지는 曾晳(曾點)이었으며 아들은 曾元이었음.《孝經》을 정리한
것으로 알려짐.
【宮庭】가정집을 말함. 고대에는 일반 가정집도 宮庭이라 불렀음.
＊〈集註〉에 "讀書, 學文之事; 孝·敬·慈, 力行之事.《論語》曰:「行有餘力,
則以學文.」"이라 함.

1.《說苑》反質篇

公明宣學於曾子, 三年不讀書, 曾子曰:「宣, 而居參之門, 三年不學, 何也?」公明
宣曰:「安敢不學? 宣見夫子居宮庭, 親在, 叱叱之聲未嘗至於犬馬, 宣說之,
學而未能; 宣見夫子之應賓客, 恭儉而不懈惰, 宣說之, 學而未能. 宣見夫子之
居朝廷, 嚴臨下而不毀傷, 宣說之, 學而未能. 宣說此三者, 學而未能, 宣安敢
不學, 而居夫子之門乎?」曾子避席謝之曰:「參不及宣, 其學而已.」

〈牛耕圖〉(魏晉) 磚畫 1972 嘉峪關 戈壁灘 출토

184(4-2-14)
소련과 대련

○ 소련少連과 대련大連은 거상居喪을 잘 치렀다. 사흘을 두고 태만함이 없었으며 석 달을 하루같이 게으름이 없었으며 일주년이 되도록 슬픔과 애통함을 다하였으며 3년을 두고 근심을 이어갔다. 그는 동이東夷의 아들이다.

○ 少連·大連善居喪, 三日不怠, 三月不解, 期悲哀, 三年憂, 東夷之子也.

【少連·大連】 형제이며 東夷 사람. 治喪을 잘하여 공자에게 본장과 같은 칭찬을 들었음. 少連은 《論語》 微子篇에 "逸民: 伯夷·叔齊·虞仲·夷逸·朱張·柳下惠·少連"이라 하여 逸民으로 알려졌음.
【居喪】 三年喪의 상기 기간 동안의 행동과 태도.
【解】 '懈'와 같음. 게으르거나 해이함.
【期】 '朞'와 같음. 만 일주년. 小祥을 거행하는 때.
【東夷】 고대 중국 中原을 중심으로 사방 이민족을 北狄·南蠻·西戎·東夷라 불렀으며 동이 사람들은 풍속과 교화가 잘 이루어져 있었음을 함께 칭찬한 말임.
＊〈集註〉에 "如此非有進於中國, 而且善於禮矣. 故孔子稱而表之"라 함.

1.《禮記》雜記(下)

子貢問喪, 子曰:「敬爲上, 哀次之, 瘠爲下. 顔色稱其情; 戚容稱其服.」「請問
兄弟之喪.」子曰:「兄弟之喪, 則存乎書策矣.」君子不奪人之喪, 亦不可奪喪也.
孔子曰:「少連大連善居喪, 三日不怠, 三月不解, 期悲哀, 三年憂. 東夷之子也.」
三年之喪, 言而不語, 對而不問: 廬, 堊室之中, 不與人坐焉; 在堊室之中, 非時
見乎母也, 不入門. 疏衰皆居堊室不廬. 廬, 嚴者也.

2.《家範》(4) 子上篇 司馬光

孔子曰:「少連·大連善居喪, 三日不怠, 三月不解, 期悲哀, 三年憂, 東夷之子也.」

185(4-2-15)
고시의 읍혈

○ 고시高柴 자고子皐가 어버이의 상사喪事를 치를 때 3년 읍혈泣血을 하면서 한 번도 이를 드러낸 적이 없었다. 군자는 이를 어려운 일이라 여겼다.

○ 高子皐之執親之喪也, 泣血三年, 未嘗見齒, 君子以爲難.

【高子皐】 高柴. 자는 子皐. 子羔, 皐魚로도 표기함. 공자의 제자. 효성을 실천한 인물로《韓詩外傳》등에 의하면 어버이를 위해 모든 것을 버리고 다시 집으로 돌아가 모셨으며, 그 때 유명한 "樹欲靜而風不止, 子欲養而親不待"라는 말을 하였음.
【泣血】〈集註〉에 "無聲出涕曰泣血"이라 함.
【見齒】 '현치'로 읽으며 이빨을 드러내고 웃음. 〈集註〉에 "見齒, 笑也"라 함. 여기서는 고시가 3년 동안 부모님의 죽음을 애통히 여겨 전혀 웃음을 띠어 본 적이 없었음을 말함.

참고 및 관련 자료

1.《禮記》檀弓(上)

高子皐之執親之喪也, 泣血三年, 未嘗見齒, 君子以爲難.

2.《韓詩外傳》(9)

孔子行, 聞哭聲甚悲. 孔子曰:「驅! 驅! 前有賢者.」至, 則皐魚也. 被褐擁鎌, 哭於道傍. 孔子辟車與之言, 曰:「子非有喪, 何哭之悲也?」皐魚曰:「吾失之三矣:

少而學, 游諸侯, 以後吾親, 失之一也; 高尚吾志, 間吾事君, 失之二也; 與友厚而小絶之, 失之三矣. 樹欲靜而風不止, 子欲養而親不待也. 往而不可追者, 年也; 去以不可得見者, 親也. 吾請從此辭矣.」立槁而死. 孔子曰:「弟子誡之, 足以識矣.」於是門人辭歸而養親者十有三人.

3.《家範》(4) 子上篇 司馬光

高子皋執親之喪也, 泣血三年, 未嘗見齒, 君子以爲難.

186(4-2-16)
안정의 상례

○ 안정顏丁은 상을 잘 치렀다. 어버이가 돌아가시자 황황皇皇하여 마치 어버이를 찾다가 찾지 못한 듯이 하였고, 이윽고 염빈을 한 다음에는 망망望望히 마치 어버이를 따라가고자 하나 따르지 못하는 듯이 하였으며, 이윽고 장례를 치른 다음에는 개연慨然히 그가 다시는 돌아올 수 없는데도 마치 기다리는 듯이 하였다.

○ 顏丁善居喪, 始死, 皇皇焉如有求而弗得; 旣殯, 望望焉如有從而弗及; 旣葬, 慨然如不及其反而息.

【顏丁】 魯나라 사람.
【皇皇】 황급하여 어쩔 줄 모름.
【死, 殯, 葬】 죽음과 殮殯, 葬禮 등의 차례.
【息】 '기다리다'의 뜻. '待'와 같음.
＊〈集註〉에 "皆不忍死其親之至情也"라 함.

참고 및 관련 자료

1. 《禮記》 檀弓(下)
顏丁善居喪; 始死, 皇皇焉如有求而弗得, 及殯望望焉如有從而弗及, 旣葬, 慨焉如不及其反而息.

2.《家範》(4) 子上篇 司馬光

顏丁善居喪, 始死, 皇皇焉如有求而弗得; 及殯, 望望焉如有從而弗及; 既葬,
慨焉如不及其反而息.

187(4-2-17)
살얼음 밟듯이

○ 증자曾子가 병이 들자 문하의 제자들을 불러 이렇게 말하였다.

"나의 발을 펴보아라. 나의 손을 펴보아라. 《시詩》에 '두려워하고 경계하기를 마치 깊은 못에 임한 듯이 하고, 살얼음 걷듯이 하라'라 하였다. 나는 이제야 이후로는 책임을 면하게 되었음을 알았노라! 제자들아!"

○ 曾子有疾, 召門弟子曰:「啓予足! 啓予手! 詩云,『戰戰兢兢, 如臨深淵, 如履薄冰.』而今而後, 吾知免夫! 小子!」

【曾子】曾參. 자는 子輿. 南武城 사람으로 孔子의 수제자이며 효성으로 이름이 났었음. 아버지는 曾晳(曾點)이었으며 아들은 曾元이었음. 《孝經》을 정리한 것으로 알려짐.

【啓】'열어보다. 펼쳐보다'의 뜻.

【詩】《詩經》 小雅 小旻篇의 구절.

【小子】弟子들을 지칭하는 말.

【免夫】'면하였노라'의 뜻. 이는 身體를 毀傷함이 없이 온전히 하여 살아왔으므로 부모에게 해야 할 의무를 다하여 책임을 면하였음을 뜻함. 《孝經》 제1장에 「身體髮膚, 受之父母, 不敢毀傷, 孝之始也; 立身行道, 揚名於後世, 以顯父母, 孝之終也」라 함.

＊〈集註〉에 "朱子曰:「啓, 開也. 曾子平日以爲身體受於父母, 不敢毀傷. 故於此使弟子開其衾而視之. 詩, 小旻之篇, 戰戰, 恐懼; 兢兢, 戒謹. 臨深, 恐墜; 履冰, 恐陷也. 曾子以其所保之全, 示門人而言其所以保之之難如此. 至於將

死而後, 知其得免於毀傷也. 小子, 門人也. 語畢而又呼之, 以致反覆丁寧之意, 其警之也, 深矣.」范氏曰:「身體猶不可虧也, 況虧其行以辱其親乎?」라 함.

1.《論語》泰伯篇

曾子有疾, 召門弟子曰:「啓予足! 啓予手! 詩云, 『戰戰兢兢, 如臨深淵, 如履薄冰.』而今而後, 吾知免夫! 小子!」

2.《詩經》小雅 小旻

不敢暴虎, 不敢馮河. 人知其一, 莫知其它. 戰戰兢兢, 如臨深淵, 如履薄冰.

3.《家範》(4) 子上篇 司馬光

曾子有疾, 召門弟子曰:「啓予足! 啓予手! 詩云, 『戰戰兢兢, 如臨深淵, 如履薄冰.』而今而後, 吾知免夫! 小子!」

기자와 비간

○ 기자箕子는 은나라 폭군 주紂임금의 친척이다. 주가 처음 상아젓가락을 만들자 기자가 탄식하였다.

"저가 상아젓가락을 만들었으니 틀림없이 옥배玉杯를 만들 것이며, 옥배를 만들고 나면 틀림없이 먼 곳의 진괴珍怪한 물건을 생각하여 이를 사용하게 될 것이다. 그렇게 되면 수레와 말, 궁실이 점차 이로부터 더 이상 구제할 수 없는 단계로 가게 될 것이다."

주임금이 이처럼 음일淫泆한 행동을 하자 기자가 간하였으나 주는 이를 듣지 아니하고 그를 가두어버렸다. 어떤 이가 기자에게 말하였다.

"떠나면 될 것입니다."

그러자 기자가 말하였다.

"남의 신하가 되어 듣지 않는다고 떠나는 것은 임금의 악을 밝게 드러내는 것이며, 자신만이 백성에게 미쁨을 사는 것이 된다. 내 차마 그렇게는 못하겠다."

이에 머리를 풀어헤치고 거짓으로 미친 체하여 노예가 되어, 드디어 은거하여 거문고나 타면서 스스로 비탄을 토로하였다. 그 때문에 그 곡조를 일러 기자조箕子操라 하여 전하고 있는 것이다.

한편 왕자王子 비간比干이라는 자도 역시 주임금의 친척이었다. 그는 기자가 간언을 하다가 들어주지 않자 노예가 된 것을 보고 이렇게 말하였다.

"임금이 과실이 있는데 이를 죽음으로써 간쟁하지 않는다면 백성은 무슨 죄란 말인가?"

그리고 이에 직언으로 주임금에게 간언하였다. 그러자 주는 노하여 이렇게 말하였다.

"내 듣기로 성인聖人의 심장에는 일곱 개의 구멍이 있다던데 진실로 이와 같은가?"

그러고는 드디어 왕자 비간을 죽여 그 심장을 도려 살펴보았다.

그러자 미자微子가 말하였다.

"부자 사이는 골육의 관계로 맺어진 것이지만 신하와 신하 사이는 의義로써 맺어진 관계이다. 그러므로 아버지에게 허물이 있으면 아들은 세 번 간언을 하고 그래도 들어주시지 않으면 따르면서 울부짖어야 한다. 그러나 사람의 신하가 되어 세 번을 간언하여도 듣지 않는다면 그 의로 보아 떠나도 그만이다."

그러고는 이에 드디어 떠나버렸다.

공자孔子가 말하였다.

"은殷나라에는 세 분 어진 사람이 있었다."

○ 箕子者, 紂親戚也, 紂始爲象箸, 箕子歎曰:「彼爲象箸, 必爲玉杯, 爲玉杯, 則必思遠方珍怪之物, 而御之矣, 輿馬, 宮室之漸, 自此始, 不可振也.」

紂爲淫洗, 箕子諫, 紂不聽而囚之, 人或曰:「可以去矣.」箕子曰:「爲人臣, 諫不聽而去, 是彰君之惡, 而自說於民, 吾不忍爲也.」乃被髮伴狂而爲奴, 遂隱而鼓琴以自悲, 故傳之曰箕子操.

王子比干者, 亦紂之親戚也, 見箕子諫不聽而爲奴, 則曰:「君有過, 而不以死爭, 則百姓何辜?」乃直言諫紂, 紂怒曰:「吾聞, 聖人之心有七竅, 信有諸乎?」乃遂殺王子比干, 刳視其心.

微子曰:「父子有骨肉, 而臣主以義屬, 故父有過, 子三諫而不聽, 則隨而號之, 人臣三諫而不聽, 則其義可以去矣.」於是遂行.

孔子曰:「殷有三仁焉.」

【箕子】箕는 나라 이름이며 子는 公侯伯子男의 작위. 殷나라 紂王의 아버지 항렬 친척(삼촌)이며 대신. 〈集註〉에 "箕, 國名, 子, 爵也. 紂之諸父"라 함.

【紂】殷(商)나라 末王. 이름은 受, 혹은 帝辛으로 불리며 紂는 시호. 夏王 桀과 함께 桀紂로 칭해지며 역대 이래 가장 포악한 임금으로 거론됨. 周나라 武王에게 망하여 나라를 잃음. 〈集註〉에 "紂, 商王受也"라 함. 《史記》 殷本紀 참조.

【御之】이를 사용함. 〈集註〉에 "御, 用也"라 함.

【振】구제함. 〈集註〉에 "振, 救也"라 함.

【淫泆】淫佚과 같음. 雙聲連綿語로 部首를 같이 한 표기임. 〈集註〉에 "淫, 貪欲; 泆, 放蕩. 如嬖妲己爲酒池肉林之類"라 함.

【箕子操】箕子가 나라의 망함을 안타깝게 여겨 읊었다는 악곡. 箕子의 〈麥秀歌〉를 가리키는 것이 아닌가 함. 《史記》 宋微子世家에 "其後箕子朝周, 過故殷虛, 感宮室毀壞, 生禾黍, 箕子傷之, 欲哭則不可, 欲泣爲其近婦人, 乃作麥秀之詩以歌詠之. 其詩曰: 『麥秀漸漸兮, 禾黍油油. 彼狡僮兮, 不與我好兮!』所謂狡童者, 紂也. 殷民聞之, 皆爲流涕"라 함.

【比干】殷나라 말기의 王子로 紂임금의 諸父 중 한 사람. 〈集註〉에 "王子比干, 亦紂諸父"라 함.

【七竅】일곱 개의 구멍.

【微子】역시 微는 나라 이름. 子는 작위. 紂임금의 庶兄으로 뒤에 周 武王에 의해 宋나라에 봉해져 殷나라 제사를 잇도록 하였음. 〈集註〉에 "微, 國名, 子, 爵也. 紂庶兄"이라 함. 《史記》 宋微子世家 참조.

【三仁】세 사람의 어진 인물. 箕子, 比干, 微子를 가리킴. 이는 《論語》에서 孔子가 한 말임.

＊〈集註〉에 "朱子曰: 「三人之行不同, 而同出於至誠惻怛之意. 故皆不咈乎愛之理而有以全其心之德也.」"라 함.

참고 및 관련 자료

1. 《史記》 宋微子世家

箕子者, 紂親戚也. 紂始爲象箸, 箕子歎曰: 「彼爲象箸, 必爲玉桮; 爲桮, 則必思遠方珍怪之物而御之矣. 輿馬宮室之漸自此始, 不可振也」紂爲淫泆, 箕子諫,不聽. 人或曰:「可以去矣」箕子曰:「爲人臣諫不聽而去, 是彰君之惡而自說於民, 吾不忍爲也」乃被詳狂而爲奴. 遂隱而鼓琴以自悲, 故傳之曰箕子操. 王子比干者, 亦紂之親戚也. 見箕子諫不聽而爲奴, 則曰:「君有過而不以死爭, 則百姓何辜!」乃直言諫紂. 紂怒曰:「吾聞聖人之心有七竅, 信有諸乎?」乃遂殺王子比干, 刳視其心. 微子曰:「父子有骨肉, 而臣主以義屬. 故父有過, 子三諫不聽, 則隨而號之; 人臣三諫不聽, 則其義可以去矣.」於是太師・少師乃勸微子去, 遂行.

2.《**論語**》微子篇

微子去之, 箕子爲之奴, 比干諫而死. 孔子曰:「殷有三仁焉.」

3.《**列女傳**》孽嬖傳 殷紂妲己

妲己者, 殷紂之妃也, 嬖幸於紂. 紂材力過人, 手格猛獸. 智足以距諫, 辯足以飾非. 矜人臣以能, 高天下以聲, 以爲人皆出己之下. 好酒淫樂, 不離妲己. 妲己之所譽, 貴之; 妲己之所憎, 誅之. 作新淫之聲, 北鄙之舞, 靡靡之樂, 收珍物積之於後宮, 諛臣群女, 咸獲所欲. 積糟爲邱, 流酒爲池, 懸肉爲林, 使人裸形相逐其間, 爲長夜之飲. 妲己好之. 百姓怨望, 諸侯有畔者. 紂乃爲炮烙之法, 膏銅柱, 加之炭. 令有罪者行其上, 輒墮炭中, 妲己乃笑. 比干諫曰:「不修先王之典法, 而用婦言, 禍至無日!」

紂怒, 以爲妖言. 妲己曰:「吾聞聖人之心有七竅.」於是剖心而觀之. 囚箕子. 微子去之. 武王遂受命興師伐紂, 戰於牧野. 紂師倒戈. 紂乃登廩臺, 衣寶玉衣而自殺. 於是武王遂致天之罰, 斬妲己頭, 懸於小白旗, 以爲亡紂者, 是女也. 《書》曰:『牝雞無晨, 牝雞之晨, 惟家之索.』詩云:『君子信盜, 亂是用暴. 匪其止共, 維王之邛.』此之謂也. 頌曰:『妲己配紂, 惑亂是修. 紂既無道, 又重相謬. 指笑炮炙, 諫士刳囚. 遂敗牧野, 反商爲周.』

189(4-2-19)
백이와 숙제

○ 무왕武王이 주紂를 벌하자 백이伯夷와 숙제叔齊가 말을 두드리며 간언을 하였다. 무왕의 좌우가 그에게 무기를 들이대려 하자 태공太公이 말하였다. "이는 의로운 사람이다. 부축하여 떠나보내거라."
무왕이 이윽고 은殷나라의 난을 평정하여 천하가 주周나라를 종주국으로 여기게 되었다. 그러자 백이와 숙제는 이를 치욕으로 여겨 의를 내세우며 주나라 곡식은 먹지 않고 수양산首陽山에 숨어 고사리를 뜯어 먹다가 드디어 굶어죽고 말았다.

○ 武王伐紂, 伯夷叔齊叩馬而諫, 左右欲兵之, 太公曰:「此義人也, 扶而去之.」武王已平殷亂, 天下宗周, 而伯夷·叔齊恥之, 義不食周粟, 隱於首陽山, 採薇而食之, 遂餓而死.

【武王】周나라 文王의 아들. 이름은 姬發. 殷의 무도함을 정벌하고 주나라를 종주국으로 세움. 《史記》 周本紀 참조.
【紂】殷(商)나라 마지막 임금. 무도하여 酒池肉林과 炮烙之刑 등의 고사를 남김.
【伯夷·叔齊】고대 孤竹國의 두 왕자. 함께 임금 자리를 양보하고 西伯 昌 (文王)이 훌륭하다는 말을 듣고 周나라를 찾아왔다가 문왕이 죽고 아들 武王(姬發)이 殷의 紂를 치러 나서는 것을 부당하다고 여겨 간쟁을 하다가 들어주지 않자 首陽山에 들어가 고사리로 연명하다가 죽었다 함. 《史記》 伯夷列傳 참조.
【叩馬】말 앞에 서서 신하로서 임금을 정벌하는 것이 옳지 못함을 간언함.

【兵】무기로 그를 죽여 없애려 함.

【太公】呂望. 姜太公. 자는 子牙. 武王을 도와 군사 책임자가 되어 殷의 紂를
멸함.

【義士】백이와 숙제가 "以臣弑君, 可謂義乎?"라 한 말을 높이 산 것임.

＊〈集註〉에 "武王處一時之大權, 二子守萬世之大經, 各一義也"라 함.

1.《史記》伯夷列傳

伯夷·叔齊, 孤竹君之二子也. 父欲立叔齊, 及父卒, 叔齊讓伯夷. 伯夷曰:「父
命也.」遂逃去. 叔齊亦不肯立而逃之. 國人立其中子. 於是伯夷·叔齊聞西伯昌
善養老, 盍往歸焉. 及至, 西伯卒, 武王載木主, 號爲文王, 東伐紂. 伯夷·叔齊
叩馬而諫曰:「父死不葬, 爰及干戈, 可謂孝乎? 以臣弑君, 可謂仁乎?」左右欲
兵之. 太公曰:「此義人也.」扶而去之. 武王已平殷亂, 天下宗周, 而伯夷·叔齊
恥之, 義不食周粟, 隱於首陽山, 采薇而食之. 及餓且死, 作歌. 其辭曰:「登彼西
山兮, 采其薇矣. 以暴易暴兮, 不知其非矣. 神農·虞·夏忽焉沒兮, 我安適歸矣?
于嗟徂兮, 命之衰矣!」遂餓死於首陽山. 由此觀之, 怨邪非邪? 或曰:「天道無親,
常與善人.」若伯夷·叔齊, 可謂善人者非邪? 積仁絜行如此而餓死! 且七十子之徒,
仲尼獨薦顏淵爲好學. 然回也屢空, 糟糠不厭, 而卒蚤夭. 天之報施善人, 其何
如哉? 盜蹠日殺不辜, 肝人之肉, 暴戾恣睢, 聚黨數千人橫行天下, 竟以壽終. 是
遵何德哉? 此其尤大彰明較著者也. 若至近世, 操行不軌, 專犯忌諱, 而終身
逸樂, 富厚累世不絶. 或擇地而蹈之, 時然後出言, 行不由徑, 非公正不發憤,
而遇禍災者, 不可勝數也. 余甚惑焉, 儻所謂天道, 是邪非邪?

伯夷叔齊〈採薇圖〉宋 李唐(畫)

190(4-2-20)
거백옥의 경건한 태도

○ 위衛 영공靈公이 부인과 함께 밤에 앉아 있는데 덜컹덜컹하며 지나가던 수레가 대궐 가까이 오더니 그쳤다가 대궐을 지나자 다시 소리를 내며 지나가는 것을 듣게 되었다. 그러자 영공이 부인에게 물었다.

"이가 누구인지 아시오?"

부인이 말하였다.

"이는 거백옥蘧伯玉입니다."

영공이 물었다.

"어떻게 아시오?"

부인이 말하였다.

"제가 듣기로 예禮에 '공문公門에서는 수레에서 내리며, 노마路馬에게는 식을 하는 것은 임금에 대한 공경恭敬을 넓게 가지기 때문'이라 하였습니다. 무릇 충신과 효자라면 겉으로 훤히 드러나는 곳이기에 신절信節을 지키는 것이 아니며, 어두운 곳이라 하여 태만한 행동을 하지 않는 것입니다. 거백옥은 위衛나라의 어진 대부입니다. 어질면서 지혜가 있어 윗사람을 모심에 공경을 다합니다. 이러한 사람은 틀림없이 어두운 곳이라 하여 예를 폐廢하지는 않습니다. 이로써 아는 것입니다."

영공이 사람을 보내어 살펴보도록 하였더니 과연 거백옥이었다.

○ 衛靈公, 與夫人夜坐, 聞車聲轔轔, 至闕而止, 過闕復有聲.

公問夫人曰: 「知此爲誰?」

夫人曰: 「此蘧伯玉也.」

公曰:「何以知之?」

夫人曰:「妾聞:『禮下公門, 式路馬, 所以廣敬也.』夫忠臣與孝子, 不爲昭昭信節, 不爲冥冥惰行. 蘧伯玉, 衛之賢大夫也. 仁而有智, 敬於事上, 此其人必不以闇昧廢禮, 是以知之.」

公使人視之, 果伯玉也.

【衛靈公】 이름은 元. 孔子와 같은 시기의 위나라 군주. 42년간 재위 (B.C.534~B.C.493).

【夫人】 춘추시대 衛나라 영공의 부인. 《論語》 등에는 그의 부인 이름이 南子로 나와 있으나 여기서는 다른 夫人일 것으로 봄. 夫人은 고대 궁중 여인들 중 직급을 말함.

【轔轔】 수레바퀴가 굴러가는 소리.

【蘧伯玉】 춘추시대 衛나라의 어진 대부. 이름은 瑗.

【下公門】 《禮記》 檀弓(上)에 "大夫士下公門, 式路馬"라 하고 疏에 "公門, 謂君之門也. 路馬, 君之馬也. 敬君, 至門下車; 重君物, 故見君馬而式之也. 馬比門輕, 故有下·式之異"라 함.

【信節】 '信'은 '伸'과 같음. 원래는 '變節'로 되어 있으나 《太平御覽》에 의해 고침.

1. 《列女傳》 仁智傳 衛靈夫人

衛靈公之夫人也. 靈公與夫人夜坐, 聞車聲轔轔, 至闕而止, 過闕復有聲. 公問夫人曰:「知此謂誰?」夫人曰:「此必蘧伯玉也!」公曰:「何以知之?」夫人曰:「妾聞禮: 下公門式路馬, 所以廣敬也. 夫忠臣與孝子, 不爲昭昭信節, 不爲冥冥墮行, 蘧伯玉衛之賢大夫也, 仁而有智, 敬於事上, 此其人必不以闇昧廢禮, 是以知之.」公使視之, 果伯玉也. 公反之以戲夫人曰:「非也」夫人酌觴再拜, 賀公. 公曰:「何以賀寡人?」夫人曰:「始妾獨以衛爲有蘧伯玉爾, 今衛復有與之齊者, 是君有二賢臣也. 國多賢臣, 國之福也, 妾是以賀.」公驚曰:「善哉!」遂語夫人其實焉. 君子謂:「衛夫人明於知人道.」夫可欺而不可以罔者. 其明智乎! 詩云:

『我聞其聲, 不見其人.』此之謂也. 頌曰:『衛靈夜坐, 夫人與存, 有車轔轔, 中止關門, 夫人知之, 必伯玉焉, 維知識賢, 問之信然.』

2.《文選》(56) 石闕銘 注

列女傳: 衛靈公夫人曰:「妾聞禮下公門, 式路馬, 所以廣敬也.」

3.《太平御覽》402

列女傳曰: 衛靈公與夫人夜座, 聞車聲轔轔, 至闕而止, 過闕復有聲. 公問曰:「知此謂誰?」夫人曰:「此必蘧伯玉也!」問:「何以知之?」曰:「妾聞禮: 下公門式路馬, 所以廣敬也. 夫忠臣不爲昭昭信節, 不爲冥冥墮行, 今伯玉衛國賢大夫也, 仁而有智, 敬於事上, 此其人必不以闇昧廢禮, 是以知之.」公使視之, 果伯玉也. 反戲之曰:「非也.」夫人進觴再拜, 賀之. 公曰:「子何以賀?」曰:「始妾謂有伯玉, 今衛復有與之齊者, 是君有二賢臣也. 國多賢臣, 國之福也.」

191(4-2-21)
탄탄칠신의 예양

○ 조양자趙襄子가 지백智伯을 죽이고 그 해골에 옻칠을 하여 이를 술잔으로 삼았다. 지백의 신하에 예양豫讓이라는 자가 지백을 위하여 그 원수를 갚고자 이에 거짓으로 죄인이 되어 비수를 품고 양자의 궁궐로 들어가 변소를 바르는 일을 하고 있었다. 양자의 좌우가 그를 알아보고 죽이려 하자 양자가 말하였다.

"지백은 이미 죽었고 그 후손도 없는데 이 자가 그를 위해 원수를 갚고자 한다니 진실로 의로운 선비로다. 내가 조심하며 피하면 그 뿐이다."

예양은 다시 몸에 옻독을 칠하여 나병환자가 되었고, 벌겋게 타는 숯을 삼켜 벙어리가 되어 거리에 구걸을 하였는데 그 아내조차 이를 알아보지 못하는 것이었다. 그 친구가 알아보고 그를 위해 울면서 이렇게 말하였다.

"그대의 재주로 조맹趙孟의 신하가 되어 섬긴다면 틀림없이 가까이 다가갈 수 있는 총애를 받을 것이오. 그대는 그 때에 그대가 하고자 하는 일을 생각건대 쉽게 이룰 수 있지 않겠소? 그런데 그대는 어찌 스스로 이렇게 고생을 하오?"

그러자 예양은 이렇게 말하였다.

"자신을 맡겨 신하가 되었으면서 그를 죽이려 한다면 이는 두 가지 마음을 품은 것입니다. 내가 이렇게 하는 까닭은 장차 천하 후 세 사람들이 남의 신하가 되었으면서도 두 가지 마음을 품은 자를 부끄럽게 여기도록 하고자 함이라오."

그리고 뒤에 다시 다리 밑에 숨어서 양자를 죽이려 하여 양자가 이를 죽이고 말았다.

○趙襄子, 殺智伯, 漆其頭, 以爲飮器. 智伯之臣豫讓, 欲爲之報仇, 乃詐爲刑人, 挾匕首, 入襄子宮中, 塗厠.

左右欲殺之, 襄子曰:「智伯死無後, 而此人欲爲報仇, 眞義士也. 吾謹避之耳」

讓又漆身爲癩, 吞炭爲啞, 行乞於市. 其妻不識也.

其友識之, 爲之泣曰:「以子之才, 臣事趙孟, 必得近幸. 子乃爲所欲爲, 顧不易邪? 何乃自苦如此?」

讓曰:「委質爲臣, 而求殺之, 是二心也. 吾所以爲此者, 將以愧天下後世之爲人臣而懷二心者也」

後又伏於橋下, 欲殺襄子, 襄子殺之.

【趙襄子】춘추 말기 晉나라 六卿(智·韓·魏·趙·范·中行)의 하나로 이름은 無卹(無恤). 趙孟. 智氏가 가장 강하여 范氏와 中行氏를 멸하고 韓·魏·趙를 치려 하자 이들 세 나라가 연합하여 지씨를 멸하고 晉나라를 삼분하여 뒤에 전국시대 七雄에 들게 되었음.

【智伯】전국시대 智瑤. 六卿 중에 가장 세력이 강하여 다섯 경들을 병탄하려다가 도리어 三晉에게 역습을 당하여 망함. 당시 智氏는 知氏로도 표기하였음.

【飮器】술잔. 일설에는 오줌을 받는 요강이었다고도 함. 〈集註〉에 "飮器, 或云 飮酒之器, 或云溲溺之器, 未詳孰是"라 함.

【豫讓】전국시대 가장 널리 알려진 자객. 처음 范氏와 中行氏를 섬겼으나 제대로 대접을 받지 못하자 다시 智伯을 섬겼음. 뒤에 智伯이 망하자 그 원수를 갚겠다고 온갖 고통을 자초함. '吞炭漆身'의 고사성어를 남긴 인물.

【刑人】죄를 지어 徒役을 하는 사람. 〈集註〉에 "刑人, 有罪被刑而執役者"라 함.

【塗厠】변소 벽을 바르는 일. 〈集註〉에 "塗厠, 謂以泥塗墁溷厠之牆壁. 讓之爲此謀欲以殺襄子也"라 함.

【漆身爲癩】몸에 옻의 독을 발라 피부가 헐어 마치 문둥병 환자처럼 됨.

【呑炭爲瘂】벌겋게 타는 숯을 삼켜 목구멍이 헐어 더 이상 말을 하지 못하여 벙어리가 됨.

【其友識之】“그 친구가 그가 예양인 줄을 알아보다”의 뜻과 “그가 그 높은 뜻을 가지고 있음을 알아주다”의 두 가지 해석이 있음. 〈集註〉에 “識, 謂識其形容, 一說謂識其志意在於報仇”라 함.

【趙孟】趙襄子 趙無恤을 가리킴.

【委質爲臣】자신의 몸을 맡겨 그의 신하가 됨. ‘質’는 ‘지’로 읽으며 贄와 같음. 고대에 처음 사귈 때의 예법으로 선물을 교환하여 어떠한 경우에도 변하지 않을 것임을 맹세하는 것. 그러나 委質은 그저 단순히 ‘굴복하다’의 뜻으로도 봄. 〈集註〉에 “委質, 猶屈膝也”라 함.

＊〈集註〉에 “讓之死, 舍生取義也. 眞可以愧天下後世之爲人臣而懷二心者矣”라 함.

참고 및 관련 자료

1.《史記》刺客列傳

豫讓者, 晉人也, 故嘗事范氏及中行氏, 而無所知名. 去而事智伯, 智伯甚尊寵之. 及智伯伐趙襄子, 趙襄子與韓·魏合謀滅智伯, 滅智伯之後而三分其地. 趙襄子最怨智伯, 漆其頭以爲飲器. 豫讓遁逃山中, 曰:「嗟乎! 士爲知己者死, 女爲說己者容. 今智伯知我, 我必爲報讎而死, 以報智伯, 則吾魂魄不愧矣.」乃變名姓爲刑人, 入宮塗廁, 中挾匕首, 欲以刺襄子. 襄子如廁, 心動, 執問塗廁之刑人, 則豫讓, 內持刀兵, 曰:「欲爲智伯報仇!」左右欲誅之. 襄子曰:「彼義人也, 吾謹避之耳. 且智伯亡無後, 而其臣欲爲報仇, 此天下之賢人也.」卒醳去之. 居頃之, 豫讓又漆身爲厲, 呑炭爲啞, 使形狀不可知, 行乞於市. 其妻不識也. 行見其友, 其友識之, 曰:「汝非豫讓邪?」曰:「我是也.」其友爲泣曰:「以子之才, 委質而臣事襄子, 襄子必近幸子. 近幸子, 乃爲所欲, 顧不易邪? 何乃殘身苦形, 欲以求報襄子, 不亦難乎!」豫讓曰:「旣已委質臣事人, 而求殺之, 是懷二心以事其君也. 且吾所爲者極難耳! 然所以爲此者, 將以愧天下後世之爲人臣懷二心以事其君者也.」旣去, 頃之, 襄子當出, 豫讓伏於所當過之橋下. 襄子至橋, 馬驚, 襄子曰:「此必是豫讓也.」使人問之, 果豫讓也. 於是襄子乃數豫讓曰:「子不嘗事范·中行氏乎? 智伯盡滅之, 而子不爲報讎, 而反委質臣於智伯. 智伯亦已

死矣, 而子獨何以爲之報讎之深也?」豫讓曰:「臣事范・中行氏, 范・中行氏皆
衆人遇我, 我故衆人報之. 至於智伯, 國士遇我, 我故國士報之.」襄子喟然歎
息而泣曰:「嗟乎, 豫子! 子之爲智伯, 名旣成矣, 而寡人赦子, 亦已足矣. 子其
自爲計, 寡人不復釋子!」使兵圍之. 豫讓曰:「臣聞明主不掩人之美, 而忠臣有
死名之義. 前君已寬赦臣, 天下莫不稱君之賢. 今日之事, 臣固伏誅, 然願請君
之衣而擊之, 焉以致報讎之意, 則雖死不恨. 非所敢望也, 敢布腹心!」於是襄子
大義之, 乃使使持衣與豫讓. 豫讓拔劍三躍而擊之, 曰:「吾可以下報智伯矣!」遂伏
劍自殺. 死之日, 趙國志士聞之, 皆爲涕泣.

2. 《戰國策》趙策(1)

晉畢陽之孫豫讓, 始事范・中行氏而不說, 去而就知伯, 知伯寵之. 及三晉分知氏,
趙襄子最怨知伯, 而將其頭以爲飲器. 豫讓遁逃山中, 曰:「嗟乎! 士爲知己者死,
女爲悅己者容. 吾其報知氏之讎矣.」乃變姓名, 爲刑人, 入宮塗廁, 欲以刺襄子.
襄子如廁, 心動, 執問塗者, 則豫讓也. 刃其扞, 曰:「欲爲知伯報讎!」左右欲
殺之. 趙襄子曰:「彼義士也, 吾謹避之耳. 且知伯已死, 無後, 而其臣至爲報讎,
此天下之賢人也.」卒釋之. 豫讓又漆身爲厲, 滅鬚去眉, 自刑以變其容, 爲乞人
而往乞, 其妻不識, 曰:「狀貌不似吾夫, 其音何類吾夫之甚也?」又吞炭爲啞,
變其音. 其友謂之曰:「子之道甚難而無功, 謂子有志則然矣, 謂子智則否. 以子
之才, 而善事襄子, 襄子必近幸子; 子之得近而行所欲, 此甚易而功必成.」豫讓
乃笑而應之曰:「是爲先知報後知, 爲故君賊新君, 大亂君臣之義者, 無此矣.
凡吾所謂爲此者, 以明君臣之義, 非從易也. 且夫委質而事人, 而求弑之, 是懷
二心以事君也. 吾所爲難, 亦將以愧天下後世人臣懷二心者.」居頃之, 襄子當出,
豫讓伏所當過橋下. 襄子至橋而馬驚, 襄子曰:「此必豫讓也.」使人問之, 果豫讓.
於是趙襄子面數豫讓曰:「子不嘗事范・中行氏乎? 知伯滅范・中行氏, 而子不
爲報讎, 反委質事知伯. 知伯已死, 子獨何爲報讎之深也?」豫讓曰:「臣事范・
中行氏, 范・中行氏以衆人遇臣, 臣故衆人報之; 知伯以國士遇臣, 臣故國士報之.」
襄子乃喟然歎泣曰:「嗟乎, 豫子! 豫子之爲知伯, 名旣成矣, 寡人舍子, 亦以足矣.
子自爲計, 寡人不舍子.」使兵環之. 豫讓曰:「臣聞明主不掩人之義, 忠臣不愛
死以成名. 君前已寬舍臣, 天下莫不稱君之賢. 今日之事, 臣故伏誅, 然願請君
之衣而擊之, 雖死不恨. 非所望也, 敢布腹心.」於是襄子義之, 乃使使者持衣
與豫讓. 豫讓拔劍三躍, 呼天擊之, 曰:「而可以報知伯矣.」遂伏劍而死. 死之日,
趙國之士聞之, 皆爲涕泣.

3.《說苑》復恩篇

智伯與趙襄子戰於晉陽下而死, 智伯之臣豫讓者怒, 以其精氣能使襄子動心,
乃漆身變形, 吞炭更聲, 襄子將出, 豫讓偽爲死人, 處於梁下, 駟馬驚不進, 襄子
動心, 使使視梁下得豫讓, 襄子重其義不殺也. 又盜, 爲抵罪, 被刑人赭衣, 入
繕宮. 襄子動心, 則曰必豫讓也, 襄子執而問之曰:「子始事中行君, 智伯殺中
行君, 子不能死, 還反事之; 今吾殺智伯, 乃漆身爲癘, 吞炭爲啞, 欲殺寡人, 何與
先行異也?」豫讓曰:「中行君衆人畜臣, 臣亦衆人事之; 智伯朝士待臣, 臣亦朝士爲
之用.」襄子曰:「非義也? 子壯士也!」乃自置車庫中, 水漿毋入口者三日, 以禮
豫讓, 讓自知, 遂自殺也.

4.《十八史略》(1)

襄子漆知伯之頭, 以爲飲器. 知伯之臣豫讓, 欲爲之報仇, 乃詐爲刑人, 挾匕首,
入襄子宮中塗廁. 襄子如廁心動, 索之獲讓, 問曰:「子不嘗事范·中行氏乎? 知伯
滅之, 子不爲報讐, 反委質於知伯. 知伯死, 子獨何爲報仇之深也?」曰:「范·中
行氏衆人遇我, 我故衆人報之. 知伯國士遇我, 我故國士報之.」襄子曰:「義士也,
舍之. 謹避而已.」讓漆身爲厲, 吞炭爲啞, 行乞於市, 其妻不識也. 其友識之曰:
「以子之才, 臣事趙孟, 必得近幸. 子乃爲所欲爲, 顧不易邪? 何乃自若如此?」
讓曰:「不可! 既委質爲臣, 又求殺之, 是二心也. 凡吾所爲者極難耳. 然所以爲
此者, 將以愧天下後世, 爲人臣懷二心者也.」襄子出, 讓伏橋下, 襄子馬驚, 索之
得讓, 遂殺之.

5.《蒙求》(169)

《史記》: 豫讓晉人. 嘗事范·中行氏, 去而事智伯, 智伯尊寵之. 趙襄子與韓·魏合
謀滅智伯, 三分其地. 襄子怨智伯, 漆其頭爲飲器. 讓曰:「士爲知己者死, 女爲
說己者容. 我必爲智伯報讐.」乃變名姓爲刑人, 入宮塗廁中, 挾匕首, 欲以刺襄子.
襄子如廁心動, 搜之則豫讓也. 襄子義而釋之. 又漆身爲厲, 吞炭爲啞, 使形狀
不可知, 伏於橋下. 襄子至橋馬驚, 曰:「此必豫讓.」問曰:「子事范·中行氏, 智伯
滅之, 不爲報讐, 而反臣智伯. 智伯已死, 獨何報讐之深?」對曰:「臣事范·中行氏,
衆人遇我, 我故衆人報之. 智伯國士遇我, 我故國士報之.」襄子曰:「寡人赦子
亦足矣. 子自爲計.」讓曰:「臣固伏誅. 然願請君之衣而擊之, 以致報讐之意.」
襄子持衣與之, 乃拔劍三躍而擊之曰:「吾可以下報智伯矣.」遂伏劍而死.

192(4-2-22)
왕손가의 충의

○ 왕손가王孫賈가 제齊나라 민왕閔王을 섬기고 있었다. 그런데 왕이 난을 만나 피신하였는데 왕손가가 왕이 어디로 갔는지 그 간 곳을 잃고 말았다. 이에 그의 어머니가 말하였다.

"네가 아침 일찍 나가 늦어서야 돌아오면 나는 집 문에 기대어 너를 기다렸다. 네가 저녁 때 나가서 돌아오지 아니하면 나는 동구 밖 어귀에 기대어 너를 기다렸단다. 그런데 네가 지금 왕을 섬기다가 섬기는 왕이 피신하였는데 어디로 갔는지도 모르고 있으면서 그래도 오히려 돌아올 수가 있느냐?"

왕손가는 이에 시중市中으로 들어가 이렇게 말하였다.

"요치淖齒가 우리 제나라에서 난을 일으켜 민왕을 죽였다. 나와 같이 그를 주벌할 자는 오른쪽 어깨를 벗어라!"

시인市人 중 이를 따르는 자 4백여 명이 함께 모여 요치를 주벌하여 그를 찔러 죽여 버렸다.

○ 王孫賈, 事齊閔王, 王出走, 賈失王之處, 其母曰：「女朝去而晚來, 則吾倚門而望, 女莫出而不還, 則吾倚閭而望, 女今事王, 王出走, 女不知其處, 女尙何歸?」 王孫賈乃入市中曰：「淖齒亂齊國, 殺閔王, 欲與我誅齒者袒右.」 市人從之者四百人, 與誅淖齒, 刺而殺之.

【王孫賈】齊나라 대부. 처음 아버지를 잃고 편모 밑에 자랐음. 15살에 閔王 (湣王)을 따라 도망갔다가 왕이 淖齒에게 죽자 되돌아오고 말았음. 이때 어머니의 '倚門而望, 倚閭而望'을 듣고 齊나라 王權을 회복하였음.

【閔王】湣王으로도 쓰며 전국시대 齊나라 임금. B.C.300~B.C.284년까지 17년 간 재위함.

【倚閭】'倚'는 '기대어 서다'의 뜻. 사람을 기다림을 말함. 閭는 閭門. 閭巷 (마을)의 里門.

【女尙何歸】'어머니도 자식을 이처럼 정성껏 기다리는데 신하된 자가 임금을 위해 아무것도 하지 못하고 그래도 어찌 되돌아 올 수 있느냐'라고 꾸짖은 것.

【淖齒】원래 楚나라 公族으로 齊 閔王 17년 燕나라 장수 樂毅가 燕, 秦, 趙, 魏, 韓 다섯 나라와 연합하여 제나라를 공격, 제나라 70여 성을 함락하자 민왕이 莒로 도망함. 이 때 楚 頃襄王이 요치를 파병하여 제나라를 구원해 주어 제나라는 요치를 상국으로 삼았으나 요치는 민왕을 협박하여 鼓里에서 시해함.

【袒右】이 고사에서처럼 원래 오른쪽 어깨를 드러내어 식별하는 것. 흔히 어떤 일의 모의·도모에서 동조의 뜻을 밝히는 것으로 쓰임. 〈集註〉에 "袒右, 袒露右臂也, 從之謂袒右也"라 함.

◖ 참고 및 관련 자료 ◗

1.《戰國策》齊策(6)

王孫賈年十五, 事閔王. 王出走, 失王之處. 其母曰:「女朝出而晚來, 則吾倚門 而望; 女暮出而不還, 則吾倚閭而望. 女今事王, 王出走, 女不知其處, 女尙何歸?」 王孫賈乃入市中, 曰:「淖齒亂齊國, 殺閔王, 欲與我誅者, 袒右!」市人從者四百人, 與之誅淖齒, 刺而殺之.

2.《列女傳》(8) 續列女傳「王孫氏母」

王孫氏之母者, 齊大夫王孫賈之母也. 賈年十五, 事齊閔王, 國亂, 閔王出, 見弑, 國人不討賊. 王孫母謂賈曰:「汝朝出而晚來, 則吾倚門而望汝; 汝暮出而不還, 則吾倚閭而望汝. 今汝事王, 王出走, 汝不知其處, 汝尙何歸乎?」王孫賈乃入 市中, 而令百姓曰:「淖齒亂齊國, 弑閔王, 欲與我誅之者, 袒右!」市人從者四百人,與之誅淖齒, 刺而殺之. 君子謂:「王孫母義而能教」詩云:『教誨爾子, 式穀似之.』
此之謂也.

3.《十八史略》(1)

王孫賈年十五, 事閔王. 王出走, 失王之處. 其母曰:「女朝出而晚來, 則吾倚門
而望; 女暮出而不還, 則吾倚閭而望. 女今事王, 王出走, 女不知其處, 女尙何歸?」
王孫賈乃入市中, 曰:「淖齒亂齊國, 殺閔王, 欲與我誅者, 袒右!」市人從者四百人,
與之誅淖齒, 刺而殺之.

193(4-2-23)
구계가 추천한 기결

○ 구계臼季가 사신으로 나서는 길에 기읍冀邑의 교외를 지나다가 기결
冀缺이 밭에서 김을 매고 있었는데 그 아내가 밥을 이고 와서는 부부가
서로 공경하기를 마치 손님 모시듯 정성을 다하는 것을 보게 되었다. 구계는
이들을 데리고 함께 서울로 돌아와서 문공文公에게 이를 보고하였다.
　"공경이란 덕의 모음입니다. 능히 공경을 다하면 틀림없이 덕이 있는 것
이니 덕으로써 백성을 다스려야 하기에 임금께서 이를 등용하기를 청합
니다. 제가 듣기로 '문 밖을 나서서는 마치 남에게 손님 대하듯 깍듯이 하고,
일을 받아 처리할 때는 마치 제사를 지내듯 경건히 하라'라 하였으니
이것이 인仁의 법칙입니다."
　문공은 그를 하군대부下軍大夫로 삼았다.

○ 臼季使過冀, 見冀缺耨, 其妻饁之, 敬, 相待如賓, 與之歸,
言諸文公曰：「敬, 德之聚也. 能敬必有德, 德以治民, 君請用之.
臣聞：『出門如賓, 承事如祭.』仁之則也」文公以爲下軍大夫.

【臼季】晉나라 대부 胥臣臼季. 뒤에 司空의 벼슬을 지내어 司空季子라고도
　칭함.
【冀】고대 나라 이름. 지금의 山西 河津縣 동북. 춘추시대 晉나라에게 멸망
　하였으며 郤氏의 식읍이 됨.
【冀缺】冀芮의 아들. 기예는 郤芮. 冀 땅을 식읍으로 받아 '기예'라 부른 것이며
　기예는 晉 惠公(夷吾)의 수하로 당시 많은 모책을 내기도 하고 秦나라를

설득하여 이오가 임금 자리에 오르도록 공을 세웠음. 文公(重耳)이 즉위하자
그는 다시 呂甥과 모의하여 문공을 시해하려 하다가 寺人 披의 고발로 미수
에 그쳤으며 秦나라 穆公의 유인책에 말려들어 죽음을 당하고 말았음. 〈晉語〉⑷
"初, 獻公寺人勃鞮伐公於蒲城"에서 '其父有罪'는 이를 두고 말한 것임.
【饁】'엽'으로 읽으며 밭에서 식사를 하도록 아내가 준비해 간 것임.
【出門~如祭】《論語》顔淵篇의 구절.

1.《左傳》僖公 33년

狄伐晉, 及箕. 八月戊子, 晉侯敗狄于箕. 郤缺獲白狄子. 先軫曰:「匹夫逞志於君,
而無討, 敢不自討乎?」免胄入狄師, 死焉. 狄人歸其元, 面如生. 初, 臼季使,
過冀, 見冀缺耨, 其妻饁之, 敬, 相待如賓. 與之歸, 言諸文公曰:「敬, 德之聚也.
能敬必有德. 德以治民, 君請用之! 臣聞之, 出門如賓, 承事如祭, 仁之則也.」
公曰:「其父有罪, 可乎?」對曰:「舜之罪也殛鯀, 其擧也興禹. 管敬仲, 桓之賊也,
實相以濟. 康誥曰:'父不慈, 子不祗, 兄不友, 弟不共, 不相及也.'詩曰:'采葑
采菲, 無以下體.'君取節焉可也.」文公以爲下軍大夫. 反自箕, 襄公以三命命先
且居將中軍, 以再命命先茅之縣賞胥臣, 曰:「擧郤缺, 子之功也.」以一命命郤
缺爲卿, 復與之冀, 亦未有軍行.

2.《國語》晉語(5)

臼季使, 舍於冀野. 冀缺薅, 其妻饁之, 敬, 相待如賓. 從而問之, 冀芮之子也,
與之歸. 旣復命, 而進之曰:「臣得賢人, 敢以告.」文公曰:「其父有罪, 可乎?」
對曰:「國之良也, 滅其前惡, 是故舜之刑也殛鯀, 其擧也興禹. 今君之所聞也,
齊桓公親擧管敬子, 其賊也.」公曰:「子何以知其賢也?」對曰:「臣見其不忘
敬也. 夫敬, 德之恪也. 恪於德以臨事, 其何不濟!」公見之, 使爲下軍大夫.

3.《論語》顔淵篇

仲弓問仁. 子曰:「出門如見大賓, 使民如承大祭. 己所不欲, 勿施於人. 在邦無怨,
在家無怨.」仲弓曰:「雍雖不敏, 請事斯語矣.」

4.《家範》(7) 兄弟姑姊妹夫篇 司馬光

晉臼季使過冀, 見冀缺耨, 其妻饁之, 敬, 相待如賓, 與之歸, 言諸文公曰:「敬,
德之聚也. 能敬必有德, 德以治民, 君請用之」卒爲晉名卿.

194(4-2-24)
공보문백의 어머니

○ 공보문백公父文伯의 어머니는 계강자季康子의 종조숙모從祖叔母이다. 계강자가 찾아갔더니 문을 열어놓고 그와 더불어 말을 나누되 각기 모두가 문지방을 넘어서지 않았다. 중니仲尼가 이를 듣고 남녀의 예를 잘 구별하였다고 여겼다.

○ 公父文伯之母, 季康子之從祖叔母也. 康子往焉, 闔門而與之言, 皆不踰閾, 仲尼聞之, 以爲別於男女之禮矣.

【公父文伯】 공보목백(公父穆伯)의 아들. 이름은 公父歜. 魯나라 대부를 지냄. 그의 어머니는 敬姜.
【季康子】 魯나라 三桓 중 季孫氏이며 이름은 肥. 正卿을 지냄.
【闔門】 闔은 음이 '위'(闔, 音委)이며, 열어놓은 문이라는 뜻.(闔, 開也).
【閾】 문지방. 문의 안과 밖을 구분 짓는 가로나무. 〈集註〉에 "閾, 門限也"라 함.
【不踰閾】 〈集註〉에 "姜敬不踰閾而出, 康子不踰閾而入, 故曰皆不踰閾"이라 함.
【仲尼】 孔子, 孔丘.

(참고 및 관련 자료)

1. 《列女傳》 母儀傳 魯季敬姜

魯季敬姜者, 莒女也, 號戴己. 魯大夫公父穆伯之妻·文伯之母·季康子之從祖叔母也. 博達知禮. 穆伯先死, 敬姜守養. 文伯出學而還歸, 敬姜側目而盼之,見其友上堂, 從後階降而卻行, 奉劍而正履, 若事父兄, 文伯自以爲成人矣.
敬姜召而數之曰:「昔者武王罷朝而結絲絑絶, 左右顧, 無可使結之者, 俯而自
申之, 故能成王道. 桓公坐友三人, 諫臣五人, 日舉過者三十人, 故能成伯業.
周公一食而三吐哺, 一沐三握髮, 所執摯而見於窮閭隘巷者七十餘人, 故能存
周室. 彼二聖一賢者, 皆霸王之君也, 而下人如此; 其所與遊者, 皆過己者也.
是以日益而不自知也. 今以子年之少而位之卑, 所與遊者, 皆爲服役, 子之不益,
亦以明矣.」文伯乃謝罪. 於是乃擇嚴師賢友而事之, 所與遊處者皆黃耄倪齒也,
文伯引袵攘捲而親饋之. 敬姜曰:「子成人矣!」君子謂:「敬姜備於教化」詩云:
『濟濟多士, 文王以寧.』此之謂也.

文伯相魯, 敬姜謂之曰:「吾語汝, 治國之要, 盡在經矣. 夫幅者, 所以正曲枉也,
不可不彊. 故幅可以爲將, 畫者, 所以均不均服不服也. 故畫可以爲正. 物者, 所以
治蕪與莫也, 故物可以爲都大夫. 持交而不失. 出入不絶者捆也, 捆可以爲大行
人也. 推而往引而來者綜也, 綜可以爲關內之師. 主多少之數者均也, 均可以爲
內史. 服重任, 行遠道, 正直而固者軸也, 軸可以爲相. 舒而無窮者摘也, 摘可
而爲三公」文伯再拜受教. 文伯退朝, 朝敬姜, 敬姜方績. 文伯曰:「以歜之家,
而主猶績, 懼干季孫之怒, 其以歜爲不能事主乎?」敬姜歎曰:「魯其亡乎! 使童
子備官, 而未之聞也? 居, 吾語汝: 昔聖王之處民也, 擇瘠土而處之, 勞其民而
用之, 故長王天下. 夫民勞則思, 思則善心生; 逸則淫, 淫則忘善, 忘善則惡心生.
沃土之民不材, 淫也. 瘠土之民嚮義, 勞也. 是故天子大采朝日, 與三公九卿組
織施德, 日中考政, 與百官之政事, 使師尹維旅牧, 宣敬民事, 少采夕月, 與太
史司載, 糾虔天刑, 日入監九御, 使潔奉禘郊之粢盛, 而後即安. 諸侯朝修天子
之業令, 畫考其國, 夕省其典刑, 夜儆百工, 使無慆淫, 而後即安. 卿大夫朝考其職,
畫講其庶政, 夕序其業, 夜庀其家事, 而後即安. 士朝而受業, 畫而講隸, 夕而
習復, 夜而討過, 無憾而後即安. 自庶人以下, 明而動, 晦而休, 無自以怠. 王后
親織玄紞, 公侯之夫人加之以紘綖; 卿之內子爲大帶, 命婦成祭服, 則士之妻
加之以朝服; 自庶士以下, 皆衣其夫. 社而賦事, 烝而獻功, 男女效績, 否則
有辟, 古之制也. 君子勞心, 小人勞力, 先王之訓也. 自上以下, 誰敢淫心舍力?
今我寡也, 爾又在下位, 朝夕處事, 猶恐忘先人之業, 況有怠惰, 其何以辟? 吾冀
汝朝夕脩我曰:'必無廢先人.'爾今也曰:'胡不自安?'以是承君之官, 余懼穆伯
之絶嗣也.」仲尼聞之曰:「弟子記之, 季氏之婦不淫矣!」詩曰:『婦無公事, 休其
蠶織.』
言婦人以織績爲公事者也, 休之非禮也. 文伯飲南宮敬叔酒, 以露堵父爲客. 羞鱉

焉小, 堵父怒. 相延食黿, 堵父辭曰:「將使黿長而食之」遂出. 敬姜聞之, 怒曰:
「吾聞之先子曰:『祭養尸, 饗養上賓.』黿於人何有? 而使夫人怒!」遂逐文伯.
五日, 魯大夫辭而復之. 君子謂:「敬姜爲愼微」詩曰:『我有旨酒, 嘉賓式讌以樂.』
言尊賓也. 文伯卒, 敬姜戒其妾曰:「吾聞之: 好內女死之, 好外士死之. 今吾子
夭死, 吾惡其以好內聞也. 二三婦之辱共祀先祀者, 請毋瘠色, 毋揮涕, 毋陷膺,
毋憂容, 有降服, 毋加服, 從禮而靜, 是昭吾子」仲尼聞之曰:「女知莫如婦, 男知
莫如夫, 公父氏之婦知矣, 欲明其子之令德」詩曰:『君子有穀, 貽厥孫子.』此之
謂也. 敬姜之處喪也, 朝哭穆伯, 暮哭文伯. 仲尼聞之曰:「季氏之婦, 可謂知
禮矣. 愛而無私, 上下有章.」敬姜嘗如季氏, 康子在朝, 與之言不應. 從之,
及寢門, 不應而入. 康子辭於朝, 而入見曰:「肥也不得聞命, 毋乃罪耶?」敬姜對曰:
「子不聞耶? 天子及諸侯, 合民事於內朝, 自卿大夫以下, 合官職於外朝, 合家事於
內朝. 寢門之內, 婦人治其職焉, 上下同之. 夫外朝, 子將業君之官職焉; 內朝,
子將庀季氏之政焉, 皆非吾所敢言也.」康子嘗至敬姜闈門而與之言, 皆不踰閾.
祭悼子康子與焉, 酢不受, 徹俎不讌, 宗不具不繹, 繹不盡飲則不退. 仲尼謂:
「敬姜別於男女之禮矣.」詩曰:『女也不爽.』此之謂也. 訟曰:『文伯之母, 號曰
敬姜. 通達知禮, 德行光明. 匡子過失, 教而法理. 仲尼賢焉, 列爲慈母.』

2.《國語》魯語(下)

公父文伯飲南宮敬叔酒, 以露睹父爲客. 羞黿焉, 小. 睹父怒, 相延食黿, 辭曰:
「將使黿長而後食之」遂出. 文伯之母聞之, 怒曰:「吾聞之先子曰:『祭養尸, 饗養
上賓.』黿於何有? 而使夫人怒也!」遂逐之. 五日, 魯大夫辭而復之.

公父文伯之母如季氏, 康子在其朝, 與之言, 弗應, 從之及寢門, 弗應而入. 康子
辭於朝而入見, 曰:「肥也不得聞命, 無乃罪乎?」曰:「子弗聞乎? 天子及諸侯
合民事於外朝, 合神事於內朝; 自卿以下, 合官職於外朝, 合家事於內朝; 寢門
之內, 婦人治其業焉. 上下同之. 夫外朝, 子將業君之官職焉; 內朝, 子將庀季氏
之政焉, 皆非吾所敢言也.」公父文伯退朝, 朝其母, 其母方績. 文伯曰:「以歜
之家而主猶績, 懼忓季孫之怨也, 其以歜爲不能事主乎!」其母歎曰:「魯其亡乎!
使僮子備官而未之聞耶? 居, 吾語女. 昔聖王之處民也, 擇瘠土而處之, 勞其民而
用之, 故長王天下. 夫民勞則思, 思則善心生; 逸則淫, 淫則忘善, 忘善則惡心生.
沃土之民不材, 逸也; 瘠土之民莫不嚮義, 勞也. 是故天子大采朝日, 與三公·
九卿祖識地德; 日中考政, 與百官之政事, 師尹維旅·牧·相, 宣序民事; 少采夕月,
與大史·司載糾虔天刑; 日入監九御, 使潔奉禘·郊之粢盛, 而後卽安. 諸侯朝修
天子之業命, 晝考其國職, 夕省其典刑, 夜儆百工, 使無慆淫, 而後卽安. 卿大夫

朝考其職, 晝講其庶政, 夕序其業, 夜庀其家事, 而後卽安. 士朝受業, 晝而講貫, 夕而習復, 夜而計過無憾, 而後卽安. 自庶人以下, 明而動, 晦而休, 無日以怠. 王后親織玄紞, 公侯之夫人加之以紘·綖, 卿之內子爲大帶, 命婦成祭服, 列士之妻加之以朝服, 自庶士以下, 皆衣其夫. 社而賦事, 烝而獻功, 男女效績, 愆則有辟, 古之制也. 君子勞心, 小人勞力, 先王之訓也. 自上以下, 誰敢淫心舍力? 今我, 寡也, 爾又在下位, 朝夕處事, 猶恐忘先人之業. 況有怠惰, 其何以避辟! 吾冀而朝夕修我曰: 『必無廢先人.』爾今曰: 『胡不自安.』以是承君之官, 余懼穆伯之絶嗣也.」仲尼聞之曰: 「弟子志之, 季氏之婦不淫矣.」

公父文伯之母, 季康子之從祖叔母也. 康子往焉, 闖門與之言, 皆不踰閾. 祭悼子, 康子與焉, 酢不受, 徹俎不宴, 宗不具不繹, 繹不盡飫則退. 仲尼聞之, 以爲別於男女之禮矣.

公父文伯之母欲室文伯, 饗其宗老, 而爲賦〈綠衣〉之三章. 老請守龜卜室之族. 師亥聞之曰: 「善哉! 男女之饗, 不及宗臣; 宗室之謀, 不過宗人. 謀而不犯, 微而昭矣. 詩所以合意, 歌所以詠詩也. 今詩以合室, 歌以詠之, 度於法矣.」

公父文伯卒, 其母戒其妾曰: 「吾聞之: 好內, 女死之; 好外, 士死之. 今吾子夭死, 吾惡其以好內聞也. 二三婦之辱共先者祀, 請無瘠色, 無洵涕, 無搯膺, 無憂容, 有降服, 無加服. 從禮而靜, 是昭吾子也.」仲尼聞之曰: 「女知莫若婦, 男知莫若夫. 公父氏之婦智也夫! 欲明其子之令德.」

公父文伯之母朝哭穆伯, 而暮哭文伯. 仲尼聞之曰: 「季氏之婦可謂知禮矣. 愛而無私, 上下有章.」

3.《戰國策》趙策(三)

王曰: 「雖然, 試言公之私」樓緩曰: 「王亦聞夫公甫文伯母乎? 公甫文伯官於魯, 病死. 婦人爲之自殺於房中者二八. 其母聞之, 不肯哭也. 相室曰: 「焉有子死而不哭者乎?」其母曰: 「孔子, 賢人也, 逐於魯, 是人不隨. 今死, 而婦人爲死者十六人. 若是者, 其於長者薄, 而於婦人厚!」故從母言之, 之爲賢母也; 從婦言之, 必不免爲妬婦也. 故其言一也, 言者異, 則人心變矣.」

4.《史記》虞卿列傳

王曰: 「雖然, 試言公之私.」樓緩對曰: 「王亦聞夫公甫文伯母乎? 公甫文伯仕於魯, 病死. 女子爲自殺於房中者二人. 其母聞之, 弗哭也. 其相室曰: 「焉有子死而弗哭者乎?」其母曰: 「孔子, 賢人也, 逐於魯, 是人不隨也. 今死, 而婦人爲死者二人. 若是者, 必其於長者薄, 而於婦人厚也!」故從母言之, 是爲賢母; 從婦言之, 是必不免爲妒婦也. 故其言一也, 言者異, 則人心變矣.」

5.《韓詩外傳》卷一

魯公甫文伯死, 其母不哭也. 季孫聞之, 曰:「公甫文伯之母, 貞女也. 子死不哭,
必有方矣.」使人問焉. 對曰:「昔, 是子也, 吾使之事仲尼. 仲尼去魯, 送之, 不出
魯郊, 贈之, 不與家珍. 病, 不見士之視者; 死, 不見士之流淚者; 死之日, 宮女縗
絰而從者, 十人. 此不足於士, 而有餘於婦人也. 吾是以不哭也.」詩曰:「乃如之
人兮, 德音無良.」

6.《新序》善謀篇

王曰:「雖然, 試言公之私.」樓緩對曰:「亦聞夫公父文伯母乎? 公父文伯仕於魯,
病死, 女子爲自殺於房中者二人, 其母聞之, 不肯哭也. 其相室曰:「焉有子死
而不哭者乎?」其母曰:「孔子, 賢人也, 逐於魯, 而是人不隨也. 今死而婦人爲
自殺者二人, 若是者必其於長者薄, 而於婦人厚也.」故從母言, 是爲賢母, 從妻言,
是必不免爲妬婦. 故其言一也, 言者異則人心變矣.」

7.《孔叢子》卷上 記義篇

公父文伯死, 室人有從死者, 其母怒而不哭. 相室諫之, 其母曰:「孔子, 天下之
賢人也, 不用于魯退而去, 是子素宗之而不能隨. 今死而內人從死者二人焉, 若此
于長者薄, 于婦人厚也.」旣而夫子聞之曰:「季氏之婦尙賢哉!」子路愀然對曰:
「夫子亦好人之譽己乎? 夫子死而不哭, 是不慈也, 何善爾?」子曰:「怒其子之
不能隨賢, 所以爲尙賢者, 吾何有焉其亦善此而已矣?」

8.《蒙求》卷上 文伯羞鼈

魯語曰: 公父文伯, 飲南宮敬叔酒, 以露睹父爲客, 羞鼈小焉. 睹父怒, 相延食鼈,
辭曰:「將使鼈長而後食之」遂出. 文伯之母聞之怒曰:「吾聞之先子曰:『祭養尸,
饗養上賓.』鼈於何有, 而使夫人怒也?」遂逐之. 五日魯大夫辭而復之.

9.《蒙求》卷下 敬姜猶績

古列女傳: 魯季敬姜莒女也, 號戴己. 魯大夫公父穆伯妻, 文伯之母. 博達知禮.
文伯退朝, 朝敬姜. 敬姜方績, 文伯曰:「以歜之家而主猶績, 懼干季孫之怒. 其以
歜爲不能事主乎!」敬姜歎曰:「魯其亡乎? 使僮子備官, 而未之聞邪. 昔聖王
處民, 男女效績. 否則有辟, 古制也.」又出魯語.

10.《太平御覽》826

文伯相魯, 敬姜謂之曰:「吾語汝, 治國之要, 盡在經耳. 夫幅者, 所以正枉也,
不可不强. 故幅可以爲將, 畫者, 所以均不均不服也. 故畫可以爲正. 物者, 所以
治蕪與莫, 莫也, 故物可以爲都大夫. 持交而不失. 出入不絶者悃也, 以爲大行
人也. 推而往引而來者綜也, 綜可以爲關內之師. 主多少之數者均也, 均可爲內史.

服重任, 行遠道, 正直而固者軸也, 軸可以爲相. 舒而無窮者摘, 摘可而爲三公.」
文伯載拜受敎.

11.《文選》(58) 齊敬皇后哀策文 注

列女傳: 敬姜曰:「皇后親蠶玄紞, 公侯夫人加之以紘綖.」

12.《家範》(1) 治家篇 司馬光

公父文伯之母如季氏, 康子在其朝, 與之言, 弗應, 從之及寢門, 弗應而入. 康子
辭於朝而入見, 曰:「肥也不得聞命, 無乃罪乎?」曰:「子弗聞乎? 天子及諸侯
合民事於外朝, 合神事於內朝; 自卿以下, 合官職於外朝, 合家事於內朝; 寢門
之內, 婦人治其業焉. 上下同之. 夫外朝, 子將業君之官職焉; 內朝, 子將庀季氏
之政焉, 皆非吾所敢言也.」

13.《家範》(1) 治家篇 司馬光

公父文伯之母, 季康子之從祖叔母也. 康子往焉, 闈門而與之言, 皆不踰閾, 仲尼
聞之, 以爲別於男女之禮矣.

14. 기타 참고자료

《禮記》檀弓(下)·《太平御覽》441·《孔子家語》曲禮子夏問

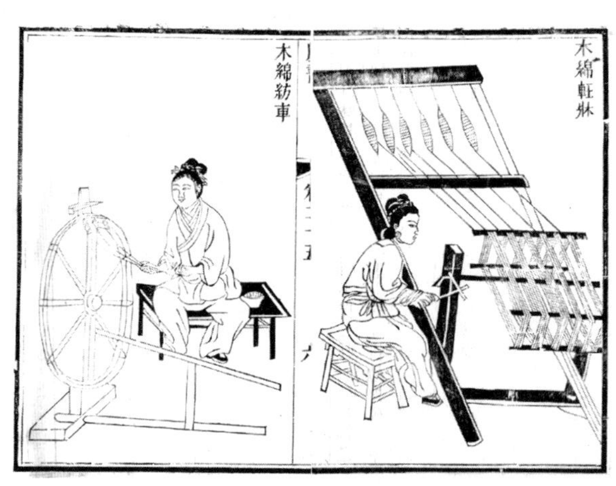

〈木棉絍牀圖〉《農書》

195(4-2-25)
백주의 시

○ 위衛나라 공강共姜은 위衛 세자世子 공백共伯의 아내이다. 공백이 일찍 죽자 공강은 수절하였다. 부모가 그의 수절할 뜻을 빼앗아 다른 집에 시집을 보내고자 하였다. 그러자 공백은 거절하면서 〈백주柏舟〉의 시를 지어 죽음으로써 수절을 맹세하였다.

○ 衛共姜者, 衛世子共伯之妻也. 共伯蚤死, 共姜守義, 父母欲奪而嫁之, 共姜不許, 作柏舟之詩, 以死自誓.

【衛】춘추시대 나라 이름.
【共伯】위나라의 세자. 이름은 餘. 일찍 죽어 왕위에 오르지 못함.
【共姜】共伯의 아내이므로 共자를 앞에 쓰고 齊나라 성씨이기 때문에 姜을 넣어 共姜이라 한 것임.
【守義】守節과 같음.
【奪】그가 수절하고자 하는 의지를 빼앗음. 〈集註〉에 "奪, 謂奪其守義之志"라 함.
【柏舟】'栢舟'로도 표기하며 《詩經》 鄘風의 편명.
【自誓】〈백주〉의 시에 "之死矢靡他"라 함.

1.《毛詩》鄘風 柏舟序

柏舟, 共姜自誓也. 衛世子共伯蚤死, 其姜守義, 父母欲奪而嫁之, 誓而弗許, 作是詩以絶之.

2.《詩經》鄘風 柏舟

汎彼柏舟, 在彼中河. 髧彼兩髦, 實維我儀. 之死矢靡他, 母也天只, 不諒人只.
汎彼柏舟, 在彼河側. 髧彼兩髦, 實維我特. 之死矢靡慝. 母也天只, 不諒人只.

3.《家範》(8) 妻上篇 司馬光

衛世子共伯之妻也. 共伯早死. 其妻姜氏守義, 父母欲奪而嫁之, 誓而不許, 作栢舟之詩以見志.

채나라 사람의 아내

○ 채蔡나라 사람의 처는 송宋나라 사람의 딸이다. 그녀가 채나라 사람에게 시집갔더니 남편에게 몹쓸 병이 있었다.

그 어머니가 개가를 권하자 그녀는 이렇게 말하였다.

"남편의 불행이 바로 저의 불행인데 어찌 떠날 수가 있겠습니까? 시집간 사람의 도리란 한 번 부부가 되기로 예를 치렀으면 평생 바꿀 수 없는 것입니다. 불행하게 악질에 걸린 남편을 만났지만 그에게는 아무런 잘못도 없고, 게다가 저를 버리지도 않는데 어찌 떠날 수 있겠습니까?"

그리고 끝내 그 어머니의 말을 듣지 않았다.

〈婦女滌器〉(宋) 雕磚

○ 蔡人妻, 宋人之女也. 旣嫁而夫有惡疾, 其母將改嫁之, 女曰:「夫之不幸, 乃妾之不幸也. 奈何去之? 適人之道, 一與之醮, 終身不改. 不幸遇惡疾, 彼無大故. 又不遣妾, 何以得去?」終不聽.

【蔡】姬姓이며 上蔡(지금의 河南 上蔡)에 도읍하였다가 뒤에 新蔡(河南, 신채), 다시 州來(安徽 鳳臺縣) 등으로 옮겨 다녔던 나라. 전국시대 楚나라에게 망함. 여기서는 그 나라 사람이 송나라 사람을 아내로 얻었음을 말함. 그 여인은

뒤에 〈茉莒〉라는 시를 지었으며 이는《詩經》周南에 전함.《文選》辯命論
注에 "韓詩曰: 采莒, 傷夫有惡疾也"라 함.
【宋】춘추시대 나라 이름. 周 武王이 微子에게 봉하여 殷나라의 제사를 잇
  도록 하였음. 지금의 河南 商丘 일대.《史記》宋微子世家 참조.
【惡疾】몹쓸 병.《公羊傳》昭公 20년 何休 주에 "惡疾, 謂瘖, 聾, 盲, 癘, 禿,
  跛, 傴, 不逮人倫之屬也"라 함.
【醮】醮禮.〈集註〉에 "酌而無酬者曰醮. 蓋婚禮贊者, 三酌壻婦而不酬酢也"라 함.

참고 및 관련 자료

1.《列女傳》貞順篇 蔡人之妻

蔡人之妻者, 宋人之女也. 旣嫁於蔡, 而夫有惡疾. 其母將改嫁之. 女曰:「夫不幸,
乃妾之不幸也. 奈何去之? 適人之道, 壹與之醮, 終身不改. 不幸遇惡疾, 不改
其意. 且夫采采茉莒之草, 雖其臭惡, 猶始於捋采之, 終於懷擷之, 浸以益親.
況於夫婦之道乎? 彼无大故, 又不遣妾, 何以得去?」終不聽其母, 乃作茉莒之詩.
君子曰:「宋女之意, 甚貞而壹也.」頌曰:『宋女專慤, 持心不願. 夫有惡疾, 意猶
一精. 母勸去歸, 作詩不聽. 後人美之, 以爲順貞.』

2.《家範》(8) 妻上篇 司馬光

蔡人妻, 宋人之女也. 旣嫁而夫有惡疾, 其母將再嫁之, 女曰:「夫人之不幸也,
奈何去之? 適人之道, 一與之醮, 終身不改. 不幸遇惡疾, 彼無大故. 又不遣妾,
何以得去?」終不聽.

3.《太平御覽》(441)

蔡人之妻者, 宋人之女也. 旣嫁於蔡, 夫有惡疾. 其母將改嫁之. 女曰:「夫之不幸,
乃妾之不幸也. 奈何去之? 適人之道, 壹與之醮, 終身不改. 夫不幸遇惡疾, 不改
其意. 且夫采茉莒之草, 雖甚臭惡, 猶始於將采之, 終於懷擷之, 浸以益親. 況於
夫婦之道?」終不聽其母, 乃作茉莒之詩.

197(4-2-27)
만장의 질문

○ 만장萬章이 질문하였다.

"상象은 날마다 순舜을 죽이고자 하는 것을 일로 삼았습니다. 순이 천자가 되고 나서 그를 그대로 두었으니 어찌 된 것입니까?"

맹자孟子가 말하였다.

"그를 봉해준 것이었는데 어떤 이는 그를 그대로 두었다고 한 것이다. 어진 사람이 아우를 대함에는 노기를 그대로 간직하지도 아니하고, 원망을 그대로 묵혀두지도 않는다. 다만 친히 여기고 사랑할 뿐이다."

○ 萬章問曰:「象日以殺舜爲事, 立爲天子, 則放之何也?」 孟子曰: 「封之也, 或曰放焉. 仁人之於弟也, 不藏怒焉, 不宿怨焉, 親愛之 而已矣.」

【萬章】맹자의 제자. 맹자와 대화한 내용을 모은 것이 《孟子》 萬章篇임.
【象】순임금의 배다른 아우. 아버지 瞽瞍, 그리고 계모와 함께 舜을 죽이고자 여러 가지 악한 일을 저질렀음. 《孟子》 참조. 《十八史略》(1)에 "帝舜有虞氏: 姚姓, 或曰名重華, 瞽瞍之子, 顓頊六世孫也. 父惑於後妻, 愛少子象, 常欲殺舜. 舜盡孝悌之道, 烝烝乂不格姦"이라 함.
【舜】古代 五帝의 하나로 有虞氏의 수령이었으며 이 때문에 흔히 虞舜으로도 부름. 姓은 姚氏. 이름은 重華. 諸馮(지금의 山東 諸城)에서 태어나 효성과 덕으로 무리를 모음. 歷山(지금의 山東省 濟南市)에서 농사를 지었다 함. 堯임금이 그의 덕행과 재능을 인정하여 天下를 선양함.

【放之】 그대로 방치함. 〈集註〉에 "朱子曰:「放, 猶置也. 置之於此, 使不得去也. 萬章疑舜何不誅之.」"라 함.

【或曰】 사실과 다름을 말한 것임. 〈集註〉에 "孟子言舜實封之, 而或者誤以爲放也"라 함.

【仁人】 〈集註〉에 "饒氏曰:「仁人之於弟, 雖有怒, 亦不藏之; 雖有怨, 亦不留之. 小間心便釋然.」"이라 함.

＊〈集註〉에 "孟子曰:「親之欲其貴也, 愛之欲其富也. 封之有庳, 富貴之也.」"라 함.

1.《孟子》萬章(上)

萬章問曰:「象日以殺舜爲事, 立爲天子, 則放之, 何也?」孟子曰:「封之也, 或曰放焉.」萬章曰:「舜流共工于幽州, 放驩兜于崇山, 殺三苗于三危, 殛鯀于羽山, 四罪而天下咸服, 誅不仁也. 象至不仁, 封之有庳. 有庳之人奚罪焉? 仁人固如是乎? 在他人則誅之, 在弟則封之」曰:「仁人之於弟也, 不藏怒焉, 不宿怨焉, 親愛之而已矣. 親之欲其貴也, 愛之欲其富也. 封之有庳, 富貴之也. 身爲天子, 弟爲匹夫, 可謂親愛之乎?」「敢問或曰放者, 何謂也?」曰:「象不得有爲於其國, 天子使吏治其國, 而納其貢稅焉, 故謂之放. 豈得暴彼民哉? 雖然, 欲常常而見之, 故源源而來.『不及貢, 以政接于有庳』, 此之謂也.」

198(4-2-28)
고죽국의 왕자 백이와 숙제

○ 백이伯夷와 숙제叔齊는 고죽국孤竹國 임금의 두 아들이다. 아버지가 숙제를 임금으로 세우고자 하다가 아버지가 죽자 숙제는 자리를 형 백이에게 양보하였다. 그러자 백이는 이렇게 말하였다.
"아버지의 명령이었다."
그리고 드디어 도망하여 달아나자 숙제 역시 임금 자리에 오르기를 거부하고 도망하여 나라 사람들은 둘째 아들을 세웠다.

○ 伯夷·叔齊, 孤竹君之二子也. 父欲立叔齊, 及父卒, 叔齊讓伯夷, 伯夷曰:「父命也.」遂逃去, 叔齊亦不肯立而逃之, 國人立其中子.

【伯夷·叔齊】고대 孤竹國의 두 왕자. 함께 임금 자리를 양보하고 西伯 昌(文王)이 훌륭하다는 말을 듣고 周나라를 찾아왔다가 문왕이 죽고 아들 武王(姬發)이 殷의 紂를 치러 나서는 것을 부당하다고 여겨 간쟁을 하다가 들어주지 않자 首陽山에 들어가 고사리로 연명하다가 죽었다 함. 《史記》 伯夷列傳 참조.
【孤竹】고대 나라 이름. 지금의 河北 渤海와 遼東 근처에 있었다 함.
＊〈集註〉에 "朱子曰:「伯夷以父命爲尊, 叔齊以天倫爲重.」"이라 함.

1.《史記》伯夷列傳

伯夷·叔齊, 孤竹君之二子也. 父欲立叔齊, 及父卒, 叔齊讓伯夷. 伯夷曰: 「父命也.」遂逃去. 叔齊亦不肯立而逃之. 國人立其中子.

2.《家範》(7) 兄弟姑姊妹夫篇 司馬光

伯夷·叔齊, 孤竹君之二子也. 父欲立叔齊, 及父卒, 叔齊讓伯夷, 伯夷曰: 「父命也.」遂逃去, 叔齊亦不肯立而逃之, 國人立其中子.

199(4-2-29)
우나라와 예나라 군주

○ 우虞나라와 예芮나라 군주가 서로 토지를 두고 다투어 오래도록 평화를 이루지 못하자 이에 서로 이렇게 말하였다.

"서백西伯은 어진 사람이라니 어찌 그에게 가서 질문을 하지 않으랴?"

이에 함께 주周나라로 향하였다. 그 국경에 들어섰더니 농사를 짓는 자들은 밭두둑을 양보하고, 길을 걷는 자는 길을 양보하는 것이었다. 그 도읍에 들어섰더니 남녀가 서로 길을 달리하여 걷고 머리가 희끗희끗하기만 해도 물건을 들거나 끌고 가는 이가 없는 것이었다. 그 조정에 들어섰더니 사士는 대부에게 양보하고 대부는 경卿에게 양보하는 것이었다. 두 나라 군주는 감동하여 서로 이렇게 말하였다.

"우리는 소인이다. 군자의 조정을 밟을 수 없다."

그리하여 서로 양보하며 그들이 다투던 밭은 한전閒田으로 하기로 하고 물러섰다. 천하가 이를 듣고 주나라에 귀의한 자가 40여 개 나라나 되었다.

〈文王〉(周)

○ 虞芮之君, 相與爭田, 久而不平, 乃相謂曰:「西伯仁人也, 盍往質焉?」乃相與朝周, 入其境, 則耕者讓畔, 行者讓路, 入其邑, 男女異路, 班白者不提挈, 入其朝, 士讓爲大夫, 大夫讓爲卿, 二國之君,

感而相謂曰:「我等小人, 不可以履君子之庭.」乃相讓, 以其所, 爭田
爲閒田而退, 天下聞而歸之者四十餘國.

【虞芮】두 나라 모두 殷末周初의 작은 古國. 虞는 지금의 山西省 平陰縣에
　있었으며 芮는 虞나라와 이웃한 山西省 芮城縣에 있었음.
【西伯】周나라 文王 姬昌을 말함. 殷나라 紂를 치기 전 서쪽의 伯으로 있었음.
【盍】'何不'의 合音字. '어찌 ~하지 않겠는가?'의 구문을 구성함.
【班白】'朌白·斑白·半白'과 같음. 머리가 희끗희끗한 상태의 노인. 50대의
　늙은이를 뜻함.
【提挈】물건을 들거나 끎. 敬老사상으로 이들의 짐을 젊은이들이 대신 맡아서
　들어줌을 뜻함.
【閒田】경작하지 아니하고 묵혀두는 농지. 서로의 다툼을 없애기 위한 조치
　였음.

참고 및 관련 자료

1. 《詩經》大雅 緜 毛傳

虞芮之君, 相與爭田, 久而不平, 乃相謂曰:「西伯仁人也, 盍往質焉.」乃相與
朝周. 入其境, 則耕者讓畔, 行者讓路; 入其邑, 男女異路, 斑白不提挈; 入其朝,
士讓爲大夫, 大夫讓爲卿. 二國之君, 感而相謂曰:「我等小人, 不可以履君子
之庭.」乃相讓以其所爭田爲閒田而退. 天下聞之而歸者四十餘國.

2. 《史記》周本紀

西伯陰行善, 諸侯皆來決平. 於是虞芮之人, 有獄不能決. 乃如周, 入界, 耕者
皆讓畔. 民俗皆讓長, 虞芮之人未見西伯, 皆慙, 相謂曰:「吾所爭, 周人所恥,
何往爲? 祇取辱耳.」遂還, 俱讓而去. 諸侯聞之, 曰:「西伯蓋受命之君.」

3. 《尚書大全》(1)

虞人與芮人質其成於文王. 入文王之境, 則見其人萌讓爲士大夫; 入其國, 則見
士大夫讓爲公卿. 二國相謂曰:「此其君亦讓以天下而不居也.」讓其所爭, 以爲
閒田.

4.《說苑》君道篇

虞人與芮人, 質其成於文王, 入文王之境, 則見其人民讓爲士大夫; 入其國, 則見其士大夫讓爲公卿; 二國者相謂曰:「其人民讓位士大夫, 其士大夫讓爲公卿, 然則此其君亦讓以天下而不居矣.」二國者, 未見文王之身, 而讓其所爭以爲閒田而反. 孔子曰:「大哉! 文王之道乎! 其不可加矣! 不動而變, 無爲而成, 敬愼恭己, 而虞芮自平.」故書曰:「惟文王之敬忌.」此之謂也.

5.《孔子家語》好生篇

虞芮二國爭田而訟, 連年不決, 乃相謂曰:「西伯仁也, 盍往質之.」入其境, 則耕者讓畔, 行者讓路; 入其朝, 士讓爲大夫, 大夫讓於卿. 虞·芮之君曰:「嘻! 吾儕小人也, 不可以入君子之朝.」遂自相與而退, 咸以所爭之田爲閒田也. 孔子曰:「以此觀之, 文王之道, 其不可加焉, 不令而從, 不敎而聽, 至矣哉!」

6.《十八史略》(1)

西伯修德, 諸侯歸之. 虞芮爭田, 不能決. 乃如周, 入界, 見畊者皆遜畔, 民俗皆讓長, 二人慚, 相謂曰:「吾所爭, 周人所恥.」乃不見西伯而還, 俱讓其田不取.

200(4-2-30)
계교를 부리지 말라

○ 증자曾子가 말하였다.

"능하면서 능하지 못한 이에게 묻고, 많으면서 적은 이에게 물으며, 가졌으면서도 없는 듯이 하고, 가득하면서도 빈 듯이 하고, 침범을 당하여도 계교計校를 부리지 아니하여야 한다. 옛날 내 친구 중에 이러한 일을 좇아서 실천한 사람이 있었다."

○ 曾子曰:「以能問於不能, 以多問於寡; 有若無, 實若虛, 犯而不校. 昔者吾友嘗從事於斯矣.」

【曾子】曾參. 자는 子輿. 南武城 사람으로 孔子의 수제자이며 효성으로 이름이 났었음. 아버지는 曾晳(曾點)이었으며 아들은 曾元이었음. 《孝經》을 정리한 것으로 알려짐.

【不校】計較를 부리지 않음, '校'는 '較'와 같음. '비교하다·계산하여 맞추어 보다·따지다'의 뜻. 劉寶楠은 「韓詩外傳引顔子曰: 『人不善我, 我亦善之.』卽不校之德」이라 하였음.

【吾友】역대 주석가들은 구체적인 人物로 顔回라 하였음. 참고란을 볼 것.

＊〈集註〉에 "朱子曰:「校, 計校也. 友馬氏以爲顔淵, 是也. 顔子之心, 惟知理義之無窮, 不見物我之有間, 故能如此.」"라 함.

1.《論語》泰伯篇

曾子曰:「以能問於不能, 以多問於寡; 有若無, 實若虛, 犯而不校. 昔者吾友嘗從事於斯矣.」

2.《大戴禮記》曾子疾病篇

曾子謂曾元·曾華曰:「吾無夫顔氏之言, 吾何以語女哉!」

안평중

○ 공자가 말하였다.

"안평중(晏平仲; 晏嬰)은 다른 사람과의 사귐에 뛰어나서 시간이 오랠수록 사람들은 그를 존경하였다."

○ 孔子曰:「晏平仲善與人交, 久而敬之.」

【晏平仲】孔子와 同時代의 齊나라 宰相. 이름은 嬰(?~B.C. 500). 管仲과 더불어 春秋時代를 대표하는 名宰相.《晏子春秋》는 그의 言行을 기록한 傳記임.《史記》管晏列傳 참조.
＊〈集註〉에 "程子曰:「人交久則敬衰, 久而能敬, 所以爲善.」"이라 함.

참고 및 관련 자료

1.《論語》公冶長篇
子曰:「晏平仲善與人交, 久而敬之.」

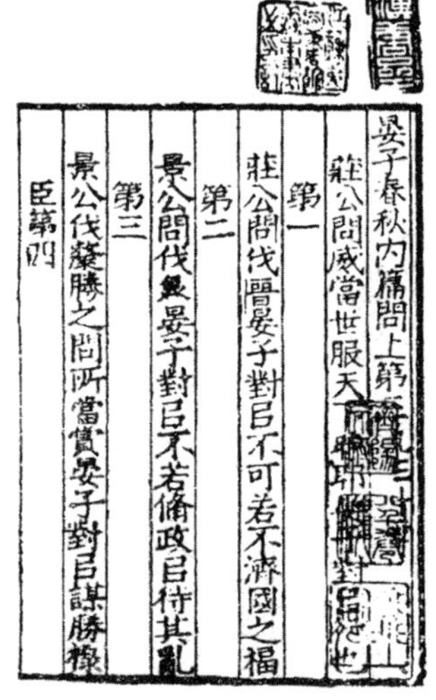

《晏子春秋》

右明倫.

이상은 명륜明倫이다.

＊〈集註〉에 "李氏曰:「首十七章, 明父子之親; 次五章, 明君臣之義; 次四章, 明夫婦之別; 次三章, 明長幼之序; 末二章, 明朋友之交.」"라 함.

3. 경신敬身

이는 제3편 〈경신敬身〉편에 대한 증명이다. 경신에 맞는 고대
성현의 행적·고사·일화 등을 모아 증거로 삼은 것이다.

모두 9장이다.

〈長信宮鎏金宮女銅燈〉(西漢) 1968 河北 滿城 출토

202(4-3-1)
백이의 태도

○《맹자孟子》에 말하였다.

"백이伯夷는 눈으로 악한 색을 보지 않았고, 귀로는 악한 소리를 듣지 아니하였다."

○《孟子》曰:「伯夷目不視惡色, 耳不聽惡聲.」

【伯夷】 고대 孤竹國의 왕자. 叔齊와 함께 임금 자리를 양보하고 西伯 昌 (文王)이 훌륭하다는 말을 듣고 周나라를 찾아왔다가 문왕이 죽고 아들 武王(姬發)이 殷의 紂를 치러 나서는 것을 부당하다고 여겨 간쟁을 하다가 들어주지 않자 首陽山에 들어가 고사리로 연명하다가 죽었다 함.《史記》 伯夷列傳 참조.
【惡色·惡聲】〈集註〉에 "惡色, 非禮之色; 惡聲, 非禮之聲"이라 함.

참고 및 관련 자료

1.《孟子》萬章(下)

孟子曰:「伯夷, 目不視惡色, 耳不聽惡聲. 非其君不事, 非其民不使. 治則進, 亂則退. 橫政之所出, 橫民之所止, 不忍居也. 思與鄕人處, 如以朝衣朝冠坐於塗炭也. 當紂之時, 居北海之濱, 以待天下之淸也. 故聞伯夷之風者, 頑夫廉, 懦夫有立志. 伊尹曰:『何事非君? 何使非民?』治亦進, 亂亦進. 曰:『天之生斯民也, 使先知覺後知, 使先覺覺後覺. 予天民之先覺者也; 予將以此道覺此民也.』思天下之民匹夫匹婦有不與被堯舜之澤者, 若己推而內之溝中, 其自任以天下之重也. 柳下惠, 不羞汙君, 不辭小官. 進不隱賢, 必以其道. 遺佚而不怨, 阨窮而不憫. 與鄉人處, 由由然不忍去也.『爾爲爾, 我爲我, 雖袒裼裸裎於我側, 爾焉能浼我哉?』故聞柳下惠之風者, 鄙夫寬, 薄夫敦. 孔子之去齊, 接淅而行; 去魯曰:『遲遲吾行也.』去父母國之道也. 可以速而速, 可以久而久, 可以處而處, 可以仕而仕, 孔子也.」

孟子曰:「伯夷, 聖之清者也; 伊尹, 聖之任者也; 柳下惠, 聖之和者也; 孔子, 聖之時者也. 孔子之謂集大成. 集大成也者, 金聲而玉振之也. 金聲也者, 始條理也; 玉振之也者, 終條理也. 始條理者, 智之事也; 終條理者, 聖之事也. 智, 譬則巧也; 聖, 譬則力也. 由射於百步之外也, 其至, 爾力也; 其中, 非爾力也.」

伯夷《三才圖會》

203(4-3-2)
자유와 담대멸명

○ 자유子游가 무성武城의 읍재邑宰가 되자 공자가 말하였다.
"너는 그곳에서 어떤 인물을 얻었느냐?"
자유가 이렇게 대답하였다.
"담대멸명澹臺滅明이라는 자를 얻었습니다. 행동에 지름길을 고집하지 않으며, 공사公事가 아닌 일로는 일찍이 저(偃)의 집에 찾아온 적이 없습니다."

○ 子游爲武城宰. 子曰:「女得人焉爾乎?」曰:「有澹臺滅明者, 行不由徑, 非公事, 未嘗至於偃之室也.」

【子游】言偃. 字는 子游. 공자 제자.
【武城】地名. 魯나라의 城邑. 지금의 山東省 費縣 서남쪽.
【女】'汝'와 같음.
【焉爾】〈唐石經〉과 〈宋石經〉에는 '焉爾'가 '焉耳'로 되어 있음.
【澹臺滅明】澹臺는 姓氏, 滅名은 이름. 字는 子羽. 《搜神記》·《博物志》 등에
　　그의 일화가 널리 실려 있으며, 《史記》 仲尼弟子列傳에는「澹臺滅明, 武城
　　人, 字子羽, 少孔子三十九歲」라 하여 孔子의 弟子로 올라 있음. 여기서는
　　내용으로 보아 孔子에게 수업 받기 전인 듯함.
　＊〈集註〉에 "聖人之言, 寬緩而不迫"이라 함.

참고 및 관련 자료

1. 《論語》雍也篇

子游爲武城宰. 子曰:「女得人焉爾乎?」曰:「有澹臺滅明者, 行不由徑, 非公事,
未嘗至於偃之室也.」

204(4-3-3)
개구멍

○ 고시高柴가 공자를 뵙고 나서부터는 발로 사람의 그림자도 밟지 아니하고 칩거에서 나오는 벌레도 죽이지 아니하며, 막 자라고 있는 초목도 꺾지 아니하였다. 그러다가 위첩衛輒의 난이 일어나자 성 밖으로 피신하려고 나섰더니 성문이 닫혀 있는 것이었다. 어떤 이가 이렇게 일러주었다.

"이곳에 지름길이 있습니다."

고시子羔는 이렇게 말하였다.

"내 듣기로 군자는 지름길로 가지 않는다 하였소."

그가 다시 일러주었다.

"여기에 구멍이 있습니다."

고시는 이렇게 말하였다.

"내 듣기로 군자는 구멍으로 다니지 않는다 하였소."

잠시 뒤 사신이 와서 문을 열어주자 그는 문으로 나갔다.

○ 高柴自見孔子, 足不履影, 啓蟄不殺, 方長不折. 衛輒之難, 出而門閉, 或曰:「此有徑.」子羔曰:「吾聞之, 君子不徑.」曰:「此有竇.」子羔曰:「吾聞之, 君子不竇.」有間使者至, 門啓而出.

【高柴】자는 子羔(B.C. 521~?). 혹은 季羔, 子皐, 皐魚. 孔子의 弟子로 30세 아래였다 함. 衛나라 사람으로 일찍이 費 땅과 郈 땅의 宰를 지냄. 심히 못생겨 공자가 그를 어리석은 사람인 줄 착각하였음. 《論語》 先秦篇에

"柴也愚, 參也魯, 師也辟, 由也喭." "子路使子羔爲費宰. 子曰: 「賊夫人之子.」子路曰: 「有民人焉, 有社稷焉, 何必讀書, 然後爲學?」子曰: 「是故惡夫佞者.」 라 하였음.

【啓蟄】벌레가 겨울에 땅속에 숨어 있다가 나오는 것. 〈集註〉에 "啓, 謂開穴 而出; 蟄, 蟲之藏者"라 함.

【衛輒之難】蒯聵之亂을 말함. 蒯聵는 衛나라 莊公. 衛 靈公의 태자이며 出公 을 이어 왕위에 오름. B.C.480~B.C.478년까지 3년간 재위함. 그가 태자였을 때 靈公의 총희 南子에게 죄를 지어 晉나라고 도망갔다가 영공이 죽고 괴외 자신의 아들 輒이 임금(出公)이 되자 괴외는 衛나라 대부 孔悝와 결탁하여 임금 자리를 빼앗았음. 《史記》에는 '蕢聵'로 되어 있음. 《列女傳》(7) '衛二 亂女' 참조.

* 〈集註〉에 "朱子曰: 「不徑不竇, 無事時可也. 若有寇盜患難, 如何守此以殘 其軀? 觀成人微服過宋可見矣」"라 함.

1. 《孔子家語》弟子行

自見孔子, 出入於戶, 未嘗越禮, 往來過之, 足不履影, 啓蟄不殺, 方長不折, 執親 之喪, 未嘗見齒, 是高柴之行也. 孔子曰: 『柴於親喪, 則難能也; 啓蟄不殺, 則順 人道; 方長不折, 則恕仁也. 成湯恭而以恕, 是以日隮.』

2. 《孔子家語》致思篇

季羔爲衛之士師, 刖人之足, 俄而衛有蒯聵之亂, 季羔逃之, 走郭門, 刖者守門焉, 謂季羔曰: 「彼有缺.」季羔曰: 「君子不踰.」又曰: 「彼有竇.」季羔曰: 「君子 不隧.」又曰: 「於此有室.」季羔乃入焉. 卽而追者罷, 季羔將去, 謂刖者: 「吾不能 虧主之法, 而親刖子之足矣. 今吾在難, 此正子之報怨之時, 而逃我者三, 何故哉?」 刖者曰: 「斷足, 因我之罪, 無可奈何! 曩者, 君治臣以法, 令先人後臣, 欲臣之 免也; 臣知獄決罪定, 臨當論刑, 君愀然不樂, 見君顔色, 臣又知之, 君豈私臣哉? 天生君子, 其道固然, 此臣之所以悅君也.」孔子聞之曰: 「善哉爲吏! 其用法一也, 思仁恕則樹德, 加嚴暴則樹怨, 公以行之, 其子羔乎!」

3. 《說苑》至公篇

子羔爲衛政, 刖人之足. 衛之君臣亂, 子羔走郭門, 郭門閉, 刖者守門, 曰: 「於彼

有缺.」子羔曰:「君子不踰.」曰:「於彼有竇.」子羔曰:「君子不遂.」曰:「於此
有室.」子羔入, 追者罷. 子羔將去, 謂刖者曰:「吾不能虧損主之法令, 而親刖
子之足, 吾在難中, 此乃子之報怨時也, 何故逃我?」刖者曰:「斷足固我罪也,
無可奈何. 君之治臣也, 傾側法令, 先後臣以法, 欲臣之免於法也, 臣知之. 獄決
罪定, 臨當論刑, 君愀然不樂, 見於顏色, 臣又知之. 君豈私臣哉? 天生仁人之心,
其固然也. 此臣之所以脫君也.」孔子聞之, 曰:「善爲吏者, 樹德, 不善爲吏者,
樹怨, 公行之也, 其子羔之謂歟!」

205(4-3-4)
백규의 시

○ 남용南容이 백규白圭의 시詩를 세 번이나 반복하자, 공자가 그 형의
딸을 주어 아내로 삼도록 하였다.

○ 南容三復白圭, 孔子以其兄之子妻之.

【南容】南宮适.《史記》에는 南宮括로 실려 있음. 한편《孔子家語》弟子解에는
南宮韜로,〈曲禮〉子夏問에는 南宮紹로 각각 그 이름 표기가 다름.
【白圭】《詩經》大雅 抑篇의 구절. "白圭의 흠은 갈아서 없앨 수 있지만, 우리
는 말을 잘못하면 거두어들일 수 없네"라는 뜻임.
【兄】공자의 형. 공자의 아버지 叔梁紇은 딸만 아홉이었으며 첩에게 孟皮를
얻었으며 이 자가 伯尼로써 공자의 형임. 숙량흘은 다시 안징재와 사이에
孔丘(仲尼)를 낳고 공자 3살 때 죽음. 여기서는 형 맹피의 딸을 남용에게
주어 아내로 삼도록 하였음을 말함.《孔子家語》本姓解 참조.

참고 및 관련 자료

1.《論語》先進篇
南容三復白圭, 孔子以其兄之子妻之.
2.《大戴禮記》衛將軍文子篇
獨居思仁, 公言言義, 其聞詩也. 一日三復白圭之玷; 是南宮紹之行也. 夫子信
其仁, 以爲異姓.

3. 《詩經》大雅 抑

質爾人民, 謹爾侯度, 用戒不虞. 愼爾出話, 敬俺威儀, 無不柔嘉. 白圭之玷, 尙可磨也. 斯言之玷, 不可爲也.

4. 《孔子家語》弟子行

獨居思仁, 公言仁義, 其於《詩》也, 則一日三覆白圭之玷, 是宮縚之行也. 孔子信其能仁, 以爲異士.

206(4-3-5)
응락한 일

○ 자로子路, 仲由는 응락한 일을 미루어 보류하는 경우가 없었다.

○ 子路無宿諾.

【宿諾】 허락한 말을 보류함. '無宿諾'은 말한 것을 미루지 않고 즉시 처리함을 뜻함.

＊〈集註〉에 "朱子曰:「宿, 留也. 急於踐言, 不留其諾也.」"라 함.

[참고 및 관련 자료]

1.《論語》顔淵篇
子曰:「片言可以折獄者, 其由也與!」子路無宿諾.

207(4-3-6)
자유의 기개

○ 공자가 말하였다.

"낡은 온포縕袍를 입은 채 호학狐貉의 좋은 털옷을 입은 자와 마주서서도 부끄러움을 느끼지 않을 자는 유由일 것이로다!"

○ 孔子曰:「衣敝縕袍, 與衣狐貉者立, 而不恥者, 其由也與!」

【縕袍】질이 낮은 솜으로 짠 옷. 敝縕袍는 낡은 縕袍를 뜻함.
【狐貉】여우, 담비. 여기서는 훌륭한 갖옷을 뜻한다. 원음은 '호학.' 그러나 〈四書諺解〉에는 '호락'으로 읽었음.
【由】仲由. 子路. 공자 제자.
＊〈集註〉에 "朱子曰:「子路之志如此, 則能不以貧富動其心, 而可以進於道矣, 故夫子稱之.」"라 함.

참고 및 관련 자료

1. 《論語》子罕篇
子曰:「衣敝縕袍, 與衣狐貉者立, 而不恥者, 其由也與!『不忮不求, 何用不臧?』」
子路終身誦之. 子曰:「是道也, 何足以臧?」

208(4-3-7)
취휼관

○ 정鄭나라 자장子臧이 송宋나라로 도망해서 취휼관聚鷸冠 쓰기를 좋아
하였다. 고국 정나라 임금이 이를 듣고 미워하여 도적을 시켜 그를 죽여
없애도록 하였다.

군자가 이렇게 평하였다.

"복장이 제대로 맞지 않으면 몸의 재앙이 된다. 《시詩》에 '저기 저 사람
그 옷이 몸에 맞지 않는구나'라 하였으니 자장의 복장이 그에게 맞지
않았던 것이로다!"

○ 鄭子臧, 出奔宋, 好聚鷸冠, 鄭伯聞而惡之, 使盜殺之. 君子
曰:「服之不衷, 身之災也.《詩》曰:『彼己之子, 不稱其服.』子臧
之服, 不稱也夫!」

【子臧】춘추시대 鄭나라 文公의 아들.
【宋】춘추시대 나라 이름. 원래 殷나라의 후손으로 尙丘를 도읍으로 하고
  있었음.
【鷸】물총새. 聚鷸冠은 물총새의 깃을 모아 장식한 모자.
【鄭伯】구체적으로 鄭 文公을 가리킴. B.C.672~B.C.628년까지 45년간 재위함.
  伯은 公侯伯子男의 작위 명칭. 鄭나라는 中小國으로 흔히 '伯'을 붙여 칭호
  를 삼았음.
【君子】고대 문장 기록에서 평론자를 임의로 내세울 때 갖추는 형식.

【衷】'正'과 같음.
【詩】《詩經》曹風 候人篇의 구절.

1.《左傳》僖公 24년

鄭子華之弟子臧出奔宋, 好聚鷸冠. 鄭伯聞而惡之, 使盜誘之. 八月, 盜殺之于陳·宋之間. 君子曰:「服之不衷, 身之災也. 詩曰:『彼己之子, 不稱其服.』子臧之服, 不稱也夫! 詩曰:『自詒伊慼』, 其子臧之謂矣. 夏書曰:『地平天成』, 稱也.」

2.《詩經》曹風 候人

彼候人兮, 何戈與祋. 彼其之子, 三百赤芾. 維鵜在梁, 不濡其翼. 彼其之子, 不稱其服. 維鵜在梁, 不濡其咮. 彼其之子, 不遂其媾. 薈兮蔚兮, 南山朝隮. 婉兮孌兮, 季女斯飢.

209(4-3-8)
길쌈을 하고 있던 공보문백의 어머니

○ 공보문백公父文伯이 조회에서 물러나 그 어머니를 뵈었더니 어머니는 마침 옷감을 짜고 있었다. 문백이 말하였다.

"촉歜의 집안에서 부인께서 아직도 길쌈을 하신다니요?"

어머니는 탄식하며 이렇게 말하였다.

"이 노魯나라가 망하려는가! 어린아이로 벼슬자리에 채워 넣고는 아직 좋은 말을 듣지 못하게 하였으니! 앉거라, 내 너에게 일러주마! 백성이 노고로우면 그것을 생각해야 되고, 그들을 생각하면 선한 마음이 생긴다. 편안하면 음일한 생각이 들고 음일한 생각이 들면 선함을 잊게 되며, 선함을 잊으면 악한 마음이 생겨나게 마련이다. 비옥한 땅에 사는 사람에게 재목감이 없는 것은 음일한 생각을 갖기 때문이며 척박한 땅에 사는 사람은 누구하나 의로운 길로 향하지 아니하는 자가 없음은 노고롭기 때문이다. 이 까닭으로 왕후王后는 직접 원침元紞을 짜는 것이요, 공후公侯의 부인은 거기에 굉연紘綖을 더하여 수식하는 작업을 하며, 다음으로 경卿의 내자內子는 큰 띠를 만들어내고, 명부命婦는 제복祭服을 완성하며, 열사列士의 아내라면 거기에 조복朝服까지 더 만들어야 하며, 서서庶士로부터 그 이하 신분은 모두가 지아비의 옷을 만드는 것이다. 사제社祭 때 각기 일을 부여받고 증제烝祭 때에 그 실적을 바쳐, 남녀 각기 자신이 한 일의 성적을 검사받고 과실이 있으면 죄를 받아야 하는 것이 옛날의 제도였다. 지금 나는 네가 아침저녁으로 나를 도닥거려 '틀림없이 선인들의 업적을 폐기하지 마십시오'라고 할 줄로 여겼더니 지금 너는 '어찌 편안히 쉬지 않는가?'라고 하고 있으니 이로써 네가 임금을 받드는 벼슬자리에 있다니 나는 너의 아버지 목백穆伯의 후사가 끊어질까 두렵다."

○ 公父文伯, 退朝, 朝其母, 其母方績. 文伯曰:「以歜之家, 而主猶績乎?」 其母歎曰:「魯其亡乎! 使僮子備官, 而未之聞邪! 居, 吾語女! 民勞則思, 思則善心生; 逸則淫, 淫則忘善, 忘善則惡心生. 沃土之民不材, 淫也; 瘠土之民, 莫不嚮義, 勞也.

是故, 王后親織元紞, 公侯之夫人, 加以紘綖, 卿之內子爲大帶, 命婦成祭服, 列士之妻加之以朝服, 自庶士以下, 皆衣其夫. 社而賦事, 烝而獻功, 男女效績, 愆則有辟, 古之制也. 吾冀而朝夕脩我曰『必無廢先人』, 爾今曰『胡不自安?』 以是承君之官, 予懼穆伯之絶嗣也.」

【公父文伯】춘추시대 魯나라 正卿. 季桓子의 집안으로 이름은 歜. 公父穆伯의 아들이며 그 어머니는 敬姜. ‘公父’는 ‘公甫’로도 표기하며 ‘공보’로 읽음.

【僮子】童子와 같음. 아직 세상 사리판단에 늦은 어린아이. 여기서는 문백을 가리킴.

【備官】관직의 자리를 채움.

【國將亡】〈集註〉에 “國將亡, 則任非人. 文伯富貴而驕, 故敬姜歎而責之, 亦善計國矣”라 함.

【居】‘坐’와 같음. 혹 ‘그만두어라’의 뜻으로도 봄. 〈集註〉에 “居者, 喩之使止也”라 함.

【沃土之民】비옥한 토지에 사는 사람들. 농사가 저절로 잘 되어 악착같은 노력이 적음. 瘠土之民은 그에 상대되는 표현. 〈集註〉에 “善心生, 則嚮義矣; 惡心生, 則不材矣. 不材, 由於淫; 嚮義, 由於勞”라 함.

【元紞】‘元’은 ‘玄’과 같음. 雙聲互訓이며 ‘검다’의 뜻. 담(紞)은 갓끈으로 앞뒤에 늘어뜨리는 부분. 〈集註〉에 “紞, 冠之垂前後者”라 함.

【紘】갓끈으로 바짝 매어 남는 부분이 없이 하는 것. 〈集註〉에 “紘, 纓之無緌者”라 함.

【綖】면류관을 보관하는 싸개. 〈集註〉에 “綖, 冕之上覆者”라 함.

【內子】卿의 아내를 일컫는 말. 〈集註〉에 “內子, 卿之妻”라 함.

【命婦】대부의 아내를 일컫는 말. 〈集註〉에 “命婦, 大夫之妻”라 함.

【列士·庶士】士의 신분 중에 上士(元士)를 列士라 하며 下士를 庶士라 함.

【社】社日에 지내는 社祭. 春社와 秋社의 社日을 말함. 입춘과 입추 후 다섯 번째 戊日을 가리킴. 이날 토지신에게 농사의 시작과 수확물을 거두는 뜻으로 감사의 제사를 올리며 닭과 돼지를 잡아 잔치를 벌임. 韓愈의 〈南溪 始泛〉 시에 "願爲同社人, 鷄豚宴春秋"라 함.

【賦事】부과받은 업무나 일거리. 남자는 농사를, 여자는 길쌈의 양을 배정받음.

【獻功】분담하여 맡은 양의 성적과 결과물을 나라에 바침. 곡식과 길쌈의 성과물을 말함.

【而·爾】모두 '汝'와 같음.

【先人】선대의 조상들. 여기서는 공보문백의 아버지 공보목백을 말함.

＊〈集註〉에 "居位而苟求安逸, 敗亡之道也. 故敬姜懼穆伯之絶嗣. 文伯曠於禮, 敬姜語之皆凜凜有法度, 其愛而知勞者與!"라 함.

참고 및 관련 자료

1. 《國語》魯語(下)

公父文伯飮南宮敬叔酒, 以露睹父爲客. 羞鼈焉, 小. 睹父怒, 相延食鼈, 辭曰: 「將使鼈長而後食之.」遂出. 文伯之母聞之, 怒曰: 「吾聞之先子曰: 『祭養尸, 饗養上賓.』鼈於何有? 而使夫人怒也!」遂逐之. 五日, 魯大夫辭而復之. 公父文伯之母如季氏, 康子在其朝, 與之言, 弗應, 從之及寢門, 弗應而入. 康子辭於朝而入見, 曰: 「肥也不得聞命, 無乃罪乎?」曰: 「子弗聞乎? 天子及諸侯合民事於外朝, 合神事於內朝; 自卿以下, 合官職於外朝, 合家事於內朝; 寢門之內, 婦人治其業焉. 上下同之. 夫外朝, 子將業君之官職焉; 內朝, 子將庀季氏之政焉, 皆非吾所敢言也.」公父文伯退朝, 朝其母, 其母方績. 文伯曰: 「以歜之家而主猶績, 懼忓季孫之怨也, 其以歜爲不能事主乎!」其母歎曰: 「魯其亡乎! 使僮子備官而未之聞耶? 居, 吾語女. 昔聖王之處民也, 擇瘠土而處之, 勞其民而用之, 故長王天下. 夫民勞則思, 思則善心生; 逸則淫, 淫則忘善, 忘善則惡心生. 沃土之民不材, 逸也; 瘠土之民莫不嚮義, 勞也. 是故天子大采朝日, 與三公·九卿祖識地德; 日中考政, 與百官之政事, 師尹維旅·牧·相, 宣序民事; 少采夕月, 與大史·司載糾虔天刑; 日入監九御, 使潔奉禘·郊之粢盛, 而後卽安. 諸侯朝修天子之業命, 晝考其國職, 夕省其典刑, 夜儆百工, 使無慆淫, 而後卽安. 卿大夫朝考其職, 晝講其庶政, 夕序其業, 夜庀其家事, 而後卽安. 士朝受業, 晝而講貫, 夕而習復, 夜而計過無憾, 而後卽安. 自庶人以下, 明而動, 晦而休, 無日以怠. 王后親織玄紞, 公侯之夫人加之以紘·綖, 卿之內子爲大帶, 命婦成祭服, 列士之妻加之以朝服, 自庶士以下, 皆衣其夫. 社而賦事, 蒸而獻功, 男女效績, 愆則有辟, 古之制也. 君子勞心, 小人勞力, 先王之訓也. 自上以下, 誰敢淫心舍力? 今我, 寡也, 爾又在下位, 朝夕處事, 猶恐忘先人之業. 況有怠惰, 其何以避辟! 吾冀而朝夕修我曰: 『必無廢先人.』 爾今曰: 『胡不自安.』 以是承君之官, 余懼穆伯之絶嗣也.」 仲尼聞之曰: 「弟子志之, 季氏之婦不淫矣.」 公父文伯之母, 季康子之從祖叔母也. 康子往焉, 闈門與之言, 皆不踰閾. 祭悼子, 康子與焉, 酢不受, 徹俎不宴, 宗不具不繹, 繹不盡飫則退. 仲尼聞之, 以爲別於男女之禮矣. 公父文伯之母欲室文伯, 饗其宗老, 而爲賦〈綠衣〉之三章. 老請守龜卜室之族. 師亥聞之曰: 「善哉! 男女之饗, 不及宗臣; 宗室之謀, 不過宗人. 謀而不犯, 微而昭矣. 詩所以合意, 歌所以詠詩也. 今詩以合室, 歌以詠之, 度於法矣.」 公父文伯卒, 其母戒其妾曰: 「吾聞之: 好內, 女死之; 好外, 士死之. 今吾子夭死, 吾惡其以好內聞也. 二三婦之辱共先者祀, 請無瘠色, 無洵涕, 無搯膺, 無憂容, 有降服, 無加服. 從禮而靜, 是昭吾子也.」 仲尼聞之曰: 「女知莫若婦, 男知莫若夫. 公父氏之婦智也夫! 欲明其子之令德.」 公父文伯之母朝哭穆伯, 而暮哭文伯. 仲尼聞之曰: 「季氏之婦可謂知禮矣. 愛而無私, 上下有章.」

2. 《列女傳》 母儀篇 魯季敬姜

文伯退朝, 朝敬姜, 敬姜方績. 文伯曰: 「以歜之家, 而主猶績, 懼干季孫之怒, 其以歜爲不能事主乎?」 敬姜歎曰: 「魯其亡乎! 使童子備官, 而未之聞也? 居, 吾語汝: 昔聖王之處民也, 擇瘠土而處之, 勞其民而用之, 故長王天下. 夫民勞則思, 思則善心生; 逸則淫, 淫則忘善, 忘善則惡心生. 沃土之民不材, 淫也. 瘠土之民嚮義, 勞也. 是故天子大采朝日, 與三公九卿組織施德, 日中考政, 與百官之政事, 使師尹維旅牧, 宣敬民事, 少采夕月, 與太史司載, 糾虔天刑, 日入監九御, 使潔奉禘郊之粢盛, 而後卽安. 諸侯朝修天子之業令, 晝考其國, 夕省其典刑, 夜儆百工, 使無慆淫, 而後卽安. 卿大夫朝考其職, 晝講其庶政, 夕序其業, 夜庀其家事, 而後卽安. 士朝而受業, 晝而講隸, 夕而習復, 夜而討過, 無憾而後卽安. 自庶人以下, 明而動, 晦而休, 無自以怠. 王后親織玄紞, 公侯之夫人加之以紘綖; 卿之內子爲大帶, 命婦成祭服, 則士之妻加之以朝服; 自庶士以下, 皆衣其夫. 社而賦事, 烝而獻功, 男女效績, 否則有辟, 古之制也. 君子

勞心, 小人勞力, 先王之訓也. 自上以下, 誰敢淫心舍力? 今我寡也, 爾又在下位,
朝夕處事, 猶恐忘先人之業, 況有怠惰, 其何以辟? 吾冀汝朝夕脩我曰: ‘必無
廢先人.’ 爾今也曰: ‘胡不自安?’ 以是承君之官, 余懼穆伯之絶嗣也.」仲尼聞
之曰:「弟子記之, 季氏之婦不淫矣!」詩曰: 『婦無公事, 休其蠶織.』言婦人以
織績爲公事者也, 休之非禮也.

3.《戰國策》趙策(三)

王曰:「雖然, 試言公之私」樓緩曰:「王亦聞夫公甫文伯母乎? 公甫文伯官於魯,
病死. 婦人爲之自殺於房中者二八. 其母聞之, 不肯哭也. 相室曰:「焉有子死
而不哭者乎?」其母曰:「孔子, 賢人也, 逐於魯, 是人不隨. 今死, 而婦人爲死者
十六人. 若是者, 其於長者薄, 而於婦人厚!」故從母言之, 之爲賢母也; 從婦言之,
必不免爲妬婦也. 故其言一也, 言者異, 則人心變矣.」

4.《史記》虞卿列傳

王曰:「雖然, 試言公之私」樓緩對曰:「王亦聞夫公甫文伯母乎? 公甫文伯仕
於魯, 病死. 女子爲自殺於房中者二人. 其母聞之, 弗哭也. 其相室曰:「焉有子
死而弗哭者乎?」其母曰:「孔子, 賢人也, 逐於魯, 是人不隨也. 今死, 而婦人爲
死者二人. 若是者, 必其於長者薄, 而於婦人厚也!」故從母言之, 是爲賢母; 從婦
言之, 是必不免爲妒婦也. 故其言一也, 言者異, 則人心變矣.」

5.《韓詩外傳》卷一

魯公甫文伯死, 其母不哭也. 季孫聞之, 曰:「公甫文伯之母, 貞女也. 子死不哭,
必有方矣.」使人問焉. 對曰:「昔, 是子也, 吾使之事仲尼. 仲尼去魯, 送之, 不出
魯郊, 贈之, 不與家珍. 病, 不見士之視者; 死, 不見士之流涙者; 死之日, 宮女縗
絰而從者, 十人. 此不足於士, 而有餘於婦人也. 吾是以不哭也.」詩曰:「乃如之
人兮, 德音無良.」

6.《新序》善謀篇

王曰:「雖然, 試言公之私」樓緩對曰:「亦聞夫公父文伯母乎? 公父文伯仕於魯,
病死, 女子爲自殺於房中者二人, 其母聞之, 不肯哭也. 其相室曰:「焉有子死
而不哭者乎?」其母曰:「孔子, 賢人也, 逐於魯, 而是人不隨也. 今死而婦人爲
自殺者二人, 若是者必其於長者薄, 而於婦人厚也」故從母言, 是爲賢母, 從妻言,
是必不免爲妬婦. 故其言一也, 言者異則人心變矣.」

7.《孔叢子》卷上 記義篇

公父文伯死, 室人有從死者, 其母怒而不哭. 相室諫之, 其母曰:「孔子, 天下之
賢人也, 不用于魯退而去, 是子素宗之而不能隨. 今死而內人從死者二人焉, 若此

于長者薄, 于婦人厚也.」旣而夫子聞之曰:「季氏之婦尚賢哉!」子路愀然對曰:「夫子亦好人之譽己乎? 夫子死而不哭, 是不慈也, 何善爾?」子曰:「怒其子之不能隨賢, 所以爲尚賢者, 吾何有焉其亦善此而已矣?」

8.《蒙求》卷上 文伯羞鼈

魯語曰: 公父文伯, 飲南宮敬叔酒, 以露睹父爲客, 羞鼈小焉. 睹父怒, 相延食鼈, 辭曰:「將使鼈長而後食之」遂出. 文伯之母聞之怒曰:「吾聞之先子曰:『祭養尸, 饗養上賓.』鼈於何有, 而使夫人怒也?」遂逐之. 五日魯大夫辭而復之.

9.《蒙求》卷下 敬美猶績

古列女傳: 魯季敬姜莒女也, 號戴己. 魯大夫公父穆伯妻, 文伯之母. 博達知禮. 文伯退朝, 朝敬姜. 敬姜方績, 文伯曰:「以歜之家而主猶績, 懼干季孫之怒. 其以歜爲不能事主乎!」敬姜歎曰:「魯其亡乎? 使僮子備官, 而未之聞邪. 昔聖王處民, 男女效績. 否則有辟, 古制也.」又出魯語.

10.《太平御覽》826

文伯相魯, 敬姜謂之曰:「吾語汝, 治國之要, 盡在經耳. 夫幅者, 所以正枉也, 不可不强. 故幅可以爲將, 畫者, 所以均不均不服也. 故畫可以爲正. 物者, 所以治蕪與莫, 莫也, 故物可以爲都大夫. 持交而不失. 出入不絶者悃也, 以爲大行人也. 推而往引而來者綜也, 綜可以爲關內之師. 主多少之數者均也, 均可爲內史. 服重任, 行遠道, 正直而固者軸也, 軸可以爲相. 舒而無窮者摘, 摘可而爲三公.」文伯載拜受教.

11.《文選》(58) 齊敬皇后哀策文 注

列女傳: 敬姜曰:「皇后親蠶玄紞, 公侯夫人加之以紘綖.」

12.《家範》(9) 妻上篇 司馬光

魯大夫公父文伯, 退朝, 朝其母, 其母方績. 文伯曰:「以歜之家, 而主猶績乎? 懼干季孫之怒也. 其以歜爲不能事主乎!」母歎曰:「魯其亡乎! 使僮子備官, 而未之聞邪! 王后親織元紞, 公侯之夫人, 加以紘綖, 卿之內子爲大帶, 命婦成祭服, 列士之妻加之以朝衣, 自庶士以下, 皆衣其夫. 社而賦事, 烝而獻功, 男女效績, 愆則有辟, 古之制也. 今我寡也, 爾又在下位. 朝夕處事, 猶恐忘先人之業, 況有怠惰, 其何以避辟? 吾冀而朝夕脩我曰『必無廢先人』, 爾今曰『胡不自安?』以是承君之官, 余懼穆伯之絶嗣也.」

13. 기타 참고자료

《禮記》檀弓(下)·《太平御覽》441·《孔子家語》曲禮子夏問

210(4-3-9)
가난한 안회

○ 공자가 말하였다.

"어질도다, 안회顔回여! 한 단簞의 밥과 표주박 물 한 모금에 누추한 골목에 살고 있으니 보통 사람이라면 그 고생을 견뎌내기 어려우련만, 안회는 그것을 즐거움으로 여겨 바꾸려들지 않는구나. 어질도다, 안회여!"

○ 子曰:「賢哉, 回也! 一簞食, 一瓢飮, 在陋巷, 人不堪其憂, 回也不改其樂. 賢哉, 回也!」

【回】顔回. 字는 子淵.

【簞】竹器. 원형으로 되어 밥을 담을 수 있는 그릇. 초라함을 뜻함.

【食】밥, 명사로 음은 '사.'

【陋巷】서민들의 궁벽한 골목.

＊〈集註〉에 "朱子曰:「顔子之貧如此, 而處之泰然, 不以害其樂. 故夫子再言『賢哉, 回也』, 以深歎美之.」"라 함.

참고 및 관련 자료

1. 《論語》雍也篇

子曰:「賢哉, 回也! 一簞食, 一瓢飮, 在陋巷, 人不堪其憂, 回也不改其樂. 賢哉, 回也!」

顔子(顔回) 《三才圖會》

右敬身

이상은 경신敬身이다.

* 〈集註〉에 "李氏曰:「首三章, 言心術; 次二章, 言威儀; 次三章, 言衣服; 末章, 言飮食.」"이라 함.

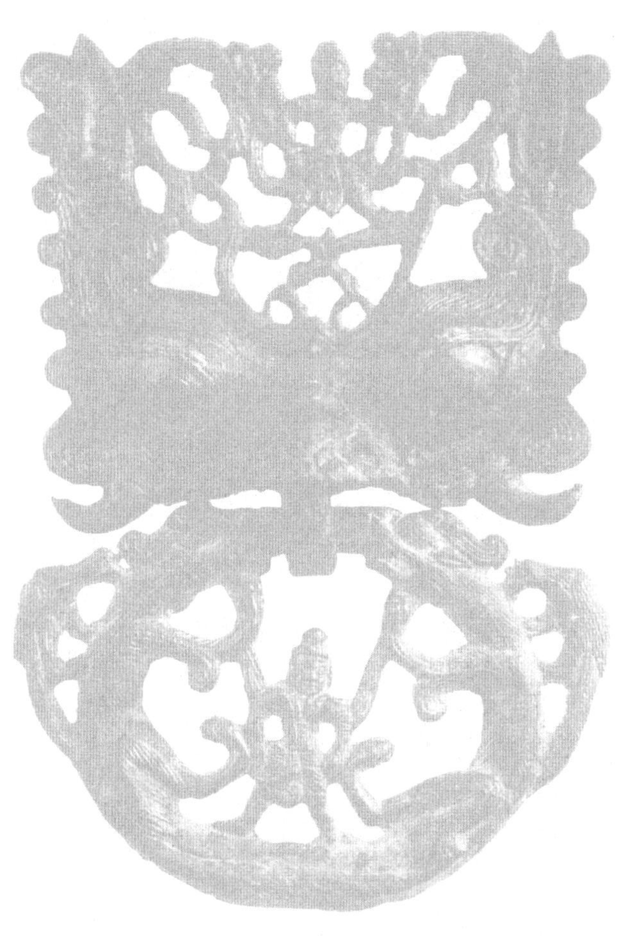

4. 통론通論

이는 앞의 31편 즉, 〈입교立教〉·〈명륜明倫〉·〈경신敬身〉편에 대한 통론이다. 전체를 아우를 수 있는 내용들을 모아 증거로 삼은 것이다.

모두 3장이다.

〈猪紋陶〉(신석기) 1973 餘姚縣 河姆渡 유적지 출토. 浙江博物館 소장

211(4-4-1)
의방으로 가르쳐야

○ 위衛나라 장공莊公이 제齊나라 동궁득신東宮得臣의 여동생을 아내로 맞이하여 '장강莊姜'이라 불렀는데 아름답게 생겼으나 아들이 없었다. 그리하여 자신을 따라온 장강의 여동생 대규戴嬀가 환공桓公을 낳자 장강은 그를 자신의 아들로 삼았다.

공자公子 주우州吁는 폐인嬖人에게서 난 아들로 장공의 총애를 받고 있었으며 병력을 사용하기를 좋아하였다. 장공이 그것을 금지하지 아니하자 장강은 이를 못마땅하게 여기고 있었다.

이에 석작石碏이 장공에게 간언하였다.

"제가 듣기로 아들을 사랑하면 이에게 의방義方으로써 가르쳐야 하며, 사악한 행동을 용납해서는 안 된다 하였습니다. 교만과 사치, 음란과 방탕함은 저절로 사특한 것이 되고 맙니다. 이 네 가지가 찾아오는 것은 총애와 봉록이 지나칠 때입니다. 무릇 총애를 받으면서 교만하지 않으며, 교만하면서 능히 자신을 낮출 줄 알며, 낮추면서도 유감을 느끼지 않으며, 유감을 느끼되 능히 자중할 줄 아는 자란 드뭅니다. 게다가 천한 자로서 귀한 자를 방해하고, 어린 자로서 어른을 능멸하고, 소원한 관계이면서 가까운 친척을 이간질하고, 새로 사귄 사람이면서 옛 사람을 이간질하고, 작은 자이면서 큰 자를 학대하고, 음란한 자이면서 의로운 자를 파괴하는 것, 이것이 이른바 육적六逆이라는 것입니다. 그와 반대로 임금은 의롭고, 신하는 실천하며, 아버지는 자애롭고, 아들은 효성스러우며, 형은 우애 있고, 아우는 형을 공경하는 것, 이것이 이른바 육순六順이라는 것입니다. 육순을 버리고 육적을 흉내 낸다면 그 때문에 재앙이 속히 다가올 것이니 임금 된 자라면 장차 그러한 재앙을 제거하기에 힘써야 하는 것

입니다. 그런데 도리어 이를 속히 오도록 하고 계시니 불가不可한 것이 아니
겠습니까!"

○ 衛莊公, 娶于齊東宮得臣之妹, 曰莊姜, 美而無子又娶于陳,
曰厲嬀, 生孝伯, 早死, 其娣戴嬀生桓公, 莊姜以爲己子. 公子州吁,
嬖, 人之子也, 有寵而好兵, 公弗禁, 莊姜惡之.

石碏諫曰:「臣聞, 愛子, 敎之以義方, 弗納於邪. 驕奢淫洪, 所自
邪也. 四者之來, 寵祿過也. 夫寵而不驕, 驕而能降, 降而不憾,
憾而能眕者, 鮮矣. 且夫賤妨貴, 少陵長, 遠間親, 新間舊, 小加大,
淫破義, 所謂六逆也. 君義臣行, 父慈, 子孝, 兄愛. 弟敬, 所謂六
順也, 去順效逆, 所以速禍也, 君人者, 將禍是務去, 而速之, 無乃
不可乎!」

【衛莊公】춘추시대 衛나라 군주. 이름은 揚, 莊公은 시호. B.C.757~B.C.735년
  까지 23년간 재위함.
【東宮】태자의 궁궐을 동쪽에 두어 흔히 태자를 대신하는 말로 쓰임.
【得臣】齊나라 태자의 이름.
【娣】여자 자매끼리의 동생으로 언니가 시집갈 때 따라 함께 시집가는 자.
  〈集註〉에 "娣, 女弟之從嫁者"라 함.
【戴嬀】장공이 진나라 여자 厲嬀에게 장가를 들어 孝伯을 낳았으며 그 여규
  를 따라 시집간 女娣가 戴嬀였음.
【桓公】장공의 아들이며 위나라 군주로 이름은 完. B.C.734~B.C.719년까지
  16년간 재위함.
【嬖人】총애하는 첩.
【石碏】衛나라의 대부 이름.
【義方】의롭고 방정함.
【眕】참고 견딤. 자중함. 〈集註〉에 "眕, 安重也"라 함.

【賤妨貴】천한 자, 즉 州吁가 귀한 자, 즉 桓公을 업신여기고 방해함.

＊〈集註〉에 "莊公溺愛嬖人之子, 使恃寵弄兵而弗之禁, 是去順而效逆也. 其後
州吁弑桓公, 爲石碏所誅, 其非速華之明驗乎? 孔氏曰: 「州吁于六逆, 則少陵;
長於六順, 則弟不敬, 況非謂徧犯之也!」"라 함.

1.《左傳》隱公 3년

衛莊公娶于齊東宮得臣之妹, 曰莊姜, 美而無子, 衛人所爲賦碩人也. 又娶于陳,
曰厲嬀, 生孝伯, 早死. 其娣戴嬀, 生桓公, 莊姜以爲己子. 公子州吁, 嬖人之子也.
有寵而好兵, 公弗禁. 莊姜惡之. 石碏諫曰: 「臣聞愛子, 敎之以義方, 弗納於邪.
驕·奢·淫·泆, 所自邪也. 四者之來, 寵祿過也. 將立州吁, 乃定之矣; 若猶未也,
階之爲禍. 夫寵而不驕, 驕而能降, 降而不憾, 憾而能眕者, 鮮矣. 且夫賤妨貴,
少陵長, 遠間親, 新間舊, 小加大, 淫破義, 所謂六逆也; 君義, 臣行, 父慈, 子孝,
兄愛, 弟敬, 所謂六順也. 去順效逆, 所以速禍也. 君人者, 將禍是務去, 而速之,
無乃不可乎?」弗聽. 其子厚與州吁游, 禁之, 不可. 桓公立, 乃老.

2.《列女傳》母儀篇 齊女傅母

傅母者, 齊女之傅母也. 女爲衛莊公夫人, 號曰莊姜. 姜交好, 始往, 操行衰情,
有冶容之行, 淫泆之心. 傅母見其婦道不正, 諭之云: 「子之家, 世世尊榮, 當爲
民法則; 子之質, 聰達於事, 當爲人表式, 儀貌壯麗, 不可不自脩整. 衣錦絅裳,
飾在輿馬, 是不貴德也.」乃作詩曰:『碩人其頎, 衣錦絅衣. 齊侯之子, 衛侯之妻.
東宮之妹, 邢侯之姨, 譚公維私.』砥厲女之心以高節, 以爲人君之子弟, 爲國君
之夫人, 尤不可有邪僻之行焉. 女遂感而自脩. 君子善傅母之防未然也. 莊姜者,
東宮得臣之妹也, 無子, 姆戴嬀之子桓公, 公子州吁, 嬖人之子也; 有寵, 驕而
好兵. 莊公弗禁, 後州吁果殺桓公.

3.《家範》(3) 父母篇 司馬光

石碏諫衛莊公曰: 「臣聞愛子, 敎之以義方, 弗納於邪. 驕·奢·淫·泆, 所自邪也.
四者之來, 寵祿過也.」自古知愛子不知敎, 使至於危辱亂亡者, 可勝數哉! 夫愛
之當敎之使成人; 愛之而使陷於危辱亂亡, 烏在其能愛子也? 人之愛其子者,
多曰「兒幼未有知耳, 俟其長而敎之」, 是猶養惡木之萌芽; 曰「俟其合抱而
伐之」, 其用力顧不多哉! 又如開籠放鳥而捕之, 解韁放馬而逐之, 曷若勿縱勿
解之爲易也?

4.《家範》(1) 治家篇 司馬光

衛石碏曰：「君義, 臣行, 父慈, 子孝, 兄愛, 弟敬, 所謂六順也.」

유강공과 성숙공

○ 유강공劉康公과 성숙공成肅公이 진후晉侯와 함께 모여 진秦나라를 칠 계획을 세우고 있었다. 그런데 성숙공이 사당에서 제사를 지낸 고기 신脤을 받으면서 공경의 예를 제대로 지키지 않는 것이었다. 그러자 유강공이 이렇게 말하였다.

"내 듣기로 사람은 천지 사이의 중정中正을 가지고 태어나니 이를 일러 명命이라 한다 하였소. 이 까닭으로 동작動作과 예의禮義와 위의威儀의 원칙이 있으며 그것이 명을 결정하는 것이오. 능히 그렇게 하는 자는 이를 잘 길러 복을 받고, 능히 그렇게 하지 못하는 자는 이를 어그러뜨려 재앙을 만나게 되는 것이라오. 이 까닭으로 군자는 예禮를 닦기에 부지런해야 하고 소인은 힘을 쓰기에 부지런해야 하는 것이오. 예에 부지런하기에는 공경을 다하는 것 만한 것이 없고, 힘을 쓰기에는 돈독함을 이루는 것보다 더한 것이 없소. 공경이란 신을 봉양할 때 그 모습이 나타나고, 돈독함이란 자신의 생업을 지키는 데에 그것이 나타나는 것이오. 나라의 대사大事란 제사와 전쟁이오. 종묘의 제사에는 번膰이라는 고기를 받고, 출정의 제사에는 신脤이라는 고기를 받지요. 이는 신神을 받드는 큰 예절이오. 그런데 지금 성자께서는 태만하여 그 명을 저버리고 있으니 아마 살아서 돌아오지 못할 것이오!"

○ 劉康公, 成肅公, 會晉侯伐秦. 成子受脤于社不敬. 劉子曰: 「吾聞之, 民受天地之中以生, 所謂命也. 是以有動作禮義威儀之則, 以定命也. 能者養之以福, 不能者敗以取禍. 是故君子勤禮, 小人盡力. 勤禮莫如致敬, 盡力莫如敦篤. 敬在養神, 篤在守業, 國之大事, 在祀與戎, 祀有執膰, 戎有受脤, 神之大節也, 今成子惰棄其命矣, 其不反乎!」

【劉康公】劉는 邑 이름. 康公은 시호이며 公侯伯子男의 公의 작위.

【成肅公】成은 郕으로도 표기하며 역시 땅이름이며 작은 제후국. 肅公은 역시 시호.

【晉侯】춘추시대 晉나라 厲公. 이름은 州滿이며 景公의 아들. B.C.580~ B.C.573년까지 8년간 재위함.

【成子·劉子】子는 子爵의 작위 칭호.

【脤】社祭 때에 제사에 사용한 고기. 조개로 장식한 그릇에 이를 담아 脤(蜃)이라 함. 〈集註〉에 "脤, 祭肉也. 凡出兵, 則宜于社. 宜, 祭名, 脤亦作蜃. 大蛤也. 古人多以蜃飾器, 祭肉以蜃器盛之, 故曰脤"라 함

【社】社祭. 토지신에게 지내는 제사이며 여기서는 출병할 때 토지신에게 제사를 올리고 그 행사가 끝난 다음 신육(脤肉)을 받음.

【定命】사람이 하늘로부터 받은 천명을 바르게 고정시킴.

【戎】전쟁을 의미함.

【執膰】宗廟의 제사에 사용한 구운 고기. 제사가 끝나고 이 고기를 받음. 〈集註〉에 "膰, 祭肉. 執膰·受脤, 皆交神之大節"이라 함.

【不反】'反'은 '還'과 같음. 돌아오지 못함. 뒤에 成子는 과연 瑕 땅에서 패하여 죽음.

* 〈集註〉에 "君子敬以奉祭, 小人敬以務農, 皆養之以福者也. 成子以君子, 而受脤不敬, 有取禍之道. 故劉子逆知其不反, 其後果卒于瑕"라 함.

1. 《左傳》成公 13년

三月, 公如京師. 宣伯欲賜, 請先使. 王以行人之禮禮焉. 孟獻子從. 王以爲介而重賄之. 公及諸侯朝王, 遂從劉康公·成肅公會晉侯伐秦. 成子受脤于社, 不敬. 劉子曰:「吾聞之, 民受天地之中以生, 所謂命也. 是以有動作禮義威儀之則,

以定命也. 能者養以之福, 不能者敗以取禍. 是故君子勤禮, 小人盡力. 勤禮莫
如致敬, 盡力莫如敦篤. 敬在養神, 篤在守業. 國之大事, 在祀與戎. 祀有執膰,
戎有受脤, 神之大節也. 今成子惰, 棄其命矣, 其不反乎!」

북궁문자의 예견

○ 위후衛侯가 초楚나라에 있을 때 북궁문자北宮文子가 영윤令尹 위圍의 위의威儀를 보고 이를 위후에게 이렇게 말하였다.

"영윤은 장차 화를 면할 수 없을 것입니다. 《시詩》에 '위의를 공경히 하고 신중히 하니 백성의 법이 되도다'라 하였는데 영윤은 위의가 없으니 백성들이 그를 법으로 여기지 않습니다. 백성들이 그를 법으로 여기지 않으니 그는 백성들 위에 군림한다 해도 제대로 끝을 마무리하지 못할 것입니다."

위후가 말하였다.

"훌륭하오! 그런데 무엇을 일러 위의라 하오?"

북궁문자가 말하였다.

"위엄을 가지면 남들이 두려워할 것이니 이를 일러 위威라 하고, 의표儀表가 있으면 남들이 본받을 수 있으니 이를 일러 의儀라 합니다. 임금이 임금으로서의 위의를 가지고 있어 그 신하가 두려워하면서 사랑하면 이를 본받게 됩니다. 그 때문에 능히 그 나라를 소유할 수 있으며 아름다운 이름이 길이 후세에 들리게 되는 것입니다. 신하가 신하로서 위의를 가지고 있어 그 아랫사람이 두려워하면서 사랑하여 그 때문에 능히 그 관직을 지켜내며 그 종족을 보호하고 그 집안을 마땅하게 이끌 수 있는 것입니다. 순서대로 그 아래는 모두가 이와 같은 것입니다. 이로써 상하가 능히 서로 견고하게 되는 것입니다. 〈위시衛詩〉에 '위의가 훌륭하니 더 이상 택할 것이 없구나'라 하였으니 이는 군신, 상하, 부자, 형제, 내외, 대소가 모두 위의를 가지고 있음을 말한 것입니다. 그리고 또 〈주시周詩〉에 '벗이 바로 잡아주네, 위의로써 잡아주네'라 하였으니 이는 붕우 사이의 도리는 반드시 교훈으로 서로 돕되 위의로써 한다는 말입니다. 그러므로 군자는 지위에 있으면 가히 두려워할 대상이며, 취사선택은 가히 사랑할 만하며, 진퇴는 가히 법도에 맞으며, 두루 하고 베풀기는 법칙이 있으며, 용모와 행동은 볼 만하며, 일을 처리함에는 가히 기준이 되며, 덕행은 가히 본받을 만하며, 목소리와 기운은 가히 즐거움을 주며, 동작은 문식文飾이 있으며, 언어는 빛남이 있어야 합니다. 그리하여 아랫사람에게 임하는 것을 일러 '위의가 있다'라고 하는 것입니다."

○ 衛侯在楚, 北宮文子見令尹圍之威儀, 言於衛侯曰:「令尹其將不免,《詩》云『敬愼威儀, 維民之則』, 令尹無威儀, 民無則焉, 民所不則, 以在民上, 不可以終」公曰:「善哉! 何謂威儀?」對曰:「有威而可畏, 謂之威; 有儀而可象, 謂之儀. 君有君之威儀, 其臣畏而愛之, 則而象之, 故能有其國家, 令聞長世; 臣有臣之威儀, 其下畏而愛之, 故能守其官職, 保族宜家. 順是以下, 皆如是. 是以上下能相固也. 〈衛詩〉曰『威儀棣棣. 不可選也』, 言君臣·上下·父子·兄弟·內外·大小, 皆有威儀也. 〈周詩〉曰『朋友攸攝, 攝以威儀』, 言朋友之道, 必相敎訓, 以威儀也. 故君子在位可畏, 施舍可愛, 進退可度, 周施可則, 容止可觀, 作事可法, 德行可象, 聲氣可樂, 動作有文, 言語有章, 以臨其下, 謂之『有威儀』也」

【衛侯】춘추시대 衛나라 襄公. 이름은 惡. B.C.543~B.C.535년까지 9년간
  재위함.
【北宮文子】北宮佗. 위나라의 대부. 北宮은 복성. 文子는 시호.
【令尹圍】令尹은 楚나라 제도로 다른 나라의 相國에 해당함. 楚나라의 上卿
  으로 執政大臣. 圍는 公子圍. 楚 共王의 아들.
【詩】《詩經》大雅 抑의 구절.
【可象】象은 '본받다. 우러러 모범으로 삼다'의 뜻.

【衛詩】《詩經》邶風의 柏舟篇. 원래 邶風이나 뒤에 邶와 鄘이 衛에 병합되어 '衛詩'라 한 것임.

【周詩】《詩經》大雅 旣醉篇을 가리킴.

【施舍】베풂과 베풀지 않음의 구분. 〈集註〉에 "施, 用也; 舍, 不用也. 用舍當 斯可愛十者, 皆威儀也"라 함.

【容止】용모와 행동거지.

【威儀】〈集註〉에 "自可畏言曰偉, 自可象言曰儀"라 함.

＊〈集註〉에 "眞氏曰:「令尹圍專楚國之政, 有簒奪之心, 形諸威儀, 必有僭偪 于上者, 故文子見而知其不終也. 未幾以簒被殺, 果不能終.」"이라 함.

참고 및 관련 자료

1.《左傳》襄公 31년

衛侯在楚, 北宮文子見令尹圍之威儀, 言於衛侯曰:「令尹似君矣, 將有他志. 雖獲其志, 不能終也. 詩云『靡不有初, 鮮克有終』, 終之實難, 令尹其將不免.」 公曰:「子何以知之?」對曰:「詩云『敬愼威儀, 惟民之則』. 令尹無威儀, 民無 則焉. 民所不則, 以在民上, 不可以終.」公曰:「善哉! 何謂威儀?」對曰:「有威 而可畏謂之威, 有儀而可象謂之儀. 君有君之威儀, 其臣畏而愛之, 則而象之, 故能有其國家, 令聞長世. 臣有臣之威儀, 其下畏而愛之, 故能守其官職, 保族 宜家. 順是以下皆如是, 是以上下能相固也. 衛詩曰『威儀棣棣, 不可選也』, 言 君臣·上下·父子·兄弟·內外·大小皆有威儀也. 周詩曰『朋友攸攝, 攝以威儀』, 言 朋友之道必相敎訓以威儀也. 周書數文王之德, 曰『大國畏其力, 小國懷其德』, 言畏而愛之也. 詩云『不識不知, 順帝之則』, 言則而象之也. 紂囚文王七年, 諸侯 皆從之囚, 紂於是乎懼而歸之, 可謂愛之. 文王伐崇, 再駕而降爲臣, 蠻夷帥服, 可謂畏之. 文王之功, 天下誦而歌舞之, 可謂則之. 文王之行, 至今爲法, 可謂 象之. 有威儀也. 故君子在位可畏, 施舍可愛, 進退可度, 周旋可則, 容止可觀, 作事可法, 德行可象, 聲氣可樂; 動作有文, 言語有章, 以臨其下, 謂之有威儀也.」

2.《詩經》大雅 抑

抑抑威儀, 維德之隅. 人亦有言, 靡哲不愚. 庶人之愚, 亦職維疾. 哲人之愚, 亦維斯戾. 無競維人, 四方其訓之. 有覺德行, 四國順之. 訏謨定命, 遠猶辰告. 敬愼威儀, 維民之則.

3.《詩經》邶風 柏舟

汎彼柏舟, 亦汎其流. 耿耿不寐, 如有隱憂. 微我無酒, 以敖以遊. 我心匪鑒, 不可
以茹. 亦有兄弟, 不可以據. 薄言往愬, 逢彼之怒. 我心匪石, 不可轉也. 我心匪席,
不可卷也. 威儀棣棣, 不可選也. 憂心悄悄, 慍于群小. 覯閔既多, 受侮不少. 靜言
思之, 寤辟有摽. 日居月諸, 胡迭而微. 心之憂矣, 如匪澣衣. 靜言思之, 不能奮飛.

4.《詩經》大雅 既醉

既醉以酒, 既飽以德. 君子萬年, 介爾景福. 既醉以酒, 爾殽既將. 君子萬年, 介爾
昭明. 昭明有融, 高朗令終. 令終有俶, 公尸嘉告. 其告維何, 籩豆靜嘉. 朋友攸攝,
攝以威儀.

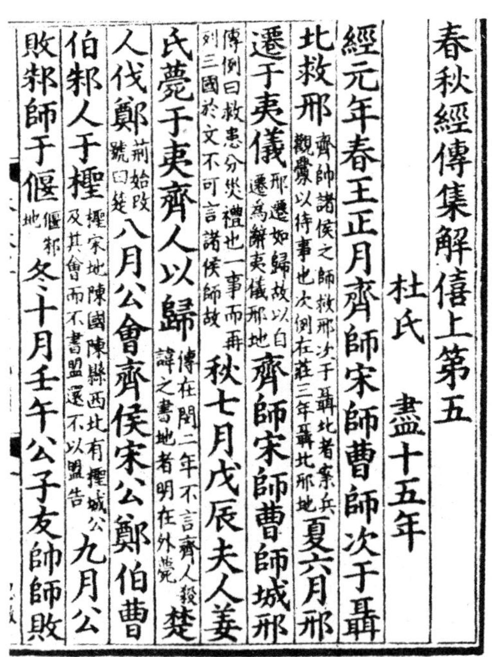

《春秋經傳集解》

右通論

이상은 통론通論이다.

＊通論은 立敎·明倫·敬身 세 가지를 말함. 〈集註〉에 "通論, 立敎·明倫·敬身 三者"라 함.

〈大盂鼎〉(西周) 陝西 郿縣 출토

外 篇

　내편은 입교立敎·명륜明倫·경신敬身·계고稽古 4편으로 구성되어
있다. 이를 이어 〈5〉가언嘉言과 〈6〉선행善行 2편을 마련하여 외편
으로 삼아 내편의 입교·명륜·경신의 내용을 더욱 넓혀나가기
위한 내용과 그 실질, 실제 고사 등을 들어 발전적으로 펴 나갈
수 있도록 한 것이다. 언행言行을 둘로 나누어 ‘가언’과 ‘선행’으로
하여 언행일치言行一致, 수미쌍관首尾雙關의 구조를 마련하여 어린이
들로 하여금 넓히고 실천해 나갈 수 있도록 편집된 것임을 알 수
있다. 다만 내편의 〈계고稽古〉는 상고시대의 일을 들어 증명한
것으로 다시 반복될 수 없는 것이기에 편목으로 삼지 않은 것이다.
　그리고 내편 〈계고편〉이 시기적으로는 한漢나라 이전의 고대
‘성현聖賢의 행적으로 증명’한 것이라면, 여기 두 편은 시기적으로
한나라 이후부터 송대宋代까지 ‘현자賢者의 말을 자료로 삼아 어린이
자신이 스스로 넓혀나갈 수 있도록 한’ 차이가 있다.
　〈가언〉(91장)·〈선행〉(81장) 등 모두 172장으로 되어 있다.

說見內篇
篇에 대한 설명은 내편을 보라.

〈白瓷雙腹龍柄傳瓶〉(隋) 1957 陝西 西安 李靜訓묘 출토

第五 가언嘉言

　'가언嘉言'은 '아름답고 훌륭한 말'이라는 뜻이다. 이 편은 한漢 나라 이후 현자賢者들이 한 훌륭한 말들을 들어 입교立教·명륜明倫·경신敬身의 내용을 더욱 넓혀나가고자 한 것이다.

　뒤의 〈선행善行〉은 아름다운 행동을, 여기에서는 아름다운 언어를 들어 가언선행嘉言善行의 언행言行이 일치하도록 수미首尾의 연환連環 구조를 마련한 것이다.

　그 때문에 세부 편목도 (1)광입교廣立教 (2)광명륜廣明倫 (3)광경신廣敬身으로 삼고 있다.

　〈광입교〉(14장)·〈광명륜〉(41장)·〈광경신〉(36장) 등 모두 91장이다.

＊〈集註〉에 "嘉, 善也. 此篇述漢以來賢者所言之善言, 以廣立教·明倫·敬身也. 凡九十一章"이라 함.

◎ 嘉言　小序

《시詩》에 말하였다.

"하늘이 이 많은 백성을 내리시니 만물이 있으면 법칙이 있는 법, 백성이 이를 바르게 잡고 있어, 아름다운 덕을 좋아하도다."

공자孔子가 말하였다.

"이 시를 지은 자는 도를 안다 하리라! 그러므로 사물이 있으면 반드시 법칙이 있어 백성들이 그 떳떳한 본성을 잡고 있으며, 그 때문에 아름다운 덕을 좋아하는 것이다."

전해오는 기록을 두루 거쳐 보고들은 것을 승접承接하여 이 가언嘉言 편을 찬술하며, 선행善行을 근간으로 하여 《소학小學》의 외편外篇으로 삼는다.

《詩》曰:『天生烝民, 有物有則, 民之秉彝, 好是懿德.』

孔子曰:「爲此詩者, 其知道乎! 故有物必有則, 民之秉彝也, 故好是懿德.」 歷傳記, 接見聞, 述嘉言, 紀善行, 爲《小學》外篇.

【詩】《詩經》大雅 烝民篇. 尹吉甫가 지은 것으로 알려져 있음.

【烝, 物, 則, 彝, 懿】〈集註〉에 "烝, 衆也; 物, 事也; 則, 法也; 彝, 常也; 懿, 美也"라 함.

＊〈集註〉에 "學者, 讀內篇, 而遠師虞夏商周之聖賢; 讀外篇, 而近師漢唐宋之君子. 盛德大業於是乎在矣. 奚可以爲童稚之習, 而忽之哉!"라 함.

1. 이는 제4편 〈嘉言篇〉의 小序에 해당하는 부분임.

2.《詩經》大雅 烝民

天生烝民, 有物有則. 民之秉彝, 好是懿德. 天監有周, 昭假于下, 保玆天子, 生仲山甫. 仲山甫之德, 柔嘉維則. 令儀令色, 小心翼翼. 古訓是式, 威儀是力. 天子是若, 明命使賦. 王命仲山甫, 式是百辟. 纘戎祖考, 王躬是保. 出納王命, 王之喉舌. 賦政于外, 四方爰發. 肅肅王命, 仲山甫將之. 邦國若否, 仲山甫明之. 旣明且哲, 以保其身. 夙夜匪解, 以事一人. 人亦有言, 柔則茹之, 剛則吐之. 維仲山甫, 柔亦不茹, 剛亦不吐, 不侮矜寡, 不畏彊禦. 人亦有言, 德輶如毛, 民鮮克擧之. 我儀圖之, 維仲山甫擧之, 愛莫助之. 袞職有闕, 維仲山甫補之. 仲山甫出祖, 四牡業業, 征夫捷捷, 每懷靡及. 四牡彭彭, 八鸞鏘鏘. 王命仲詹甫, 城彼東方. 四牡騤騤, 八鸞喈喈. 仲山甫徂齊, 式遄其歸. 吉甫作誦, 穆如清風. 仲山甫永懷, 以慰其心.

1. 광입교廣立敎

　여기에서는 한漢나라 이후 현자賢者들의 가언을 들어 내편의
입교立敎·명륜明倫·경신敬身 3편 중의 〈입교立敎〉에 관한 아름다운
말과 그 일화·예화·고사 등을 들어 〈입교〉의 취지에 부합한 내용을
더욱 넓혀나갈 수 있도록 한 것이다.

　모두 14장이다.

〈白地黑花孩兒垂釣紋枕〉（宋 磁州窯）

214(5-1-1)
어린아이의 교육 방법

○ 횡거橫渠 장재張載 선생이 말하였다.

"어린아이를 교육함에 우선 안상安詳과 공경恭敬을 일러주어야 한다. 지금 세상에 이를 잘 타일러주지 않음으로 해서 남녀가 어린아이 때부터 곧바로 교만하고 게으르며 파괴적이다. 그리하여 장성해서는 더욱 흉한凶狠해지고 만다. 단지 자제子弟로서 할 일을 제대로 해본 적이 없기 때문에 그 어버이에게 대해서는 이미 자신과 전혀 다른 사물인 듯 여기며 굴복하거나 겸손히 하기를 거부한다. 나아가 병의 뿌리가 항상 잠재해 있고 또한 평소 그러한 환경을 따라 성장함으로 해서 죽을 때까지도 고치지 못한 채 그대로이다. 자제의 신분이라면서 쇄소灑掃와 응대應對에 대하여 안정된 배움이 없고, 붕우를 접하는 일이라면 붕우에게 겸손하게 할 줄 모르며, 관직에 올라서는 윗사람에게 복종할 줄 모르고, 재상이 되어서는 천하의 어진 이에게 자신을 낮출 줄을 모른다. 심지어 사사로운 자신의 뜻에만 따르는 지경에 이르러 의리 따위는 모두 상실하고 만다. 이는 단지 병폐의 근원을 제거하지 아니한 채 평소 환경과 주위에 접하는 바를 따라 성장하였기 때문이다."

○ 橫渠張先生曰:「敎小兒, 先要安詳恭敬. 今世學不講, 男女從幼便驕惰壞了, 到長益凶狠, 只爲未嘗爲子弟之事, 則於其親, 已有物我, 不肯屈下. 病根常在, 又隨所居而長, 至死只依舊. 爲子弟, 則不能安灑掃應對; 接朋友, 則不能下朋友; 有官長, 則不能下官長;

爲宰相, 則不能下天下之賢, 甚則至於徇私意, 義理都喪也. 只爲
病根不去, 隨所居所接而長.」

【橫渠】 張載(1020~1077). 자는 子厚, 關中 鳳翔府의 郿縣 橫渠鎭에 살아 橫渠
先生이라 부름. 저서로는 《正蒙》·《東銘》·《西銘》·《理窟》 등이 있으며, 北宋
理學 四派 즉, 濂溪學派(周敦頤)·百源學派(邵雍)·關學派(張載)·洛學派(程顥,
程頤)의 하나를 이루었음.
【壞了】 허물어지고 말았음. 了는 흔히 白話語에서 完了形의 終結詞 등으로
쓰임.
【凶狠】 흉악하고 사나움.
【下朋友】 붕우에게 자신을 낮추어 겸손히 함.
【都喪】 모두 잃어버림. ‘都’는 백화어에서 ‘모두’라는 뜻이며 ‘喪’은 ‘失’과 같음.

참고 및 관련 자료

1. 《橫渠語錄》에 실려 있음.

張載(橫渠先生)《三才圖會》

215(5-1-2)
양문공의 가훈

○ 양문공楊文公의 〈가훈家訓〉에 말하였다.

"어린아이의 배움이란 기억하고 외우는 것에 그치지 않고 그 양지良知와 양능良能을 길러주어야 한다. 그렇게 하기 위해서는 의당 먼저 들려주는 말을 위주로 해야 한다. 날마다 고사故事를 기억하되 고금今古에 구애를 받지 말고 반드시 먼저 효제孝弟·충신忠信·예의禮義·염치廉恥 등의 일이면 된다. 이를테면 황향黃香이 부채로 아버지 베개를 시원하게 해 드린 일, 육적陸績이 어머니께 드리고자 귤을 품은 일, 손숙오孫叔敖가 음덕을 베푼 일, 자로子路가 어버이를 위해 쌀을 짊어지고 온 일 등이다. 다만 이를 속설처럼 들려주어 문득 이러한 도리를 밝히 알도록 하기만 하면 오래도록 두고두고 성숙되어 덕성이 자연스럽게 갖추어질 것이다."

○ 楊文公〈家訓〉曰:「童稚之學, 不止記誦, 養其良知良能, 當以先入之言爲主. 日記故事, 不拘今古, 必先以孝弟忠信禮義廉恥等事. 如黃香扇枕, 陸績懷橘, 叔敖陰德, 子路負米之類, 只如俗說, 便曉此道理, 久久成熟, 德性若自然矣.」

【楊文公】 楊億(974~1020). 자는 大年. 시호는 文公. 宋나라 때 建州 蒲城 사람. 眞宗 때 《太宗實錄》 편찬에 참여하였으며, 王欽若과 함께 《冊府元龜》를 수찬함. 詩에도 밝아 李商隱의 시풍을 이어 '西昆體'라 불리며 《西昆酬唱集》을 편찬하기도 하였음. 《楊文公談苑》, 《武夷新集》 등이 있음. 《宋史》 (305)에 전이 있음.

【記誦】기억하고 외움.

【良知良能】〈集註〉에 "良知者, 本然之知; 良能者, 本然之能. 愛親敬長, 是也" 라 함.

【黃香扇枕】후한 때 黃香이 여름에는 부채로 아버지 잠자리를 시원하게 하고 겨울이면 자신의 체온으로 자리를 따뜻하게 한 고사. 黃香은 후한 때 학자. 도술에 뛰어났으며 효성으로도 이름이 났던 인물. 《後漢書》文苑傳에 전이 실려 있으며 《陶淵明集》에도 그 효행이 실려 있음.

【陸績懷橘】삼국시대 袁術이 어린 陸績을 만나 귤을 주자 이를 어머니께 가져다 드리겠다고 품에 품은 고사. 陸績은 자는 公紀(186~219). 그의 아버지 陸康은 한말 廬江太守를 지냈음. 육적은 박학다식하여 천문, 律曆과 算術 에 밝았음. 孫權이 奏曹掾을 삼았으며 뒤에 鬱林太守를 지냄. 《三國志》(57) 吳書에 전이 있음.

【叔敖陰德】춘추시대 楚나라 孫叔敖가 兩頭蛇를 보고 남도 이를 보고 죽을 까 두려워 몰래 죽여서 땅에 묻은 고사. 손숙오는 초나라 장왕 때 영윤을 지냈던 인물.

【子路負米】공자 제자 자로가 양친을 모시기 위해 백리 멀리서 쌀을 지고 온 고사.

1. 《蒙求》(221) 黃香枕扇

後漢, 黃香字文强, 江夏安陸人. 博學經典, 究精道術, 能文章. 京師號曰: 「天下 無雙, 江夏黃童.」 官至尙書令·魏郡太守. 陶淵明曰: 「香九歲失母, 思慕骨立. 事父竭力致養. 冬無被袴, 而盡滋味, 暑則扇牀枕, 寒則以身溫席.」 和帝嘉之, 特加異賜.

2. 《後漢書》文苑傳(上) 黃香

黃香字文彊, 江夏安陸人也. 年九歲, 失母, 思慕憔悴, 殆不免喪, 鄕人稱其至孝. 年十二, 太守劉護聞而召之, 署門下孝子, 甚見愛敬. 香家貧, 內無僕妾, 躬執苦勤, 盡心奉養. 遂博學經典, 究精道術, 能文章, 京師號曰「天下無雙江夏黃童」. 初除 郎中, 元和元年, 肅宗詔香詣東觀, 讀所未嘗見書. 香後告休, 及歸京師, 時千乘 王冠, 帝會中山邸, 乃詔香殿下, 顧謂諸王曰: 「此'天下無雙江夏黃童'者也.」 左右莫 不改觀.

3.《陶淵明集》士孝傳贊

黃香, 江夏人也. 九歲失母, 思慕鵠立, 事父竭力以致養, 冬無被袴而盡滋味, 暑則扇牀枕, 寒則以身溫席. 漢和帝嘉之, 特加異賜, 歷位恭勤, 寵祿榮親. 可謂「夙興夜寐, 無忝爾所生」者也.

4.《二十四孝》扇枕溫衾

漢, 黃香, 年九歲, 失母, 思慕惟切, 鄉人稱其孝. 香躬執勤苦, 一意事父. 夏天暑熱, 爲扇涼其枕蓆; 冬天寒冷, 以身暖其被褥. 太守劉護表而異之. 有詩爲頌. 詩曰:『冬月溫衾暖, 炎天扇枕涼. 兒童知子職, 千古一黃香.』

5.《蒙求》(070) 陸績懷橘

《吳志》: 陸績字公紀, 吳人. 年六歲, 於九江見袁術. 術出橘, 績懷三枚, 去, 拜辭墮地. 術謂曰:「陸郎作賓客而懷橘乎?」績跪曰:「欲歸遺母」術大奇之. 績博學多識, 星歷算數, 無不該覽. 孫權辟爲掾, 以直道見憚. 出爲鬱林太守, 加偏將軍. 績意在儒雅, 非其志也. 雖有軍事, 著述不廢. 作〈渾天圖〉, 注《易》釋玄, 皆傳於世.

6.《三國志》(57) 吳志 陸績傳.

陸績字公紀, 吳郡吳人也. 父康, 漢末爲廬江太守. 績年六歲, 於九江見袁術. 術出橘, 績懷三枚, 去, 拜辭墮地, 術謂曰:「陸郎作賓客而懷橘乎?」績跪答曰:「欲歸遺母」術大奇之. ……績容貌雄壯, 博學多識, 星歷算數, 無不該覽. 孫權統事, 辟爲奏曹掾, 以直道見憚. 出爲鬱林太守, 加偏將軍, 給兵二千人. 績既有躄疾, 又意在儒雅, 非其志也. 雖有軍事, 著述不廢. 作〈渾天圖〉, 注《易》釋玄, 皆傳於世.

7.《二十四孝》懷橘遺親

後漢, 陸績, 字公紀, 六歲時, 到九江拜見袁術, 術出橘待之. 績懷橘二枚, 及跪, 拜辭, 墮地. 術曰:「陸郎作賓客而懷橘乎?」績跪答曰:「吾母性之所愛, 欲歸以遺母」術大奇之. 有詩爲頌. 詩曰:『孝悌皆天性, 人間六歲兒. 袖中懷橘實, 遺母報深慈.』

8.《蒙求》(094) 叔敖陰德

賈誼《新書》曰: 孫叔敖爲嬰兒, 出遊而還, 憂而不食. 其母問其故, 泣而對曰:「今日吾見兩頭蛇. 恐去死無日矣」母曰:「今蛇安在?」曰:「吾聞見兩頭蛇者死. 吾恐他人又見, 已埋之矣」母曰:「無憂, 汝不死. 吾聞之, 有陰德者, 天報以福」人聞之皆喩其爲仁也. 及爲令尹, 未治而國人信之.《列女傳》曰:「陰德者陽報之. 德勝不祥, 仁除百禍. 天之處高聽卑, 爾必興於楚」及長爲令尹, 老終.

9.《新書》(6) 春秋

孫叔敖之爲嬰兒也, 出遊而還, 憂而不食. 其母問其故, 泣而對曰:「今日吾見
兩頭蛇, 恐去死無日矣.」其母曰:「今蛇安在?」曰:「吾聞見兩頭蛇者死, 吾恐他
人又見, 吾已埋之也.」其母曰:「無憂! 汝不死. 吾聞之; 有陰德者, 天報以福.」
人聞之, 皆論其能仁也. 及爲令尹, 未治而國人信之.

10.《列女傳》仁智傳 孫叔敖母

楚令尹孫叔敖之母也. 叔敖爲嬰兒之時, 出遊, 見兩頭蛇, 殺而埋之, 歸見其母
而泣焉. 母問其故, 對曰:「吾聞見兩頭蛇者死, 今者出遊見之.」其母曰:「蛇今
安在?」對曰:「吾恐他人復見之, 殺而埋之矣!」其母曰:「汝不死矣! 夫有陰
德者, 陽報之, 德勝不祥, 仁除百禍. 天之處高而聽卑. 書不云乎:『皇天無親,
惟德是輔.』爾嘿矣! 必興於楚.」及叔敖長, 爲令尹. 君子謂:「叔敖之母知道德
之次.」詩云:『母氏聖善.』此之謂也. 頌曰:『叔敖之母, 深知天道, 叔敖見蛇,
兩頭岐首, 殺而埋之, 泣恐不及, 母曰陰德, 不死必壽.』

11.《說苑》尊賢篇

叔敖爲嬰兒之時, 出遊, 見兩頭蛇, 殺而埋之, 歸見其母而泣焉. 母問其故, 對曰:
「吾聞見兩頭蛇者死, 今者出遊見之.」其母曰:「蛇今安在?」對曰:「吾恐他人
復見之, 殺而埋之矣!」其母曰:「汝不死矣! 夫有陰德者, 陽報之, 德勝不祥,
仁除百禍. 天之處高而聽卑. 書不云乎:「皇天無親, 惟德是輔.」爾嘿矣! 必興
於楚.」及叔敖長, 爲令尹. 君子謂叔敖之母知道德之次.

12.《新序》雜事(一)

孫叔敖爲嬰兒之時, 出游, 見兩頭蛇, 殺而埋之. 歸而泣, 其母問其故, 叔敖對曰:
「吾聞見兩頭之蛇者死, 嚮者吾見之, 恐去母而死也.」其母曰:「蛇今安在?」
曰:「恐他人又見, 殺而埋之矣.」其母曰:「吾聞有陰德者, 天報之以福, 汝不死也.」
及長, 爲楚令尹, 未治, 而國人信其仁也.

13.《論衡》福虛篇

楚相孫叔敖爲兒之時, 見兩頭蛇, 殺而埋之, 歸, 對其母泣. 母問其故, 對曰:
「我聞見兩頭蛇[者]死. 向者, 出見兩頭蛇, 恐去母死, 是以泣也.」其母曰:「今蛇
何在?」對曰:「我恐後人見之, 即殺而埋之.」其母曰:「吾聞有陰德者, 天報之.
汝必不死, 天必報汝.」叔敖竟不死, 遂爲楚相. 埋一蛇, 獲二祐, 天報善, 明矣.

14.《蒙求》(029) 子路負米

《家語》: 仲由字子路. 見孔子曰:「負重涉遠, 不擇地而休, 家貧親老, 不擇祿
而仕. 昔由事二親之時, 常食藜藿之實, 爲親負米百里之外. 親沒之後, 南遊於楚,

從車百乘, 積粟萬鍾, 累茵而坐, 列鼎而食. 願欲食藜藿, 爲親負米不可得也.」
子曰:「由也事親, 可謂生事盡力, 死事盡思者也.」

15.《孔子家語》致思篇

子路見於孔子曰:「負重涉遠, 不擇地而休;家貧親老, 不擇祿而仕. 昔者, 由也事二親之時, 常食藜藿之實, 爲親負米百里之外. 親歿之後, 南遊於楚, 從車百乘, 積粟萬鍾, 累茵而坐, 列鼎而食, 願欲食藜藿, 爲親負米, 不可復得也. 枯魚銜索, 幾何不蠹! 二親之壽, 忽若過隙.」孔子曰:「由也事親, 可謂生事盡力, 死事盡思者也.」

16.《說苑》建本篇

子路曰:「負重道遠者, 不擇地而休;家貧親老者, 不擇祿而仕. 昔者由事二親之時, 常食藜藿之實而爲親負米百里之外, 親沒之後, 南遊於楚, 從車百乘, 積粟萬鍾, 累茵而坐, 列鼎而食, 願食藜藿負米之時不可復得也;枯魚銜索, 幾何不蠹, 二親之壽, 忽如過隙, 草木欲長, 霜露不使, 賢者欲養, 二親不待, 故曰:家貧親老不擇祿而仕也.」

17.《二十四孝》負米養親

周, 仲由, 字子路, 家貧, 嘗食黍薯之食, 爲親負米百里之外. 親沒, 南遊於楚, 從車百乘, 積粟萬鍾, 累褥而坐, 列鼎而食. 乃嘆曰:「雖欲食黍薯之食, 爲親負米百里之外, 不可得也.」有詩爲頌. 詩曰:『負米供甘旨, 寧辭百里遙. 身榮親而沒, 猶念舊劬勞.』

216(5-1-3)
경박한 자제를 가르치는 방법

○ 명도明道 정호程顥 선생이 말하였다.

"자제로서 경박하지만 준수한 자가 있어 이를 우려한다면, 단지 경서經書만을 소리 내어 읽도록 가르칠 뿐 문장 짓는 일이나 글씨쓰기 등을 시키지 말아야 한다. 자제들이 무릇 즐기고 좋아하는 온갖 것들은 모두가 그들의 바른 도리를 구하는 뜻을 빼앗는 것이다. 글씨쓰기와 편지쓰기는 선비에게 있어서 가장 가까이 해야 할 일이지만 그렇다고 그러한 것만 편향되게 좋아서 집착하도록 놔두면 역시 뜻을 잃게 된다."

○ 明道程先生曰:「憂子弟之輕俊者, 只教以經學念書, 不得令作文字, 子弟凡百玩好, 皆奪志, 至於書札, 於儒者事最近, 然一向好著, 亦自喪志.」

【明道】 北宋 理學의 대가 程顥(1032~1085). 자는 伯淳이며 明道先生이라 부름. 저서로는 《識仁篇》과 《定性》 등이 있으며 아우 伊川(程頤)과 구분하여 大程子라 하며, 두 사람을 합해 二程이라 부름. 北宋 理學 四派 즉, 濂溪學派(周敦頤)·百源學派(邵雍)·關學派(張載)와 더불어 洛學派의 대표적인 인물. 이들의 저술과 어록을 묶은 《二程集》이 있음. 그 학통이 南宋 閩學派(朱熹)에게로 이어진 것임.

【輕俊】 경솔하고 가볍지만 재주는 뛰어남. 輕浮俊秀한 자.

【經學】 五經 따위의 儒家 경전. 마음을 다스리고 인격을 수양하는 내용이므로 경박함을 줄일 수 있음을 말함.

【文字】글짓기와 글씨쓰기. 문장과 서예. 이들은 도를 구하기보다는 嗜好와 技能에 강한 면이 있어 이를 좋아하도록 두면 경학에 대한 깊이를 놓칠 수 있음을 말함.

【玩好】그림, 글씨, 거문고, 바둑 따위.

【書札】글씨쓰기와 편지쓰기 등. 〈集註〉에 "書習字, 札小簡"이라 함.

【好著】좋아하여 거기에 집착함.

【喪志】'喪'은 '失'과 같음. 경학에 뜻을 두어 도를 구하고자 해야 함에도 편지 따위의 글솜씨에 취미와 특장을 갖게 되어 학문을 향한 의지를 잃게 됨을 우려한 것.

＊〈集註〉에 "書札, 固儒者之一藝, 若專攻乎此, 則亦喪其求道之志也"라 함.

1.《程子遺書》에 실려 있음.

2.〈集註〉: 文潞公의 明道墓誌銘

明道先生憂者, 憂其不能致遠也. 蓋少年之輕浮俊秀者, 惟教以學經讀書, 則可以收其放心而於道知所向; 若使作文字, 則心愈放而離道遠矣.

程顥(明道先生)《三才圖會》

217(5-1-4)
노래로써 가르쳐라

○ 이천伊川 정이程頤 선생이 말하였다.

"사람을 가르침에 뜻이나 취미를 느끼지 못하면 틀림없이 배움에 즐거움을 갖지 못하게 될 것이다. 그러한 때에 잠시 노래와 춤을 가르치면 된다. 이를테면 옛 《시詩》 삼백 편은 모두가 옛 사람들이 지은 것으로 그 중 〈관저關雎〉편과 같은 것은 집안을 바르게 하는 시초이다. 그러므로 이를 시골사람들에게 사용하고 방국邦國에도 사용하여 날마다 사람들에게 들려 주면 된다. 그러나 이러한 글들은 그 가사가 간단하면서도 심오하여 지금 사람들은 쉽게 이해하지 못한다. 이에 별도로 지금의 간략한 말로 시를 지어 어린이를 가르치되 내용은 쇄소灑掃·응대應對·사장事長의 예절로써, 아침저녁으로 노래로 하게 한다면 아마 도움이 될 수 있을 것 같다."

○ 伊川程先生曰: 「敎人未見意趣, 必不樂學, 欲且敎之歌舞. 如古詩三百篇, 皆古人作之, 如關雎之類, 正家之始. 故用之鄕人, 用之邦國, 日使人聞之, 此等詩, 其言簡奧, 今人未易曉, 別欲作詩略言敎童子, 灑掃應對事長之節, 令朝夕歌之, 似當有助」

【伊川】 程頤(1033~1107). 자는 正叔, 廣平先生이라 불렀으나 이천(伊川, 지금의 洛陽 남쪽)에 살아 흔히 伊川先生이라 불렸음. 그의 형 程顥(明道先生)와 더불어 北宋 理學 四派 즉, 濂溪學派(周敦頤)·百源學派(邵雍)·關學派(張載)와 더불어 洛學派의 대표적인 인물이며 小程子로 불림. 이들 학통이 南宋 閩學派(朱熹)에게로 이어진 것임.

【樂學】 배우기를 즐겨함. '樂'는 '요'로 읽음. 〈集註〉에 "樂, 五敎切"이라 함.

【詩三百】 지금 전하는 《毛詩》는 모두 311편이며 그 중 笙詩(제목만 있고 가사가 없는 시) 6편, 나머지 305편이 전함. 한편 《論語》 爲政篇에 "子曰: 「詩三百, 一言以蔽之, 曰: 『思無邪』.」"라 함.

【關雎】《詩經》의 첫 편. 國風 周南. 군자가 현숙한 아내를 찾는 내용으로 보고 있음.

【正家之始】 집안이 시작되는 시작. 가정을 이루는 첫 단계임을 말함.

【簡奧】 간단한 말이지만 그 뜻은 매우 심오함.

＊〈集註〉에 "朱子曰: 「嘗疑曲禮衣無撥, 足無蹶, 將上堂聲必揚, 將入戶視必下等, 皆是古人敎小兒語.」"라 함.

참고 및 관련 자료

1. 《程子遺書》에 실려 있음.

2. 《詩經》國風 周南 關雎

關關雎鳩, 在河之洲. 窈窕淑女, 君子好逑. 參差荇菜, 左右流之. 窈窕淑女, 寤寐求之. 求之不得, 寤寐思服. 悠哉悠哉, 輾轉反側. 參差荇菜, 左右采之. 窈窕淑女, 琴瑟友之. 參差荇菜, 左右芼之. 窈窕淑女, 鍾鼓樂之.

程頤(伊川先生)《三才圖會》

218(5-1-5)
인품에 맞는 교육과정

○ 충숙공忠肅公 진관陳瓘이 말하였다.

"나이가 어린 선비는 먼저 반드시 인품의 상하를 구별해야 한다. 어떤 것이 성현이 했던 일이며, 어떤 것이 우매한 자가 한 일인가를 따져 선한 것을 지향하고 악한 것은 등지며 저것을 버리고 이것을 취할 수 있어야 하나니 이것이 어려서 배우는 자가 마땅히 해야 할 일이다.

안자顔子와 맹자孟子는 아성亞聖이다. 그들을 따라 배우면 비록 그 경지에 이르지 못하더라도 역시 현인賢人은 될 수 있다. 지금의 배우는 자가 능히 이러한 도리를 안다면 안자와 맹자의 일을 나 또한 배울 수 있다.

말을 온순히 하고 기운을 온화하게 하면 이는 안자의 '불천노不遷怒'를 점점 배우게 되는 것이요, 잘못을 저질렀으나 능히 후회하고 다시 고치기를 꺼리지 않는다면 안자의 '불이과不貳過'를 점차 배워나갈 수 있을 것이다.

묘지에서 매장하는 일이나 시장에서 장사하는 일을 보고 이를 유희로 여기는 것이 조두俎豆의 예절 놀이하는 것만 못함을 알고, 자애로운 어머니의 사랑으로 세 번이나 이사를 다녔음을 생각하여, 어려서부터 늙을 때까지 배움에 싫증을 내지 아니하고, 처음 가졌던 뜻을 고치지 아니하고, 시종 한 가지 뜻으로 한다면 내 마음에 동요가 없어 역시 맹자처럼 될 수가 있을 것이다.

만약 뜻을 세움이 높지 않다면 그 학문은 모두 보통 사람의 일에 되고 말 것이니, 그런 자에게 안자나 맹자를 일러준다 해도 감당해 내지 못할 것이다. 그러고는 그는 마음속으로 '나는 어린아이인데 어찌 감히 안자나 맹자를 배울 수 있겠는가!'라고 할 것이니 이러한 사람에게는 그 위의 사람을 일러줄 수 없다. 선생이나 어른이 그의 비열하고 낮은 인품을 보고 어찌

그와 더불어 말하기를 즐겨하겠는가! 선생이나 어른이 그와 말을 나누고자
하지 않으면 그와 더불어 말할 자는 모두가 하등下等의 사람일 것이다.
말에 충신忠信함이 없으면 하등 사람이요, 행동에 독경篤敬함이 없으면
하등 사람이요, 허물이 있고도 뉘우칠 줄 모른다면 하등 사람이요, 뉘우
쳐도 고칠 줄 모른다면 하등 사람이다. 하등 사람의 말을 듣고 하등 사람
의 일을 한다면, 비유하건대 마치 방 안에 앉아 있는 것과 같아 사면이
모두 벽이다. 비록 문을 열어 빛을 받아들이고자 하나 얻지 못할 것이다."

○陳忠肅公曰:「幼學之士, 先要分別人品之上下, 何者是聖賢所爲
之事, 何者是下愚所爲之事, 向善背惡·去彼取此, 此幼學所當先也.

顔子·孟子亞聖也. 學之雖未至, 亦可爲賢人. 今學者若能知此,
則顔孟之事, 我亦可學.

言溫而氣和, 則顔子之『不遷』, 漸可學矣; 過而能悔, 又不憚改,
則顔子之『不貳』, 漸可學矣.

知埋甖之戲, 不如俎豆, 念慈母之愛至於三遷, 自幼至老, 不厭
不改, 終始一意, 則我之不動心, 亦可以如孟子矣.

若夫立志不高, 則其學皆常人之事; 語及顔孟, 則不敢當也. 其心
必曰『我爲孩童, 豈敢學顔孟哉!』, 此人不可以語上矣. 先生·長者
見其卑下, 豈肯與之語哉! 先生長者不肯與之語, 則其所與語, 皆下
等人也. 言不忠信, 下等人也; 行不篤敬, 下等人也; 過而不知悔,
下等人也; 悔而不知改, 下等人也. 聞下等之語, 爲不等之事, 譬如
坐於房舍之中, 四面皆牆壁也, 雖欲開明, 不可得矣.」

【陳忠肅公】陳瓘(1057, 혹 1060~1124). 宋나라 延平(劍州, 沙縣) 사람으로 자는
　　瑩中, 호는 了翁, 혹은 了齋, 了堂. 진세경의 손자이며 神宗 때 進士에 급제

하여 哲宗 때 太學博士에 오름. 시호는 忠肅. 《尊堯集》, 《了齋易說》 등을
남김. 《宋史》(345)에 전이 있음.

【幼學之士】 선비 집안의 신분으로 어린 나이에 학문을 시작하는 소년.

【下愚】 매우 어리석은 사람. 《論語》 陽貨篇에 "子曰:「唯上知與下愚不移.」"
라 함.

【不遷·不貳】 '不遷怒'와 '不貳過'를 말함. 참고란을 볼 것.

【埋鬻】 埋는 무덤에 매장하는 일, 鬻은 시장에서의 장사하는 모습. 孟子가
두 가지를 흉내 내자 어머니가 다시 학관 근처로 이사하였음을 말함. 孟母
三遷之敎의 고사를 말함. 168(4-1-2) '맹모삼천'을 참조할 것.

【俎豆】 祭器. 제사지낼 때 쓰는 그릇과 제상 차림. 俎와 豆는 古代의 禮器로
祭禮 등에서 肉食을 담거나 차려놓는 그릇. 여기서는 禮에 관한 일이라는
뜻. 예절을 배우거나 실행함을 뜻함. 《論語》 衛靈公篇에 "衛靈公問陳於孔子.
孔子對曰:「俎豆之事, 則嘗聞之矣; 軍旅之事, 未之學也.」 明日遂行."이라 함.

【開明】 열어서 밝혀줌.

＊〈集註〉에 "吳氏曰:「言僞而行薄恥過, 而遂非所聞所行, 無一不歸於下愚之習.
耳目壅塞, 中心昏蔽, 一物無所見, 一步不可行, 欲求開明, 何可得哉!」"라 함.

참고 및 관련 자료

1. 《辨志錄》(呂祖謙)에 실려 있음.

2. 《論語》 雍也篇

哀公問:「弟子孰爲好學?」 孔子對曰:「有顔回者好學, 不遷怒, 不貳過. 不幸
短命死矣, 今也則亡, 未聞好學者也.」

219(5-1-6)
호랑이를 그리려다 개를 그리면

○ 마원馬援 형의 아들 엄嚴과 돈敦은 모두가 남을 비방하고 정치에 대하여 의논하기를 좋아하였으며 경솔한 협객들과 사귀고 있었다.

마원은 교지交趾에 있으면서 그들에 이렇게 편지를 보내어 경계하였다.

"나는 너희들이 남의 과실을 들으면 마치 부모의 이름 들은 듯이, 귀로는 들을 수 있으나 입으로는 말하지 못하는 듯이 여기기를 바란다. 남의 장단점을 논의하기 좋아하거나 정당한 법을 망령되이 옳으니 그르니 하는 것은, 내가 크게 싫어하는 바로써 차라리 죽을지언정 자손이 이러한 행동을 하고 있다는 말은 듣고 싶지 않다.

용백고龍伯高는 돈후敦厚하고 두루 하며 신중하여, 입으로 아첨의 말을 택하여 하는 법이 없고, 겸약謙約하고 절검節儉하며, 청렴하고 공정하고 위엄을 가지고 있어, 내가 애지중지하고 있으니 너희들은 그를 따라 배우기를 바란다.

그리고 두계량杜季良은 의협심이 강하여 남의 근심을 자신의 근심으로 여기고, 남의 즐거움은 자신의 즐거움으로 여겨 청탁清濁에 실수함이 없다. 그가 아버지 상을 당하였을 때 여러 군郡의 사람들이 모두 문상을 왔다. 나는 애지중지하지만 너희들은 본받기를 원치 않는다.

용백고를 따라 배우다가 그렇게 하지 못한다 해도 오히려 삼가고 조심하는 선비 정도는 될 것이니, 이것이 이른바 '고니를 조각하다가 이루지 못했지만 그래도 오리 비슷하게는 그렸다'는 것이다. 그리고 두계량을 따라 배우다가 그렇게 하지 못하면 결국 천하의 경박한 사람으로 추락하고 말 것이니, 이를 일러 '호랑이를 그려서 이루지 못하면 도리어 개와 비슷하게 된다'는 것이다."

○ 馬援兄子嚴·敦, 竝喜譏議, 而通輕俠客. 援在交趾, 還書誡之曰:「吾欲汝曹聞人過失, 如聞父母之名, 耳可得聞, 口不可得言也. 好議論人長短, 妄是非正法, 此吾所大惡也, 寧死不願聞子孫有此行也.

龍伯高敦厚周愼, 口無擇言, 謙約節儉, 廉公有威, 吾愛之重之, 願汝曹効之. 杜季良豪俠好義, 憂人之憂, 樂人之樂, 淸濁無所失, 父喪致客, 數郡畢至, 吾愛之重之, 不願汝曹効也. 効伯高不得, 猶爲謹敕之士, 所謂『刻鵠不成, 尙類鶩者』也; 效季良不得, 陷爲天下輕薄子, 所謂『畫虎不成, 反類狗者』也.」

【馬援】 자는 文淵(14~49). 東漢의 武陵 사람으로 명장. 伏波將軍으로 西域을 평정하여 그 공으로 新息侯에 봉해졌으며 交趾에 파견되어 그곳을 평정하기도 함. 《後漢書》에 傳이 있음. "大丈夫死於邊, 以馬革裹尸"라는 유명한 말을 남김.

【嚴·敦】 馬援의 조카. 마원 형의 두 아들.

【譏議】 남의 장단점이나 정치의 득실, 관리의 행정 등을 마구 비판하고 논평함.

【交趾】 지금의 越南 북부. 安南.

【龍伯高】 이름은 述, 자는 伯高, 京兆 사람. 《後漢書》에 "伯高名述, 亦京兆人, 爲山都長, 由此擢拜零陵太守"라 함.

【杜季良】 杜保. 자는 季良. 《後漢書》에 "季良名保, 京兆人, 時爲越騎司馬"라 함.

【謹敕】 '謹勅', '謹勑' 등으로도 표기하며 매사에 삼가고 자신을 잘 다스려 남에게 해를 입히거나 과실을 저지르는 일이 없도록 함.

【鵠·鶩】 鵠은 고니. 鶩은 집오리, 혹은 따오기. 서로 비슷하여 큰 차이가 없음을 말함.

【虎·狗】 호랑이와 개는 전혀 다른 것으로 큰 차이가 남을 말함.

＊〈集註〉에 "吳氏曰:「鵠鶩, 皆鳥而略相似; 虎狗, 皆獸而絶不同.」"이라 함.

1. 《後漢書》馬援傳

初, 兄子嚴·敦, 並喜譏議, 而通輕俠客. 援前在交阯, 還書誡之曰:「吾欲汝曹聞人過失, 如聞父母之名, 耳可得聞, 口不可得言也. 好論議人長短, 妄是非正法, 此吾所大惡也, 寧死不願聞子孫有此行也. 汝曹知吾惡之甚矣, 所以復言者, 施衿結褵, 申父母之戒, 欲使汝曹不忘之耳. 龍伯高敦厚周愼, 口無擇言, 謙約節儉, 廉公有威, 吾愛之重之, 願汝曹効之. 杜季良豪俠好義, 憂人之憂, 樂人之樂, 清濁無所失, 父喪致客, 數郡畢至, 吾愛之重之, 不願汝曹効也. 効伯高不得, 猶爲謹勅之士, 所謂刻鵠不成尙類鶩者也. 效季良不得, 陷爲天下輕薄子, 所謂畫虎不成反類狗者也. 訖今季良尙未可知, 郡將下車輒切齒, 州郡以爲言, 吾常爲寒心, 是以不願子孫効也.」季良名保, 京兆人, 時爲越騎司馬. 保仇人上書, 訟保「爲行浮薄, 亂羣惑衆, 伏波將軍萬里還書以誡兄子, 而梁松·竇固以之交結, 將扇其輕僞, 敗亂諸夏」. 書奏, 帝召責松·固, 以訟書及援誡書示之, 松·固叩頭流血, 而得不罪. 詔免保官. 伯高名述, 亦京兆人, 爲山都長, 由此擢拜零陵太守.

2. 《幼學瓊林》

「刻鵠類鶩, 爲學初成; 畫虎類犬, 弄巧反拙.」

馬援(文淵)《三才圖會》

유비의 유언

○ 한漢 소열제昭烈帝 유비劉備가 임종에 후주後主 유선劉禪에게 이렇게 계칙戒敕을 내렸다.

"악한 일이란 아무리 작은 것이라도 해서는 안 된다. 선한 일이란 아무리 작은 것이라도 하지 않아서는 안 된다."

○ 漢昭烈將終, 敕後主曰:「勿以惡小而爲之, 勿以善小而不爲.」

【漢昭烈】 삼국시대 蜀漢의 劉備. 자는 玄德(元德). 先主라 칭하며 廟號는 昭烈帝. 221~223년 재위함.《三國志》蜀志에 전이 있음.

【後主】 유비의 아들 劉禪. 자는 公嗣. 삼국 蜀의 제2대 황제. 後主라 칭함. 劉備의 아들이며 諸葛亮의 도움을 받았으나 나라가 망하고 말았음. 223~263년 재위함.《十八史略》(3)에 "後皇帝: 名禪, 字公嗣, 昭烈皇帝子也. 年十七 卽位, 改元建興, 丞相諸葛亮受遺詔輔政, 昭烈 臨終謂亮曰:「君才十倍曹丕, 必能安國家, 終 定大事, 嗣子可輔輔之, 如其不可, 君可自取.」 亮涕泣曰:「臣敢不竭股肱之力, 效忠貞之節, 繼之以死?」亮乃約官職修法制, 下敎曰:「夫參署者, 集衆思廣忠益也. 若遠 小嫌, 難相違覆, 曠闕損矣.」라 함.

＊〈集註〉에 "朱子曰:「善必積而後成, 惡雖小而可戒.」"라 함.

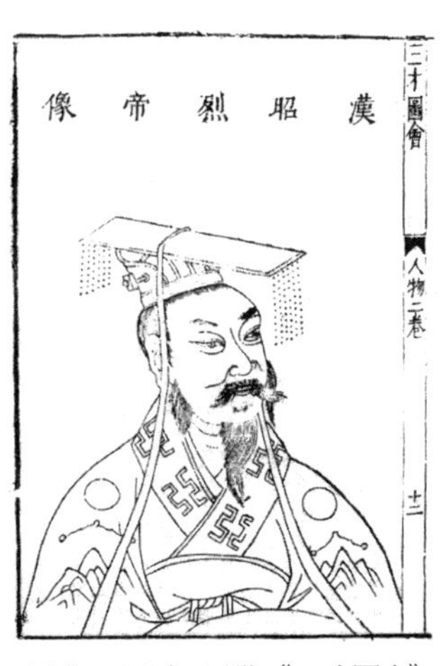

蜀漢 昭烈帝 劉備《三才圖會》

1.《三國志》蜀志 先主傳 注

《諸葛亮集》載先主遺詔敕後主曰:「朕初疾但不痢耳, 後轉雜他病, 殆不自濟. 人五十不稱夭, 年已六十有餘, 何所復恨, 不復自傷, 但以卿兄弟爲念. 射君到, 說丞相歎卿智量, 甚大增脩, 過於所望, 審能如此, 吾復何憂! 免之, 免之! 勿以小惡而爲之, 勿而小善而不爲. 惟賢惟德, 能服於人. 汝父德薄, 勿效之. 可讀《漢書》·《禮記》, 閒暇歷觀諸子及《六韜》·《商君書》, 益人意智. 聞丞相爲寫《申》·《韓》·《管子》·《六韜》一通已畢, 未送, 道亡, 可自更求聞達.」臨終時, 呼魯王與語:「吾亡之後, 汝兄弟父事丞相, 令卿與丞相共事而已.」

2.《明心寶鑑》繼善篇

漢昭烈將終勅後主曰:「勿以惡小而爲之, 勿以善小而不爲.」

제갈량의 자식 훈계

○ 제갈무후諸葛武侯의 〈계자서戒子書〉에 말하였다.

"군자의 행동은 조용함을 가지고 몸을 수양하고, 검소함으로써 덕을 길러야 한다. 담박澹泊함이 없으면 뜻을 밝게 할 수 없고, 조용함이 없으면 원대한 것을 이룰 수 없다. 무릇 학문이란 모름지기 조용함으로써 해야 하며, 재능이란 모름지기 배움에서 시작되어야 한다. 배움이 없으면 재능을 넓힐 수 없고, 조용함이 없으면 학문을 이룰 수 없다. 도만慆慢하면 정밀하게 연마할 수 없으며, 험조險躁하면 성품을 다스릴 수 없다. 나이는 시절과 함께 내달아가고, 의지는 세월과 함께 사라지는 것이니, 드디어 노년에 이르러 메마른 고목처럼 되고 나서, 비탄에 빠진 채 궁한 오두막에 살게 되면 장차 다시 어찌할 수 있겠는가?"

○ 諸葛武侯〈戒子書〉曰:「君子之行, 靜以修身, 儉以養德. 非澹泊, 無以明志; 非寧靜, 無以致遠. 夫學須靜也, 才須學也. 非學無以廣才, 非靜無以成學. 慆慢則不能研精, 險躁則不能理性. 年與時馳, 意與歲去, 遂成枯落, 悲歎窮廬, 將復何及也?」

【諸葛武侯】諸葛亮. 자는 孔明(191~234). 한말 陽都人. 은거하여 스스로 밭을 갈며 자신을 管仲과 樂毅에 비교하여 사람들이 그를 臥龍先生이라 불렀음. 뒤에 蜀漢 劉備의 三顧草廬로 불려가 天下三分之策을 정하고 유비를 도와 荊州와 益州를 차지하여 吳, 蜀, 魏 삼국정립을 이루었음. 유비의 遺囑에 의해 그 아들 劉禪을 도와 〈出師表〉를 쓰고 북벌을 시도했으나 五丈原에서

생을 마침. 죽은 뒤 武鄕侯에 봉해졌으며 시호는 忠武. 《三國志》(35)에 전이 있음.

【戒子】 아들을 훈계함. 제갈량의 아들은 諸葛瞻이며 자는 思遠.

【澹泊】 淡泊과 같으며, 寧靜과 같은 의미로 쓰였음.

【寧靜】 고요히 욕심을 줄인 상태.

【慆慢】 방자하며 태만하고 오만함.

【硏精】 정밀하게 깊이 연구함.

【險躁】 조급하고 거칠며 경망스러움. 시끄럽고 조악함.

【枯落】 고목이 되고 잎이 져서 零落함.

* 〈集註〉에 "蓋人之年意與時歲, 而俱往不暫駐也. 失時不學, 遂與草木同枯落, 雖悲歎而無及矣. 眞氏曰:「孔明此書, 眞格言也.」"라 함.

참고 및 관련 자료

1. 《三國志》諸葛武侯傳을 참조할 것.

2. 《明心寶鑑》 勤學篇(9-22)

諸葛武侯《戒子書》曰:「君子之行, 靜以修身, 儉以養德. 非澹泊無以明志, 非寧靜無以致遠. 夫學須靜也, 才須學也. 非學無以廣才, 非靜無以成學. 慆慢, 則不能硏精; 險躁, 則不能理性. 年與時馳, 意與歲去. 遂成枯落, 悲歎窮廬. 將復何及也?」

諸葛亮(孔明, 臥龍先生) 《三才圖會》

222(5-1-9)
유빈의 자제 훈계

○ 유빈柳玭이 일찍이 글을 지어 그 자제들을 경계시켜 말하였다.

"명예를 해치고 몸을 재앙에 빠지게 하며, 선조를 욕되게 하고 가문을 망치는 과실 중 가장 큰 것이 다섯 가지가 있으니 마땅히 깊이 새기도록 하라.

첫째, 스스로 안일만을 구하며, 담박한 생활을 달게 여기지 아니하고 내 몸에 이로우면 남의 비난도 걱정하지 않는 것이다.

둘째, 유술儒術도 알지도 못하고 옛 도리도 좋아하지 않아 옛 경서를 보고 몽매함에도 부끄럽게 여기지 않으며, 당세를 논하면서 턱이나 벌려 웃을 뿐 자신이 아는 것이 적음에도 남의 학문을 싫어하는 것이다.

셋째, 자신보다 나은 자를 미워하고 자신에게 아첨하는 자를 즐겁게 여기며, 오직 농담만을 즐기면서 옛날 도리는 생각하지 않는 것. 나아가 남의 선행을 들으면 질투하고, 남의 악행을 들으면 떠벌리면서, 편파와 사벽함에 점차 물들어 덕의를 녹여 깎아 없애니, 이러한 자는 한갓 비녀를 꽂고 옷을 입고 있지만 마구간에서 축물을 기르는 자와 무엇이 다르겠는가?

넷째, 한가롭게 일없이 지내는 것을 좋아하고 숭상하며, 술에 빠지기를 즐겨하여 술잔이나 물고 있는 것을 높은 운치인 줄로 여기며, 부지런히 일하는 것은 속된 것이라 여기다가 이것이 습관이 되어 황폐해지고 나서 깨달았을 때는 이미 후회하기도 어렵게 되고 마는 일이다.

다섯째, 이름난 벼슬자리에 마음이 급하여 권력과 요로에 몰래 가까이 해서 한 자리나 반 푼어치의 벼슬자리를 혹 얻는다 하더라도 뭇사람들은 노하고 시기할 것이니, 그렇게 하고도 그 자리를 보존하는 자는 드물 것이다.

내 보건대 명문우족名門右族은 선조의 충효근검忠孝勤儉으로 말미암아
이루어지지 않은 집이 없으며, 자손의 완솔사오頑率奢傲함으로 말미암아
엎어져 추락하지 아니한 집안이 없다. 그렇게 성취시키기는 마치 하늘에
오르는 것처럼 어렵지만, 그처럼 엎어지고 추락하기는 마치 털을 태우는
것처럼 쉬운 것이다. 이러한 가슴 아픈 일을 말하노니 너희들은 의당 뼈에
새길지니라.”

○柳玭嘗著書, 戒其子弟曰:「壞名災己, 辱先喪家, 其失尤大者五,
宜深誌之:

其一, 自求安逸, 靡甘澹泊, 苟利於己, 不恤人言.

其二, 不知儒術, 不悅古道, 懵前經而不恥, 論當世而解頤, 身旣
寡知, 惡人有學.

其三, 勝己者厭之, 佞己者悅之, 唯樂戲談, 莫思古道. 聞人之善
嫉之, 聞人之惡揚之, 浸漬頗僻, 銷刻德義, 簪裾徒在, 厮養何殊?

其四, 崇好優游, 耽嗜麴糵, 以啣杯爲高致, 以勤事俗流, 習之易荒,
覺已難悔.

其五, 急於名宦, 匿近權要, 一資半級, 雖或得之, 衆怒羣猜, 鮮有
存者.

余見名門右族, 莫不由祖先忠孝勤儉, 以成立之; 莫不由子孫頑率
奢傲, 以覆墜之. 成立之難, 如升天; 覆墜之易, 如燎毛. 言之痛心,
爾宜刻骨!」

【柳玭】자는 直淸. 唐나라 때 인물로 柳公綽의 손자이며 柳仲郢의 아들. 僖宗
　　때 吏部侍郎修國史를 거쳐 御史大夫에 올랐으며, 昭宗 때 宦官과 알력으로
　　瀘州刺史로 폄직되기도 하였음. 《續貞陵遺事》를 남겼으며 《舊唐書》(165),
　　《新唐書》(163)의 柳公綽傳에 함께 傳이 실려 있음. 한편 《소학언해》에는
　　柳玭을 ‘류변’으로 표기하여 ‘玭’자를 ‘변’으로 읽었음.

【解頤】원래는 턱을 벌리고 웃는 것을 말함. 여기서는 아는 것도 없고 무식
  하면서도 남의 의견이나 학술을 비웃는 것을 말함.
【浸漬】'침지'로 읽으며 물에 젖듯 영향을 입거나 같아짐.
【頗僻】偏頗되고 邪僻함.
【簪裾】비녀를 꽂고 옷자락을 여밈. 사대부의 의관을 말함.
【廝養】'厮養'으로도 표기하며 마구간에서 가축이나 기르는 노복. 천한 사람
  을 말함.
【優游】편안히 유유자적하는 상황을 표현하는 雙聲連綿語.
【麴糵】누룩으로 빚은 술.
【暱近權要】權職의 要路에 있는 이에게 아부하여 갖가지 함.
【右族】大家. 〈集註〉에 "古人以右爲尊, 名門右族, 皆大家也"라 함.
【頑率奢傲】완고하고 경솔하며 사치하고 오만함.

1.《柳玭家訓》에 실려 있음.
2.《舊唐書》(165) 柳玭傳
柳玭嘗著書, 誡其子弟曰:「夫門地高者, 可畏不可恃. 可畏者, 立身行己, 一事
有墜先訓, 則罪大於他人. 雖生可以苟取名位, 死何以見祖先於地下? 不可恃者,
門高則自驕, 族盛則人之所嫉. 實藝懿行, 人未必信, 纖瑕微累, 十手爭指矣.
……夫壞名災己, 辱先喪家, 其失尤大者五, 宜深誌之: 其一, 自求安逸, 靡甘
澹泊, 苟利於已, 不恤人言. 其二, 不知儒術, 不悅古道, 懵前經而不恥, 論當世
而解頤, 身旣寡知, 惡人有學. 其三, 勝己者厭之, 佞己者悅之, 唯樂戲譚, 莫思
古道, 聞人之善嫉之, 聞人之惡揚之, 浸漬頗僻, 銷刻德義, 簪裾徒在, 廝養何殊?
其四, 崇好優遊, 耽嗜麴糵, 以銜杯爲高致, 以勤事俗流, 習之易荒, 覺已難悔.
其五, 急於名宦, 暱近權要, 一資半級, 雖或得之, 衆怒羣猜, 鮮有存者. 玆五不是,
甚於痤疽. 痤疽則砭石可瘳, 五失則巫醫莫及. 前賢炯戒, 方冊具存, 近代覆車,
聞見相接.」
3.《新唐書》(161) 柳玭傳
柳玭常述家訓以戒子孫曰:「夫門地高者, 一事墜先訓, 則異它人. 雖生可以苟
爵位, 死不可見先地下. 門高則自驕, 族盛則人窺嫉. 實蓺懿行, 人未必信, 纖瑕

微累, 十手爭指矣. 所以修己不得不至, 爲學不得不堅. 夫士君子生於世, 己無
能而望它人用, 己無善而望它人愛, 猶農夫鹵莽種之而怨天澤不潤, 雖欲不餒,
可乎? 余幼聞先公僕射言: 立己以孝悌爲基, 恭黙爲本, 畏怯爲務, 勤儉爲法,
肥家以忍順, 保交以簡恭, 廣記如不及, 求名如償來, 莅官則絜己省事, 而後可
以言家法, 家法備, 然後可以言養人, 直不近禍 廉不沽名. 憂與禍不偕, 絜與富
不並. 董生有云: 『弔者在門, 賀者在閭.』言憂則恐懼, 恐懼則福至. 又曰: 『賀者
在門, 弔者在閭.』言受福則驕奢, 驕奢則禍至. 故世族遠長與命位豐約, 不假
問蓍龜星數, 在處心行事而已.」

《杭州四季風俗圖》(宋)

223(5-1-10)
승진 부탁을 시로써 깨우쳐 준 범질

○ 노공魯公 범질范質이 재상이 되어 조카 범고范杲가 임금께 글을 올려 자신의 벼슬 승진을 부탁하자 범질이 시를 지어 이렇게 깨우쳐 주었다.

그 대략은 다음과 같다.

너에게 경계하노니, 입신하는 법을 배우고자 함에는 효제孝悌보다 앞서는 것이 없단다.

편안한 얼굴빛으로 부모와 어른을 받들되 감히 교만하고 쉽게 해도 된다는 생각을 갖지 말아라.

전전긍긍하여 아주 짧은 순간에도 여기에 근거해야 하느니라.

너에게 경계하노니 벼슬 구하는 법을 배우고자 한다면 우선 먼저 도예道藝에 부지런히 하는 것보다 급한 것이 없단다.

일찍이 격언에서 들었노니, 배우고 넉넉함이 있으면 벼슬하라 하였단다.

남이 알아주지 않음을 걱정할 것이 아니라 학문에 그 경지에 이르지 못했음을 걱정할 뿐이니라.

너에게 경계하노니, 치욕을 멀리 하라. 공손하면 이것에 바로 예에 가까운 것이니라.

스스로를 낮추고 남을 존경하며 상대를 앞세우고 자신은 뒤로 물러날 줄 알아라.

〈상서相鼠〉와 〈모치茅鴟〉에서 옛 시인들의 풍자를 거울삼도록 하여라.

너에게 경계하노니, 방탄하고 광달하게 굴지 말아라. 방탄광달하면 단정한 선비가 아니니라.

주공周公과 공자孔子께서 훌륭한 가르침을 내려주었건만, 제량齊梁시대
에는 청담淸談을 숭상하여,

남조南朝 때에는 여덟 명 광달한 사람들이 칭해졌으나 청사靑史에 길이
더러운 이름을 남기고 말았단다.

너에게 경계하노니, 술 마시기를 즐겨하지 말라, 미친 약은 좋은 맛이
아니란다.

술이란 근후謹厚한 본성을 옮겨가게 하여 흉험한 무리로 변하게 한단다.

고금에 기울고 무너진 자는 모두가 술 때문이었음을 역력히 기억할 수
있단다.

너에게 경계하노니, 말을 많이 하지 말아라. 말이 많으면 모든 사람들이
꺼린단다.

진실로 추기樞機를 조심하라. 재앙과 화액이 이로부터 시작된단다.

옳으니 그르니 헐뜯고 칭찬하는 사이에 몸을 그르칠 수 있기 때문이다.

세상 모두 교유交游를 중시하여 금란계金蘭契처럼 사귄다 하지만,

분함과 원망이 그 속에서 쉽게 생겨나서 풍파가 당장 일어나고 만단다.

그 때문에 군자라면 그 마음이 넓고 넓어 담백하기가 마치 물과 같아야
하느니라.

세상 온통 서로 떠받들어 주기를 좋아하며 그로 인해 더욱 앙앙히
의기를 드높인다.

받드는 자가 어떤 생각을 가지고 있는지 알지 못하면 도리어 너를
비웃음거리로 삼게 된다.

그 때문에 옛 사람들은 위만 볼 수 있는 거저遽篨와 아래만 볼 수 있는
척이戚施라는 병을 비유했단다.

세상을 통틀어 유협游俠을 중시하면서 세속에서는 이를 용기 있는 의협심이라 부르지만,

남을 위해 급하고 어려움에 달려나갔다가 왕왕 옥에 갇히는 일이 있으니,

그 때문에 마원馬援은 글을 써서 은근히 여러 자제들을 경계하였단다.

세상에 온통 청렴함과 소박함을 천시하면서 자신을 봉양함에는 사치를 좋아한다.

살찐 말에 가벼운 갖옷 외투로 거들먹거리며 여리閭里를 지나가면서 비록 시장의 어린아이들로부터 부러움을 산다 할지라도 도리어 식자들로부터는 비루하다 여김을 받는단다.

나는 본래 기려羈旅의 신하, 요순 같은 훌륭한 임금을 만났단다.

높은 지위, 중한 봉록에 재주가 그에 미치지 못해 안타까이 근심과 두려움을 품은 채,

깊은 못가에 이른 듯, 얇은 얼음을 밟은 듯, 밟고 섰으면서도 오직 추락할까 두렵단다.

너희들은 의당 나를 불쌍히 여겨 더 이상 죄를 짓지 않도록 해다오.

문을 걸어 닫고 발자취를 감추며 머리를 움츠리고 명예와 권세를 피하거라.

권세의 높은 자리 오래 견디기 어려우니 끝내 무엇을 믿을 수 있겠는가?

만물은 성하면 반드시 쇠락하는 법, 융성한 것도 다시 바뀌고 만단다.

급히 이루고자 하면 견고하지 못하며 빨리 달리다가는 넘어지고 만단다.

화들짝 피어난 꽃밭의 꽃들도, 일찍 피는 것은 먼저 시들고 마는 법.

느리고 느린 골짜기 물가의 소나무, 울창하여 늦도록 푸른빛은 머금는다.

부여받은 천명이란 빠르기도 하고 느리기도 한 것이니 청운의 꿈은 힘으로 이루기는 어려운 법이란다.

부탁 말 전하노니 여러 사내들이여, 승진에 조급해하는 것은 헛된 행위일 뿐이니라.

○ 范魯公質爲宰相, 從子杲嘗求奏遷秩, 質作詩曉之.
其略曰:
戒爾學立身, 莫若先孝悌.
怡怡奉親長, 不敢生驕易.
戰戰復兢兢, 造次必於是.

戒爾學干祿, 莫若勤道藝.
嘗聞諸格言, 學而優則仕.
不患人不知, 惟患學不至.

戒爾遠恥辱, 恭則近乎禮.
自卑而尊人, 先彼而後己.
相鼠與茅鴟, 宜鑑詩人刺.

戒爾勿放曠, 放曠非端士.
周孔垂名教, 齊梁尚清議.
南朝稱八達, 千載穢靑史.

戒爾勿嗜酒, 狂藥非佳味.
能移謹厚性, 化爲凶險類.
古今傾敗者, 歷歷皆可記.

戒爾勿多言, 多言衆所忌.
苟不愼樞機, 災厄從此始.
是非毀譽間, 適足爲身累.

擧世重交游, 擬結金蘭契.
忿怨容易生, 風波當時起.
所以君子心, 汪汪淡如水.

擧世好承奉, 昂昂增意氣.
不知承奉者, 以爾爲玩戲.
所以古人疾, 籧篨與戚施.

擧世重游俠, 俗呼爲氣義.
爲人赴急難, 往往陷囚繫.
所以馬援書, 殷勤戒諸子.

擧世賤清素, 奉身好華侈.
肥馬衣輕裘, 揚揚過閭里.
雖得市童憐, 還爲識者鄙.

我本羈旅臣, 遭逢堯舜理.
位重才不充, 戚戚懷憂畏.
深淵與薄氷, 蹈之唯恐墜.

爾曹當憫我, 勿使增罪戾.
閉門斂蹤跡, 縮首避名勢.
勢位難久居, 畢竟何足恃.

物盛則必衰, 有隆還有替.
速成不堅牢, 亟走多顚躓.
灼灼園中花, 早發還先萎.

遲遲澗畔松, 鬱鬱含晚翠.
賦命有疾徐, 靑雲難力致.
寄語謝諸郎, 躁進徒爲耳.

【范魯公質】范質(911~964). 자는 文素. 大名 宗城 사람으로 後唐 때 진사에
 올라 後周 때 平章事를 역임하였으나 宋나라가 들어서자 송나라를 섬겨
 魯國公에 봉해졌음. 평생을 廉直하게 살았다 함. 저서에 《五代通錄》,
 《邕管記》 등이 있으며 《宋史》(249)에 전이 있음.
【從子】조카. 형의 아들. 范正의 아들 范杲를 가리킴. 范杲는 宋나라 때 右諫
 議大夫, 知濠州, 史官修撰 등을 역임하였으며 56세에 죽음. 《宋史》(249)에
 전이 있음.
【遷秩】벼슬이 높아짐. 승진함.
【戰戰兢兢】매우 조심하는 모습. 《詩經》 小兒 小旻에 "不敢暴虎, 不敢馮河.
 人知其一, 莫知其它. 戰戰兢兢, 如臨深淵, 如履薄冰"라 함.
【造次】아주 짧은 시간을 말하는 雙聲連綿語. 따라서 '초차'로 읽어야 맞음.
 《論語》 里仁篇에 "子曰:「富與貴, 是人之所欲也; 不以其道得之, 不處也.
 貧與賤, 是人之所惡也; 不以其道得之, 不去也. 君子去仁, 惡乎成名? 君子
 無終食之間違仁, 造次必於是, 顚沛必於是.」"라 하였음.
【干祿】봉록을 요구함. 벼슬자리를 구함. '干'은 '求'와 같음. 雙聲互訓.

【學而優則仕】《論語》子張篇에 "子夏曰:「仕而優則學, 學而優則仕.」"라 함.

【相鼠】《詩經》鄘風의 편명. 사람의 무례함을 풍자한 내용임. "相鼠有皮, 人而無儀. 人而無儀, 不死何爲? 相鼠有齒, 人而無止. 人而無止, 不死何俟? 相鼠有體, 人而無禮. 人而無禮, 胡不遄死?"라 함.

【茅鴟】지금의《詩經》에는 전하지 않는 逸詩이며 역시 무례한 행동을 풍자한 것이라 함.

【周孔】周公(姬旦)과 公子(仲尼). 儒家의 성인들.

【淸議】魏晉시대 유행했던 玄學의 淸談을 말함. 여기서는 이를 儒家에 반한 空理空談으로 여겨 부정적으로 본 것임.

【南朝】東晉 이후 江南 일대에 이어갔던 朝代로 북쪽의 이민족 北魏, 西魏, 東魏, 北齊, 北周와 구분하여 南朝라 함. 420년부터 589년 까지이며 宋(420~479), 齊(479~502), 梁(502~557), 陳(557~589)이며 建業(지금의 남경)을 도읍으로 하였으며 뒤에 隋나라에게 망함.

【八達】晉나라 때 曠達하게 살았던 여덟 사람. 鄧粲《晉紀》에 "鯤與王澄之徒, 慕竹林諸人, 散首披髮, 裸袒箕踞, 謂之八達. 故鄰家之女, 折其兩齒. 世爲謠曰:「任達不已, 幼輿折齒.」鯤有勝情遠槩, 爲朝廷之望, 故時以庾亮方焉"라 하였으며 胡母輔之, 謝鯤, 阮放, 畢卓, 羊曼, 桓彛, 阮孚를 가리킴.

【靑史】역사. 고대 대나무 조각에 글을 써서 이를 靑史라 함.

【樞機】가장 중요한 기틀. '樞'는 문의 지도리, '機'는 弩를 발사하는 기구로 가장 중요한 것임을 뜻하는 말로 쓰임.

【金蘭契】金蘭之契의 줄인 말. 친구끼리 아주 마음이 맞는 경우를 말함. 《周易》繫辭(上)에 "子曰:「君子之道, 或出或處, 或默或語. 二人同心, 其利斷金; 同心之言, 其臭如蘭.」"라 한데서 온 말.

【淡如水】《禮記》表記에 「故君子之接如水, 小人之接如醴, 君子淡以成, 小人甘以壞」라 하였고,《莊子》山木篇에는 「且君子之交淡若水, 小人之交甘若醴; 君子淡以親, 小人甘以絶」이라 함. 그리고《幼學瓊林》朋友賓主篇 續增에 「君子之交淡如水, 同心之言臭如蘭」이라 하였으며,《昔時賢文》에는 「君子之交淡以成, 小人之交甘以壞」라 하였음.

【籧篨】'거저'로 읽으며 病名. 疊韻連綿語. 앞가슴의 뼈가 크게 튀어나와 위만 볼 수 있고 아래는 볼 수 없는 상태가 됨. 〈集註〉에 "籧篨, 龜胸者. 不能俯"라 함.

【戚施】곱사등이. 아래만 볼 수 있고 위는 볼 수 없음. '척이'로 읽음. 〈集註〉에

“施, 音叶去聲. 戚施, 駝背者. 不能仰”이라 함.

【游俠】 협객. 의협심 하나로 남을 돕겠다고 나서는 무리들. 《史記》 游俠傳 참조.

【殷勤】 ‘慇懃’과 같음. 疊韻連綿語.

【輕裘】 가벼운 갖옷. 아주 귀하고 비싼 것으로 여겼음.

【憐】 좋아하고 사랑함. 애호함.

【羈旅臣】 ‘羈旅之臣’의 줄인 말. 원래 ‘그 나라 출신이 아니면서 잠시 들러 말을 매어놓은 상태에서 벼슬을 하다’의 뜻. 范質이 원래 後周 사람으로 宋나라에 벼슬하게 되었음을 말함.

【晚翠】 늦도록 푸른빛을 그대로 띠고 있음.

【疾徐】 급하게 다가오기도 하고 느리게 오기도 함. 사람의 뜻대로 되지 않음을 말함.

【靑雲】 출세함을 비유함.

【躁進】 조급하게 승진을 꿈꿈.

【徒爲】 한갓 헛된 일.

참고 및 관련 자료

1. 《宋文鑑》에 실려 있음.

2. 《宋史》(249) 范質傳

范質字文素, 大名宗城人. 父守遇, 鄭州防禦判官. 質生之夕, 母夢神人授以五色筆. 九歲能屬文, 十三治尙書, 敎授生徒. ……從子校書郎杲求奏遷秩, 質作詩曉之, 時人傳誦以爲勸戒. 有集三十卷, 又述朱梁至周五代爲《通錄》六十五卷, 行于世.

224(5-1-11)
소옹이 자손들에게 경계한 말

○ 강절康節 소옹邵雍 선생이 자손들을 경계하여 말하였다.

"상품上品인 사람은 가르치지 아니하여도 선하게 되고, 중품中品인 사람은 가르친 뒤에야 선하게 되며, 하품下品인 사람은 가르쳐도 선하지 못하다. 가르치지 않아도 선하다면 성聖이 아니고 무엇이겠으며, 가르치면 선해진다면 현賢이 아니고 무엇이겠으며, 가르쳐도 선해지지 않는다면 우愚가 아니고 무엇이겠는가?

이로써 선善이란 길吉한 것을 말하는 것이요, 불선不善이란 흉凶한 것을 말하는 것임을 알 수 있다.

길한 것이란 눈으로 예가 아닌 색깔을 보지 아니하며, 귀로는 예가 아닌 소리를 듣지 아니하며, 입으로는 예가 아닌 말을 하지 아니하며, 발로는 예가 아닌 것을 밟지 아니하는 것이다. 사람으로서 선하지 아니하면 사귀지 아니하며 사물도 의義롭지 아니한 것은 취하지 아니하여 어진 이를 친히 여기기를 마치 지란芝蘭에 다가가 듯하며, 악한 이를 피하기를 마치 뱀이나 전갈을 두려워하는 하는 것이다. 어떤 이가 이러한 사람을 두고 길인吉人이라 하지 않는다면 나는 그의 말을 믿지 않겠다.

흉하다는 것은 언어에 궤휼詭譎이 있으며 행동거지가 음험하며, 이익을 좋아하고 비리를 꾸며 덮으려 하며, 음란스러운 것을 탐하며 재앙을 즐겨하여 어질고 선한 이를 질시하기를 마치 원수나 틈이 벌어진 사람 대하듯 하고, 형벌과 헌법을 범하기를 마치 음식 먹듯이 한다. 그리하여 적게는 자신의 몸을 망치고 본성을 멸절시키며, 크게는 종족을 엎어버리고 후손을 끊게 된다. 혹자가 이를 두고 흉인凶人이라 말하지 않는다면 나는 그 말을 믿지 않겠다.

전傳에 이렇게 말하였다.

'길인은 선을 행하기에 하루해가 모자라다고 여기고, 흉인도 역시 불선한 짓을 저지르기에 하루해가 모자란다.'

너희들은 길인이 되고자 하는가? 아니면 흉인이 되고자 하는가?"

○ 康節邵先生戒子孫曰:「上品之人, 不敎而善; 中品之人, 敎而後善; 下品之人, 敎亦不善. 不敎而善, 非聖而何? 敎而後善, 非賢耳何? 敎亦不善, 非愚而何?

是知善也者, 吉之謂也; 不善也者, 凶之謂也.

吉也者, 目不觀非禮之色, 耳不聽非禮之聲, 口不道非禮之言, 足不踐非禮之地. 人非善不交, 物非義不取, 親賢如就芝蘭, 避惡如畏蛇蝎. 或曰不謂之吉人, 則吾不信也.

凶也者, 語言詭譎, 動止陰險, 好利飾非, 貪淫樂禍, 疾良善如讐隙, 犯刑憲如飮食, 小則隕身滅性, 大則覆宗絶嗣. 或曰不謂之凶人, 則吾不信也.

傳有之, 曰:「吉人爲善, 惟日不足; 凶人爲不善, 亦惟日不足. 汝等欲爲吉人乎? 欲爲凶人乎?」

【邵雍】 자는 堯夫(1011~1077). 시호는 康節. 北宋 理學 百源學派의 대표적 인물이며 지금의 河南 輝縣 蘇門山 백원에 살아 百源先生이라 불렸음. 당시 이삼재가 공성령을 돕고 있다가 목수에게 전해 오던 先天象數圖를 소옹에게 주어 이를 통해 체득하였다 하며 저술로는 《先天圖》, 《皇極經世》, 《觀物篇》 등이 있음. 《宋史》(427) 道學傳에 전이 있음.

【愚】 下愚人. 매우 어리석은 사람. 《論語》 陽貨篇에 "子曰:「唯上知與下愚不移.」" 라 함.

【如就芝蘭】 난초가 있는 방에 들어가는 것처럼 여김.

【蛇蠍】 '蛇蝎'과 같음. 뱀이나 전갈처럼 독을 가진 벌레.

【詭譎】교묘하고 간사하게 남을 속이는 행위.

【傳】여기서는 《尚書》泰誓篇을 말함. 참고란을 볼 것.

【惟日不足】〈集註〉에 "惟日不足者, 言終日爲之, 而猶以爲不足也"라 함.

1. 《皇極經世書》에 실려 있음.

2. 《尚書》泰誓篇(中)

我聞:「吉人爲善惟日不足, 凶人爲不善亦惟日不足.」今商王受力行無度, 播棄犁老, 昵比罪人, 淫酗肆虐, 臣下化之, 朋家作仇, 脅權相滅, 無辜籲天, 穢德彰聞.

3. 《明心寶鑑》繼善篇(1-44)

康節邵先生誡子孫曰:「上品之人, 不教而善. 中品之人, 教而後善. 下品之人, 教亦不善. 不教而善, 非聖而何? 教而後善, 非賢而何? 教亦不善, 非愚而何? 是知, 善也者, 吉之謂也; 不善也者, 凶之謂也. 吉也者, 目不觀非禮之色, 耳不聽非禮之聲, 口不道非禮之言, 足不踐非禮之地. 人非善不交, 物非義不取. 親賢如就芝蘭, 避惡如畏蛇蝎.」或曰:「不謂之吉人, 則吾不信也. 凶也者, 語言詭譎, 動止陰險, 好利飾非, 貪淫樂禍. 疾良善如讐隙, 犯刑憲如飲食. 小則隕身滅性, 大則覆宗絶嗣.」或曰:「不謂之凶人, 則吾不信也.」傳有之曰:「吉人爲善, 惟日不足; 凶人爲不善, 亦惟日不足. 汝等欲爲吉人乎? 欲爲凶人乎?」

邵雍(康節) 《三才圖會》

225(5-1-12)
서적이 학자들에게 훈계한 글

○ 절효節孝 선생 서적徐積이 학자들을 훈계하여 이렇게 말하였다.

"제군들이 군자가 되고자 한다면서 만약 그 일은 자신의 노력이 들고, 자신의 비용이 드는 것이니 이와 같음으로 해서 군자가 되지 않겠다고 한다면 그것은 그럴 수도 있다. 그러나 그 일은 자신의 노고가 드는 것도 아니고 자신의 재물이 드는 것도 아닌데 제군들은 어찌 군자가 되고자 하지 않는 것인가? 또 군자가 되는 것을 마을 사람들이 천하게 여기고 부모가 싫어한다면 이와 같은 이유로 군자가 되지 않겠다고 한다면 그것은 그럴 수 있다.

그러나 군자가 되는 일이란 부모가 원하고 있고, 마을 사람들이 영광스럽게 여기는 일인데도 그대들은 어찌 군자가 되고자 하지 않는가?"

또 이렇게 말하였다.

"그 선한 바를 말하고, 그 선한 바를 행하고, 그 선한 바를 생각하면서 이와 같이 하고도 군자가 되지 않은 자는 있어본 적이 없다."

○ 節孝徐先生訓學者曰:「諸君欲爲君子, 而使勞己之力, 費己之財, 如此而不爲君子, 猶可也. 不勞己之力, 不費己之財, 諸君何不爲君子? 鄕人賤之, 父母惡之, 如此而不爲君子, 猶可也. 父母欲之, 鄕人榮之, 諸君何不爲君子?」

又曰:「言其所善, 行其所善, 思其所善, 如此而不爲君子, 未之有也」

【節孝先生】徐積(1028~1103). 자는 仲車. 節孝는 시호. 宋 楚州 山陽 사람. 胡瑗에게 학문을 배웠으며 英宗 때 進士에 올랐으나 중년에 귀가 먹어 고통을 겪음. 哲宗 때 楚州敎授가 되어 敎學에 힘썼으며 監中岳廟의 직위를 맡음. 徽宗 때 節孝處士라는 시호를 받았으며 저술로 《節孝語錄》, 《節孝集》 등이 있음. 《宋史》(459) 卓行傳에 전이 있음.

【訓學者】배우는 자들에게 훈계하여 하는 말.

【猶可】그래도 그나마 그렇다고 인정할 수 있음.

＊〈集註〉에 "吳氏曰:「君子小人之分, 在乎口之所言·身之所行·心之所思而已.」"라 함.

참고 및 관련 자료

1. 《呂氏童蒙訓》 및 〈行狀〉 참조

2. 《宋史》(459) 卓行傳 徐積

乃以揚州司戶參軍爲楚州敎授. 每升堂, 訓諸生曰:「諸君欲爲君子, 而勞己之力, 費己之財, 如此而不爲, 猶之可也. 不勞己之力, 不費己之財, 何不爲君子? 鄕人賤之, 父母惡之, 如此而不爲, 可也. 鄕人榮之, 父母欲之, 何不爲君子?」又曰:「言其所善, 行其所善, 思其所善, 如此而不爲君子, 未之有也. 言其不善, 行其不善, 思其不善, 如此而不爲小人者, 未之有也.」聞之者斂袵敬聽.

3. 《明心寶鑑》 正己篇(5-70)

節孝徐先生, 訓學者曰:「諸君欲爲君子, 而使勞己之力, 費己之財, 如此而不爲君子猶可也. 不勞己之力, 不費己之財, 諸君何不爲君子? 鄕人賤之, 父母惡之, 如此而不爲君子猶可也. 父母欲之, 鄕人榮之, 諸君何不爲君子?」

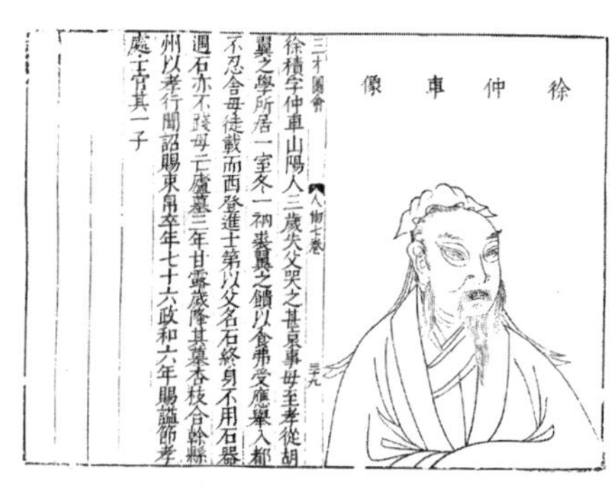

徐積(節孝先生) 《三才圖會》

226(5-1-13)
호안국의 자녀에게 주는 글

○ 문정공文定公 호안국胡安國의 〈여자서與子書〉에 이렇게 말하였다.

"뜻을 세우기는 정명도程明道나 범희문范希文과 같게 되기를 스스로 기대하라. 마음을 세우기는 충성과 믿음으로써 자신을 속이지 않는 것으로 근본을 삼아라. 자신을 실천하기는 단정하고 장엄하며 청렴하고 신중함을 가지고 절조를 드러내고 고집하여라. 일에 임해서는 명민明敏하고 과단果斷하게 시비是非를 변별하라. 다시 또 법조문을 신중히 하여 입법立法의 뜻을 살펴 이를 잘 조종하여라. 이렇게 하면 가히 위정爲政에 있어 남에게 뒤쳐지지는 않을 것이다. 너는 힘써 노력하라! 마음과 몸을 다스리고 수양하되 음식과 남녀의 문제를 절실한 요체로 삼아라. 옛 성현들로부터 스스로 여기에 정성을 쏟았으니 그것을 가히 소홀히 할 수 있겠는가!"

○ 胡文定公〈與子書〉曰:「立志以明道希文自期待, 立心以忠信不欺爲主本, 行己以端莊淸愼見操執, 臨事以明敏果斷辨是非. 又謹三尺, 考求立法之意, 而操縱之, 斯可爲政不在人後矣. 汝勉之哉! 治心修身, 以飮食男女爲切要, 從古聖賢, 自這裏做工夫, 其可忽乎!」

【胡文定公】宋나라 이학자 胡安國(1074~1138). 자는 康侯이며 호는 武夷先生, 혹은 草庵居士. 시호는 文定.《上蔡語錄》,《通鑑學要補遺》 등의 저술을 남김. 《宋史》(435) 儒林傳에 전이 있음.
【與子書】아들에게 주는 글이나 편지.

【明道】北宋 理學의 대가 程顥(1032~1085). 자는 伯淳이며 明道先生이라 부름. 저서로는 《識仁篇》과 《定性》 등이 있으며 아우 伊川(程頤)과 구분하여 大程子라 하며, 두 사람을 합해 二程이라 부름. 北宋 理學 四派 즉, 濂溪 學派(周敦頤)·百源學派(邵雍)·關學派(張載)와 더불어 洛學派의 대표적인 인물. 이들의 저술과 어록을 묶은 《二程集》이 있음. 그 학통이 南宋 閩學派(朱熹) 에게로 이어진 것임.

【希文】范希文. 范仲淹(989~1052). 자는 希文. 北宋 蘇州 吳縣 사람으로 2살에 고아가 되었으며, 어머니가 朱氏에게 재가하여 이름을 朱說이라 하였음. 뒤에 자신의 정체성을 위해 어머니를 떠나 應天府(지금의 河南 商丘)로 가서 고학한 끝에 眞宗 8년 진사에 오름. 그리고 벼슬길에 오르자 어머니를 모시고 본 이름을 되찾았으며 仁宗 때 吏部員外郎·權開封府 등을 역임함. 당시 呂夷簡 등과 정치적 갈등을 겪기도 하였으며, 뒤에 陝西의 羌人을 토벌한 공로로 재상에 오르기도 하였음. 시호는 文正, 저서에는 《范文正公集》이 있음. 《宋史》(314)에 전이 있음.

【三尺】옛날 대나무 석 자에 법률을 적어 이를 공표하고 보관하여 흔히 중요한 법을 일컫는 말로 쓰임. 흔히 '竹刑'이라도고 함. 〈集註〉에 "三尺, 謂法律. 古者以三尺竹簡書之"라 함. 한편 《列子》 力命篇에 "鄧析操兩可之說, 設無窮之辭, 當子産執政, 作竹刑, 鄭國用之. 數難子産之治. 子産屈之. 子産 執而戮之, 俄而誅之. 然則子産非能用竹刑, 不得不用; 鄧析非能屈子産, 不得 不屈; 子産非能誅鄧析, 不得不誅也"라 함.

【操縱】쥐었다 풀어주었다 함. 잘 다루어 적절하게 운용함을 뜻함. 〈集註〉에 "操縱, 謂本法意原人情, 而適寬嚴之宜也"라 함.

【飮食男女】食色. 사람으로서의 기본 욕구. 그러나 절제와 삼감이 필요하다는 뜻으로 쓰임. 《禮記》 禮運篇에 "飮食男女, 人之大欲存焉. 死亡貧苦, 人之 大惡存焉. 故欲惡者, 心之大端也. 人藏其心, 不可測度也, 美惡皆在其心不見 其色也, 欲一以窮之, 舍禮何以哉?"라 함.

【這裏】'여기'라는 뜻의 백화어.

【工夫】어떠한 일에 깊이 파고들거나 온 힘을 기울임을 뜻하는 백화어.

【忽】輕忽히 여김. 疏忽히 함.

＊〈集註〉에 "飮食男女, 人之大欲存焉. 一念之偏, 不能自克, 則陷其身於惡而 不可振矣. 故治心修身, 必以是爲切要. 古之聖賢, 如禹之非飮食, 湯之不邇 聲色, 皆從此做工夫者也"라 함.

1. 《胡氏家錄》(胡寅)에 실려 있음.

선거령 진양

○ 고령古靈 선생 진양陳襄이 선거僊居 땅의 현령이 되어 그곳 백성들을 이렇게 가르쳤다.

"우리 백성이 된 자는 아버지는 의롭고 어머니는 자애로우며, 형은 우애 있고, 아우는 공손하며, 아들은 효도하고 부부 사이에는 은애가 있으며, 남녀 사이에는 구별이 있고, 자제들은 배움이 있고, 마을마다 고을마다 예가 있으며 빈궁과 환난에는 친척들이 나서서 구제하고, 혼인과 사상에는 이웃이 서로 도와주며, 농사일에 게으름이 없으며, 도적질하지 말며, 도박을 배우지 말며, 소송을 좋아하지 말 것이며, 악으로써 선한 자를 능멸하지 말며, 부유한 자로써 가난한 자의 것을 삼키지 말며, 길가는 자는 길을 양보하고, 밭가는 자는 밭두둑을 양보하며, 반백의 노인이 이고 지고 길을 걷는 자가 없도록 하라. 그렇게 하면 예와 의의 풍속을 이루게 될 것이다."

○ 古靈陳先生爲僊居令, 教其民曰:「爲吾民者, 父義, 母慈, 兄友, 弟恭, 子孝, 夫婦有恩, 男女有別, 子弟有學, 鄕閭有禮, 貧窮患難, 親戚相救, 婚姻死喪, 隣保相助, 無墮農業, 無作盜賊, 無學賭博, 無好爭訟, 無以惡陵善, 無以富呑貧, 行者讓路, 耕者讓畔, 班白者不負戴於道路, 則爲禮義之俗矣.」

【古靈陳先生】陳襄(1017~1080). 자는 述古, 福州 古靈 사람. 陳烈, 周希孟, 鄭穆友와 함께 '四先生'이라 불림. 宋 仁宗 때 進士에 올라 神宗 때 侍御史

知雜事를 역임하였으며 陳州와 杭州의 知事를 역임함. 뒤에 判尚書都省이
되어 司馬光, 消息 등 33명을 추천한 일로 유명함. 문집으로 《古靈集》이
있으며 《宋史》(321)에 전이 있음.
【僊居令】僊居는 仙居로도 표기하며 지명. 台州의 屬邑. 진양이 그곳의 縣令
　을 지냄.
【鄕閭】고을.
【隣保】이웃. 이웃이 되어 서로 보호해 줌.
【墮】嶞(惰)와 같음. 廢墜와 같음.
【班白】'肦白, 斑白, 半白'과 같음. 머리가 희끗희끗한 노인. 〈集註〉에 "肦, 老人
　頭半白黑也"라 함. 50대 늙은이를 뜻함.
【負戴】남자는 등에 짊어지고 여자는 머리에 이고 다님. 힘든 짐을 의미함.
　＊〈集註〉에 "此皆孟子所謂善教得民者"라 함.

1. 《陳先生行狀》(葉祖洽 撰)에 실려 있음.

2. 《明心寶鑑》立敎篇(12-7)

古靈陳先生爲仙居令, 敎其民曰:「爲吾民者, 父義母慈, 兄友弟恭, 子孝, 夫婦
有恩, 男女有別, 子弟有學, 鄕閭有禮. 貧窮患難, 親戚相救. 婚姻死喪, 隣保相助.
毋惰農業, 毋作盜賊, 毋學賭博, 無好爭訟, 毋以惡陵善, 毋以富吞貧. 行者讓路,
耕者讓畔, 斑白者不負戴於道路, 則爲禮義之俗矣.」

〈牛耕〉畵像石(부분) 1952 江蘇 睢寧縣 東漢墓 출토

右廣立敎

이상은 입교立敎를 넓힘이다.

2. 광명륜廣明倫

　여기에서는 한漢나라 이후 현자賢者들의 가언을 들어 내편의 입교立敎·명륜明倫·경신敬身 3편 중의 〈명륜明倫〉에 관한 아름다운 말과 그 일화·예화·고사 등을 들어 〈명륜明倫〉의 취지에 부합한 내용을 더욱 넓혀나갈 수 있도록 한 것이다.

　모두 41장이다.

〈朱雀燈〉 서한 山西 출토

집안일 처리 방법

사마온공司馬溫公이 말하였다.

"무릇 집안의 낮은 이들은 일의 대소를 막론하고 제 맘대로 해서는 안 된다. 반드시 가장에게 품의를 받도록 하라."

司馬溫公曰: 「凡諸卑幼, 事無大小, 毋得專行, 必咨稟於家長.」

【司馬溫公】司馬光(1019~1086). 北宋의 사학가이며 문장가, 사상가. 자는 君實. 만년의 호는 迂叟, 陝州 夏縣(지금의 山西 夏縣) 사람으로 涑水鄕(지금의 하현 서쪽)에 살아 涑水先生이라고도 부름. 북송 眞宗 天禧 3년에 태어나 哲宗 元祐 원년에 죽었음. 향년 68세. 인종 寶元 원년(1038)에 진사에 올라 仁宗·英宗·神宗 3조를 섬겼음. 신종 때 왕안석의 신법에 반대하였으며, 判西京 御史臺를 그만두고 洛陽에 15년을 살았음. 철종이 즉위하자 조정으로 들어가 재상이 되어, 신법을 파기하고 구제를 회복하였으나 재위 8개월 만에 죽고 말았음. 시호는 文正, 溫國公에 봉해져 흔히 溫公이라 부름. 《資治通鑑》을 편찬하였으며 《涑水紀聞》, 《溫國文正司馬文集》 등이 있음. 《宋史》에 전이 있음.
【卑幼】 '卑'는 항렬이나 가족 위계 순서가 낮은 자, '幼'는 어린아이.
【專行】 자기 마음대로 판단하여 일을 처리함.
【咨稟】 자문을 구하고 결재를 얻음. 일의 사전사후의 상황을 모두 稟告함.

1. 《溫公家儀》에 실려 있음.

2. 《明心寶鑑》治家篇(14-1)

司馬溫公曰:「凡諸卑幼, 事無大小, 毋得專行, 必咨稟於家長.」

司馬光(1019~1086)

부모의 명령은 장부에 기록하라

○ 무릇 아들은 부모의 명령을 받으면 반드시 장부에 기록하여 이를 지니고 다니며 때때로 살펴보아 속히 실행해야 한다. 그리고 일이 끝나면 돌아와 이를 보고해야 한다. 혹 명한 것 중에 가히 실행할 수 없는 것이 있으면 온화한 얼굴빛과 부드러운 목소리로 시비와 이해를 갖추어 이를 아뢰어 부모의 허락받기를 기다린 연후에 고친다. 만약 허락하지 않으면 구차스럽지만 일에 크게 해가 되지 않는 것이라면, 역시 자신의 뜻을 굽혀 부모 뜻을 따라야 한다. 만약 부모의 명령이 그른 것이라 여겨 곧바로 자신의 뜻대로 행한다면, 비록 자신의 고집이 모두 옳다고 해도 오히려 불순한 아들이 되는 것인데, 하물며 반드시 옳을 수 있는 것도 아님에랴!

○ 凡子受父母之命, 必籍記而佩之, 時省而速行之, 事畢則返命焉. 或所命有不可行者, 則和色柔聲, 具是非利害而白之, 待父母之許, 然後改之. 若不許, 苟於事無大害者, 亦當曲從. 若以父母之命爲非, 而直行己志, 雖所執皆是, 猶爲不順之子, 況未必是乎!

【籍記】 장부에 기록함. 잊거나 착오를 일으키는 일이 없도록 하기 위하여 메모를 해서 가지고 다님.

【返命】 돌아와 그 명한 바의 실행 여부를 復命함.

【白】 '아뢰다, 사뢰다, 말씀을 올리다'의 뜻.

【曲從】 '곡진하게 따르다'와 '자신의 뜻을 굽히고 대신 부모의 뜻을 따르다'의 두 가지 해석이 있음. 〈集註〉에 "曲, 委曲"이라 함.

【所執】자신의 고집. 자신이 생각한 바.

【不順】孝順하지 못함.

＊〈集註〉에 "備陳是非利害之兩端, 而稟白之, 欲父母自喩也"라 함.

1.《居家雜儀》에 실려 있음.

230(5-2-3)
순종이 곧 효도

○ 횡거横渠 장재張載 선생이 말하였다.

"순舜이 어버이를 섬김에 그의 어버이가 즐겁게 여기지 않음이 있었던 것은, 그 아버지는 완고하고 어머니는 모질어 보통 사람의 상식에 가까운 정이 없었기 때문이다. 만약 평범한 중간 정도의 심성을 가진 부모라면, 그 사랑하고 미워함이 도리에 해침이 없다면 반드시 이에 순종해야 한다. 만약 어버이의 옛 친구로서 좋아하는 분이 있다면 극력 초청하여 마땅히 온 힘을 다하여 대접할 방법을 찾아야 하며, 이로써 어버이가 즐거워하는 일에 힘을 쏟아야 한다. 그 때에는 가계家計의 유무를 계산해서는 안 된다. 그리고 나아가 모름지기 무리하게 애쓰고 있음을 알게 해서는 안 된다. 어버이로 하여금 그 아들이 하는 일이 쉽지 않다는 것을 알게 한다면 어버이 역시 마음이 편치 않을 것이기 때문이다."

○ 橫渠先生曰:「舜之事親, 有不悅者, 爲父頑母嚚, 不近人情. 若中人之性, 其愛惡若無害理, 必姑順之. 若親之故舊所喜, 當極力招致, 賓客之奉, 當極力營辨, 務以悅親爲事, 不可計家之有無. 然又須使之不知其勉强勞苦, 苟使見其爲而不易, 則亦不安矣.」

【橫渠】 張載(1020~1077). 자는 子厚, 關中의 郿縣 橫渠鎭에 살아 橫渠先生이라 부름. 저서로는 《正蒙》·《東銘》·《西銘》·《理窟》 등이 있으며, 北宋 理學 四派 즉, 濂溪學派(周敦頤)·百源學派(邵雍)·關學派(張載)·洛學派(程顥, 程頤)의 하나를 이루었음.

【舜】古代 五帝의 하나로 有虞氏의 수령이었으며 이 때문에 흔히 虞舜으로도 부름. 姓은 姚氏. 이름은 重華. 諸馮(지금의 山東 諸城)에서 태어나 효성과 덕으로 무리를 모음. 歷山(지금의 山東省 濟南市)에서 농사를 지었다 함. 堯 임금이 그의 덕행과 재능을 인정하여 天下를 선양함.

【不悅】어버이가 자식의 효도를 기꺼워하지 않음. 인지상정에 어긋남. 〈集註〉에 "舜盡事親之道, 宜得親之悅矣. 而猶不悅者, 爲其頑囂不近人情也. 今天下人之父母, 若舜之父母者, 蓋寡矣. 事親不悅, 何以爲人乎?"라 함.

【故舊所喜】아버지의 옛 친구 중에 아버지가 특히 좋아하는 사람. 〈集註〉에 "故舊所喜, 謂故舊中所喜者"라 함.

1. 《橫渠雜記》에 실려 있음.

천하에 옳지 않은 부모는 없으니

○ 나중소羅仲素가 《맹자孟子》의 '고수가 즐거워하자 천하의 아비와 아들 된 이들의 도가 정해지게 되었다(瞽瞍底豫而天下之爲父子者定)'라는 구절을 논하여 이렇게 말하였다.

"결국은 천하에 옳지 않은 부모란 없기 때문이다."

孟子

요옹了翁이 듣고 훌륭하다 여기면서 이렇게 말하였다.

"오직 이처럼 생각한 다음에야 천하에 아비 된 자와 아들 된 자의 도리가 정해질 것이다. 저 신하로서 임금을 시해하고 아들 된 자로서 아비를 죽이는 자는 항상 그 상대를 옳지 않다고 여기는 곳에서 시작되었던 것이다."

○ 羅仲素論「瞽瞍底豫而天下之爲父子者定」云:「只爲『天下無不是底父母』」

了翁聞而善之曰:「唯如此而後天下之爲父子者定, 彼臣弒其君, 子弒其父, 常始於見其有不是處耳」

【羅仲素】羅從彦(1072~1135). 宋나라 南劍州 劍浦 사람. 자는 仲素. 豫章에 살아 豫章先生이라 불림. 楊時에게 배우고 다시 程頤에게 배워 高宗 때 主簿

벼슬을 지냈으나 뒤에 羅浮山에 은거하여 학문에 전념함. 朱熹가 매우 존경하였으며 시호는 文質. 《豫章文集》이 전하며 《宋史》(428)에 전이 있음.

【瞽瞍】舜임금의 아버지. 맹인이었다 하며 순임금의 어머니가 죽고 새 아내를 얻어 象을 낳았으며 셋이 舜을 몹시 괴롭혔음.

【底豫】'지예(底豫)'의 오기. '즐겁게 느끼도록 해 드림'이라는 뜻.《孟子》離婁(上)에 "舜盡事親之道而瞽瞍底豫, 瞽瞍底豫而天下化, 瞽瞍底豫而天下之爲父子者定, 此之謂大孝"의 내용을 말함.《孟子》에도 다른 本에는 '底豫'로 되어 있으나 阮元의 《校勘記》에 「案音義, 『之爾切』, 是用厎字」라 함.《爾雅》에는 「厎, 致也; 豫, 樂也」라 함.《小學集註》에는 "厎, 音止"라 하였고 그 아래 '不是底父母'의 底는 '底, 音低'라 하여 같은 글씨이되 음이 다른 것이라 주를 달고 있음.

【不是底父母】'不是'는 '옳지 않다'의 뜻이며 '底'는 '地', '的'과 같음. 古文의 '之'와 같으며 지금의 백화어에서 '的'으로 굳어짐. '~의'로 새김. "옳지 않은 부모"라는 뜻. 이 "天下無不是底父母"는 뒤에 격언으로 널리 퍼졌으며 이는 이곳 羅仲素가 처음 한 말임. 明代 程登吉(允升)의 《幼學瓊林》 兄弟篇에도 "天下無不是底父母, 世間最難得者兄弟"로 실려 있으며, 앞의 구절은 원래는 宋 羅仲素의 〈論舜盡事親之道〉에서 한 말이며, 뒤의 구절은 《北齊書》 循吏列傳에 蘇琼의 故事에서 나온 말임. 즉 北齊 때 蘇瓊이 任河太守였을 때 고을의 普明 형제가 田地를 두고 다툼이 벌어져 몇 년을 끌자 소경이 이들을 불러 "天下難得者兄弟, 易求者田地. 失兄弟, 心如何?"라 달래어 두 형제가 화해를 이루었다 함.(《北齊書》 循吏傳) 淸 李漁의 《憐香伴》(제21齣)에 「到是奴家害羞了, 天下無不是的父母, 怎生仇怨著他?」라 하였고, 明 馮夢龍의 《古今小說》(권10)에 「若失了個兄弟, 分明罰了一手, 折了一足, 乃終生缺陷. 說到此地, 難得者兄弟, 易得者田地」라 하였음.《初刻拍案驚奇》(17)에도 실려 있으며, 《增廣賢文》에는 「天下無不是的父母, 世上最難得者兄弟」로 되어 있음. 《昔時賢文》에는 "天下無不是底父母, 世間最難得者兄弟."라 하여 '底'와 '的'을 섞어 쓰고 있음. 한편 〈集註〉에에는 "蓋天下無不愛子之父母, 豈有不是者哉? 子孝, 則父母之心自悅樂矣"라 함.

【了翁】陳瓘(1057, 혹 1060~1124). 宋나라 延平(劍州, 沙縣) 사람으로 자는 瑩中, 호는 了翁, 혹은 了齋, 了堂. 진세경의 손자이며 神宗 때 進士에 급제하여 哲宗 때 太學博士에 오름. 시호는 忠肅.《尊堯集》,《了齋易說》 등을 남김. 《宋史》(345)에 전이 있음.

【有不是處】부모나 임금이 옳지 않음이 있다고 보는 곳에서 시작됨.

＊〈集註〉에 "臣子弑逆, 當起於一念之差, 以君父所爲不是也. 若知天下無不是底君父, 惡有弑逆之事哉? 眞氏曰:「罪己而不非其親者, 仁人孝子之心也; 怨親而不反諸己者, 亂臣賊子之心也.」"라 함.

참고 및 관련 자료

1. 羅豫章(羅仲素) 〈論舜盡事親之道〉 참조.

2.《孟子》離婁(上)

孟子曰:「天下大悅而將歸己. 視天下悅而歸己, 猶草芥也, 惟舜爲然. 不得乎親, 不可以爲人; 不順乎親, 不可以爲子. 舜盡事親之道而瞽瞍厎豫, 瞽瞍厎豫而天下化, 瞽瞍厎豫而天下之爲父子者定, 此之謂大孝.」

3.《明心寶鑑》孝行篇(4-13)

孟子曰:「無不是底父母.」

232(5-2-5)
의사를 선택하라

○ 이천伊川 정이程頤 선생이 말하였다.

"병들이 침상에 누워있는 자를 용렬한 의사에게 맡기는 것은, 비유컨대 자애롭지도 못하고 효성스럽지도 못한 것과 같다. 그러니 어버이를 섬기고 있는 자는 역시 의약에 대하여 알고 있지 않으면 안 된다."

○ 伊川先生曰:「病臥於床, 委之庸醫, 比之不慈不孝. 事親者, 亦不可不知醫.」

【伊川】 程頤(1033~1107). 자는 正叔, 廣平先生이라 불렀으나 이천(伊川, 지금의 洛陽 남쪽)에 살아 흔히 伊川先生이라 불렀음. 그의 형 程顥(明道先生)와 더불어 北宋 理學 四派 즉, 濂溪學派(周敦頤)·百源學派(邵雍)·關學派(張載)와 더불어 洛學派의 대표적인 인물이며 小程子로 불림. 이들 학통이 南宋 閩學派(朱熹)에게로 이어진 것임.

【庸醫】 용렬한 의사. 실력을 갖추지 못한 의사.

【不慈不孝】 '不慈'는 자식이 아플 때 어버이로서 자애롭지 못한 것이며, '不孝'는 어버이가 편찮으실 때 자식으로서 효성스럽지 못한 것임.

【知醫】 자식은 어버이를 위해 의약에 대한 상식을 가지고 있어야 함.

＊〈集註〉에 "病者, 死生所係, 而委之庸醫, 是飮藥以加病也. 故親有疾而委之庸醫, 比之不孝; 子有疾而委之庸醫, 比之不慈. 子能知醫, 則可以養親, 且不爲庸醫所誤也"라 함.

1. 《伊川擊壤集》과 《程子外書》 顯道錄에 실려 있음.

233(5-2-6)
남에게 시킬 수 없는 일

○ 횡거橫渠 장재張載 선생이 일찍이 이렇게 말하였다.

"어버이 모시는 일과 제사 받드는 일을 어찌 남을 시켜서 할 수 있는 일이겠는가?"

○ 橫渠先生嘗曰: 「事親奉祭, 豈可使人爲之?」

【橫渠】張載(1020~1077). 자는 子厚, 關中의 郿縣 橫渠鎭에 살아 橫渠先生이라 부름. 저서로는 《正蒙》·《東銘》·《西銘》·《理窟》 등이 있으며, 北宋 理學 四派 즉, 濂溪學派(周敦頤)·百源學派(邵雍)·關學派(張載)·洛學派(程顥, 程頤)의 하나를 이루었음.

【奉祭】조상의 제사를 받들어 모심.

＊〈集註〉에 "事父母, 奉祭祀, 皆當親爲之. 葉氏曰: 「使人代爲, 孝敬之心 安在?」"라 함.

참고 및 관련 자료

1. 《橫渠語錄》에 실려 있음.

234(5-2-7)
짐승도 보답을 알거늘

○ 이천伊川 선생이 말하였다.

"관혼상제冠昏喪祭는 예의 큰 것임에도 지금 사람들은 모두가 이를 제대로 알지 못하고 있다. 승냥이나 수달도 봄에 물고기로 제사를 지내어 그 근본에게 보답할 줄 알거늘 지금의 사대부 집안에서는 거의가 이를 소홀히 하고 있다. 그리하여 자신의 부모 봉양은 후하게 하면서 선조에게는 박하게 하니 심히 불가한 일이다.

내 일찍이 육례六禮의 대략을 살펴보았다. 집에는 반드시 사당이 있어야 하며, 사당에는 반드시 신주가 있어야 한다. 매월 초하루에는 반드시 새로 나온 시절 제물을 올린다. 사시의 제사는 중월仲月에 지내며, 동지에는 시조始祖에게 제사를 올리고, 입춘立春에는 선조에게 제사를 올리며, 계추季秋에는 아버지의 제사인 녜禰를 올린다. 어버이의 기일에는 신주를 정침正寢으로 옮겨놓고 제사를 올린다. 무릇 죽은 이를 받드는 예는 의당 살아 있는 자를 봉양하는 것보다 후하게 지내야 한다. 사람들이 능히 이들 몇 가지 일을 잘 지켜 존속해 나간다면 비록 어린아이일지라도 가히 점차 예의를 알 수 있게 할 수 있을 것이다."

○ 伊川先生曰:「冠昏喪祭, 禮之大者, 今人都不理會. 豺獺皆知報本, 今士大夫家, 多忽此, 厚於奉養, 而薄於先祖, 甚不可也. 某嘗修六禮大略, 家必有廟, 廟必有主, 月朔必薦新, 時祭用仲月, 冬至祭始祖, 立春祭先祖, 季秋祭禰. 忌日, 遷主祭於正寢, 凡事死之禮, 當厚於奉生者. 人家能存得此等事數件, 雖幼者, 可使漸知禮義.」

【伊川】 程頤(1033~1107). 자는 正叔, 廣平先生이라 불렸으나 이천(伊川, 지금의 洛陽 남쪽)에 살아 흔히 伊川先生이라 불렸음. 그의 형 程顥(明道先生)와 더불어 北宋 理學 四派 즉, 濂溪學派(周敦頤)·百源學派(邵雍)·關學派(張載)와 더불어 洛學派의 대표적인 인물이며 小程子로 불림. 이들 학통이 南宋 閩學派(朱熹)에게로 이어진 것임.

【冠昏喪祭】 冠婚喪祭와 같음. '昏'은 '婚'과 같음. 〈集註〉에 "冠以責成人, 昏以承宗事, 喪以愼終, 祭以追遠"이라 함.

【都不理會】 백화어 표현임. '모두가 이를 잘 이해하지 못하다'의 뜻.

【豺獺】 승냥이와 수달이 처음 사냥할 때 잡은 짐승과 물고기를 제사지내어 자연에게 감사를 표한다 함. 〈集註〉에 "孟春獺祭魚, 季秋豺祭獸, 皆有報本之意, 豈可人以不如獸乎?"라 함. 《禮記》 月令篇에 "鞠有黃華, 豺乃祭獸戮禽." "東風解凍, 蟄蟲始振, 魚上冰, 獺祭魚, 鴻鴈來"라 함. 한편 《大戴禮記》 夏小正 正月篇에는 "獺獻魚 : 獺祭魚, 其必與之獻, 何也? 非其類也. 祭也者, 得多也, 善其祭而後食之. 十月豺祭獸, 謂之祭, 獺祭魚, 謂之獻, 何也? 豺祭其類, 獺祭非其類, 故謂之獻, 大之也"라 함.

【月朔】 매월 초하루.

【薦新】 새로운 제물을 올리는 것.

【時祭】 사시의 제사.

【用仲月】 사계의 중간 달에 지내는 제사. 즉 春(孟春·仲春·季春), 夏(孟夏·仲夏·季夏), 秋(孟秋·仲秋·季秋), 冬(孟冬·仲冬·季冬)의 '仲'자가 들어가는 달에 지내는 제사를 말함.

【祭禰】 '禰'는 '녜'로 읽으며 아버지의 사당. 그곳에서 지내는 제사를 말함.

【遷主】 신주를 사당에서 正堂으로 옮겨 제사를 올림.

【正寢】 정당. 대청.

【存得】 계속 존속하여 이어감. 〈集註〉에 "存, 謂行之久而不廢也"라 함.

참고 및 관련 자료

1. 《伊川擊壤集》에 실려 있음.

2. 《程子外書》(劉元承 錄) 참조.

관례 풍습의 쇠퇴

○ 사마온공司馬溫公이 말하였다.

"관례冠禮라는 것은 성인成人이 되는 길이다. 성인이란 장차 사람의 아들, 사람의 아우, 사람의 신하, 어른에 대한 젊은이 된 사람으로서 행실에 책임을 지우는 것이다. 장차 이 네 가지 책임지는 예법이 어찌 중하지 아니하겠는가!

관례가 폐기된 지 오래된 되다가 근세 이래 사람들의 정서가 더욱 경박輕薄해져서, 아들을 낳으면 아직 젖먹이인데도 이미 건모巾帽를 씌워주고, 관직에 있는 자는 혹 그를 위해 공복公服을 만들어 입혀 희롱거리로 삼고 있으며, 열 살이 넘을 때까지 그대로 총각總角 차림을 하고 있는 자는 아마 드물 것이다. 그런 아이들에게 네 가지 행실을 책임지운들 어찌 능히 알기나 하겠는가? 그러므로 왕왕 어린 나이로부터 장성할 때까지 우매하고 어리석기가 한결같으니, 이는 성인의 도리를 알지 못한 데서 말미암은 것이다.

고례古禮에 비록 스무 살이면 관례를 올린다 하였으나, 지금은 세속의 폐단으로 인해 갑작스럽게 이를 바꿀 수는 없다. 그러나 만약 돈후하게 옛것을 좋아하는 군자라면, 그 아들이 적어도 열다섯 살 이상이 될 때까지는 기다려 능히 《효경孝經》과 《논어論語》 정도는 통달하여 대강이나마 예의禮義의 방향을 알게 한 다음 관례를 치른다면 이에 아름다운 예속이 될 것이다."

○ 司馬溫公曰:「冠者成人之道也. 成人者, 將責爲人子·爲人弟· 爲人臣·爲人少者之行也, 將責四者之行於人, 其禮可不重與!

冠禮之廢久矣, 近世以來, 人情尤爲輕薄, 生子猶飮乳, 已加巾帽; 有官者, 或爲之製公服而弄之, 過十歲猶總角者, 蓋鮮矣. 彼責以四者之行, 豈能知之? 故往往自幼至長, 愚騃如一, 由不知成人之道故也.

古禮雖稱二十而冠, 然世俗之弊, 不可猝變. 若敦厚好古之君子, 俟其子年十五以上, 能通《孝經》·《論語》, 粗知禮義之方, 然後冠之, 斯其美矣.」

【司馬溫公】司馬光(1019~1086). 北宋의 사학가이며 문장가, 사상가. 자는 君實. 만년의 호는 迂叟, 陜州 夏縣(지금의 山西 夏縣) 사람으로 涑水鄕(지금의 하현 서쪽)에 살아 涑水先生이라고도 부름. 북송 眞宗 天禧 3년에 태어나 哲宗 元祐 원년에 죽었음. 향년 68세. 인종 寶元 원년(1038)에 진사에 올라 仁宗·英宗·神宗 3조를 섬겼음. 신종 때 왕안석의 신법에 반대하였으며 判西京御 史臺를 그만두고 洛陽에 15년을 살았음. 철종이 즉위하자 조정으로 들어가 재상이 되어, 신법을 파기하고 구제를 회복하였으나 재위 8개월 만에 죽고 말았음. 시호는 文正, 溫國公에 봉해져 흔히 溫公이라 부름. 《資治通鑑》을 편찬하였으며 《涑水紀聞》, 《溫國文正司馬文集》 등이 있음. 《宋史》에 전이 있음.
【巾帽】두건과 모자. 庶士人이 쓰는 것임. 〈集註〉에 "士庶人所著者"라 함.
【有官】아버지나 조상의 높은 벼슬로 인해 어린 나이에 받게 된 관직. 〈集註〉에 "有官, 如今之廕襲也"라 함.
【公服】관복.
【總角】머리를 묶어 뿔처럼 양쪽으로 한 것. 어린아이를 말하며 아직 관례를 치르지 아니한 상태를 말함.
【愚騃】어리석고 미련함을 뜻하는 雙聲連綿語. '우애'로 읽음.
【粗知】거칠게나마 알고 있음. 대강이나마 알고 있음.
【斯其】'이에, 즉'의 뜻.

참고 및 관련 자료

1. 《書儀》(司馬光)에 실려 있음.

236(5-2-9)
상례 예절을 어긴 사례들

○ 옛날 부모의 상에는 빈소를 차리고 나서는 죽을 먹었으며, 재최齊衰 중에는 거친 밥을 먹고 물만 마시며 채소나 과일은 먹지 않았다.

부모의 상에서 이윽고 우제虞祭와 졸곡卒哭을 마치면 거친 밥을 먹고 물만 마시며, 채소나 과일을 먹지 않았다.

만 1년이 되어 소상小祥을 치르고 나면 그 때부터 채소와 과일을 먹었으며, 다시 1년이 지나 대상大祥을 마치고 나서는 식초나 장류 등을 먹을 수 있었다.

대상 뒤 한 달 사이에는 담사禫祀를 지내며 담사를 지내면 예주醴酒를 마실 수 있다. 처음으로 술을 마시는 사람은 먼저 예주를 마시며, 처음 고기를 먹는 사람은 먼저 마른 고기를 먹는다.

옛 사람은 상중에는 감히 드러내놓고 고기를 먹거나 술을 마시지 못하였다.

한漢나라 때 창읍왕昌邑王이 소제昭帝의 상에 달려갔다. 그는 가는 도중에도 소식素食을 지키지 않자, 곽광霍光이 그 죄를 따져 왕위에서 폐위시켜 버렸다.

진晉나라 때 완적阮籍은 자신의 재주를 믿고 방탄하게 굴었으며, 상중에도 무례하게 굴자 하증何曾이 문제文帝와 마주 앉았을 때 완적에게 대면하여 따졌다.

"그대는 예속을 어그러뜨린 사람이니 장관長官이 될 수 없소."

그리고는 문제에게 이렇게 말하였다.

"공公께서는 바야흐로 효도로써 천하를 다스리심에, 완적이 중한 애상에 공공연한 자리에서 술을 마시고 고기를 먹었다는 말을 들었으니 의당 그를 먼 외지로 추방하여 이 화하華夏에 그 물이 들지 않도록 하셔야 합니다."

송宋나라 여릉왕廬陵王 유의진劉義眞이 무제武帝의 상을 당하였을 때, 좌우로 하여금 생선과 육류 등 진기한 것을 사오도록 하고 재실 안에 따로 주방을 설치했다. 마침 그 때 장사長史 유담劉湛이 들어오자, 유의진은 술을 데우고 조개를 굽도록 명하였다. 그러자 유담이 정색을 하며 말하였다.
"공께서는 의당 지금 이런 것을 여기에 설치하면 안 되지요."
유의진이 말하였다.
"아침이라 너무 추워서 이렇게 한 것이오. 장사께서는 모든 일이 한집안과 같으니 이상히 여기지 않기를 바라오."
술이 나오자 유담은 일어서며 이렇게 말하였다.
"이미 스스로 예를 지키지 못하는 것을 자처하더니 다시 남에게까지 예를 지키지 못하도록 하는군요."

수隋 양제煬帝가 태자였을 때 문헌황후文獻皇后의 상중에 매일 아침 두 줌을 쌀을 올리게 하면서, 사사롭게 밖에서 기름진 고기와 포, 젓갈을 대나무 통에 넣고 밀랍으로 봉하며 보자기로 싸서 들여오게 하였다.

隋 文帝 楊堅(541~604)

호남湖南의 초왕楚王 마희성馬希聲은 그의 아버지 무목왕武穆王의 장례 날인데 오히려 닭고기 국을 먹자, 그 관속官屬 반기潘起가 이렇게 비꼬았다.
"옛날 완적이 상중에 찐 돼지고기를 먹었다던데, 어느 시대인들 어진 사람이 없겠는가?"

그렇다면 오대五代 때에까지만 해도 상중에 고기를 먹는 자가 있으면 남들이 그나마 이상한 일로 여겼었다. 지금의 이러한 유속流俗의 폐단은 근래에 이르러 심해진 것이다. 지금의 사대부들은 상중에 고기를 먹고 술을 마시며 보통 때와 전혀 다른 것이 없다. 또한 서로 몰려다니며 모여 연회까지 열면서도 서로 보아도 전혀 부끄러움을 느끼지 못하며 사람들 역시 편안히 여기며 괴이히 여기지 않는다. 예속의 허물어짐이 습관이 되어 일상이 되어 버렸으니 슬픈 일이로다!

이에 비야鄙野한 사람에게 이르러서는 혹 초상을 당하여 아직 염斂도 하지 않았는데 친척과 조문객이 술과 음식을 가지고 찾아가 위로를 한다. 주인 역시 스스로 술과 찬을 마련하여 서로 먹고 마시고 취하며 배불러 하기를 연일 계속한다. 그러다가 장사지낼 때도 역시 그와 같이 한다. 심한 경우 초상에 풍악을 울려 시신을 즐겁게 해 준다고 하며, 장사 지낼 때에 이르면 음악으로 상여 수레를 인도하고 호읍號泣하는 상주들이 그 뒤를 따른다. 게다가 또한 상중임을 틈타 시집가고 장가드는 자까지 있다. 아! 습속은 변화시키기 어렵고, 어리석은 지아비는 깨우치기 어려운 정도가 이 지경에 이르렀도다!

무릇 부모의 상중에 있는 자는 대상 전에는 모두가 술을 마시거나 고기를 먹을 수가 없다. 만약 질병이 있다면 잠시 음식을 먹어야겠지만, 병이 그치면 역시 의당 처음처럼 해야 한다. 반드시 소식이어야 한다면 이것이 목구멍을 넘어가지 못하므로 오래 시간이 지나면 파리하고 곤비해져 큰 질환으로 키울까 걱정이기 때문에 그럴 때에는 고깃국물이나 포, 혹은 젓갈을 먹을 수 있으며, 혹 약간의 고기로 그 맛을 도울 수 있는 정도는 허락되지만 마구 진수성찬을 제멋대로 먹거나 남들과 더불어 잔치를 열어 즐길 수는 없다. 이렇게 되면 비록 최마衰麻를 입었다고 해도 실제로는 상을 행하는 것이 아니다. 오직 쉰 살 이상의 경우 혈기가 이미 쇠하였으니 반드시 고기반찬으로 영양을 부지해야 할 자라면 꼭 그렇게 할 필요는 없다.

거상 중에 음악을 듣거나 시집가고 장가가는 자는 나라에 정법正法이 있으니 여기서 더 이상 논하지 않겠다.

○古者父母之喪, 旣殯食粥, 齊衰疏食水飮, 不食菜果.

父母之喪, 旣虞, 卒哭疏食水飮, 不食菜果.

期而小祥, 食菜果, 又期而大祥, 食醯醬.

中月而禫, 禫而飮醴酒, 始飮酒者, 先飮醴酒; 始食肉者, 先食乾肉.

古人居喪, 無敢公然食肉飮酒者.

漢昌邑王奔昭帝之喪, 居道上不素食, 霍光數其罪而廢之.

晉阮籍負才放誕, 居喪無禮, 何曾面質籍於文帝坐曰:「卿敗俗之人, 不可長也.」

因言於帝曰:「公方以孝治天下, 而聽阮籍之重哀, 飮酒食肉於公坐, 宜擯四裔, 無令污染華夏.」

宋盧陵王義眞, 居武帝憂, 使左右買魚肉珍羞, 於齋內別立廚帳, 會長史劉湛入, 因命嘔酒炙車螯, 湛正色曰:「公當今不宜有此設.」

義眞曰:「旦甚寒, 長史事同一家, 望不爲異.」

酒至, 湛起曰:「旣不能以禮自處, 又不能以禮處人.」

隋煬帝爲太子, 居文獻皇后喪, 每朝令進二溢米, 而私令外取肥肉脯鮓, 置竹筒中, 以蠟閉口, 衣襆裹而納之.

湖南楚王馬希聲, 葬其父武穆王之日, 猶食雞臛, 其官屬潘起譏之曰:「昔阮籍居喪食蒸肫, 何代無賢?」

然則五代之時, 居喪食肉者, 人猶以爲異事. 是流俗之弊, 其來甚近也. 今之士大夫, 居喪食肉飮酒, 無異平日. 又相從宴集, 靦然無愧, 人亦恬不爲怪. 禮俗之壞, 習以爲常, 悲夫!

乃至鄙野之人, 或初喪, 未斂, 親賓則齎酒饌, 往勞之. 主人亦自備酒饌, 相與飮啜醉飽連日, 及葬亦如之. 甚者初喪作樂以娛尸, 及殯葬, 則以樂導輀車, 而號泣隨之. 亦有乘喪卽嫁娶者. 噫! 習俗之難變, 愚夫之難曉, 乃至此乎!

凡居父母之喪者, 大祥之前, 皆未可飮酒食肉, 若有疾, 暫須食飮, 疾止亦當復初. 必若素食不能下咽. 久而羸憊, 恐成疾者, 可以肉汁及脯醢, 或肉少許助其滋味, 不可恣食珍羞盛饌, 及與人燕樂. 是則雖被衰麻, 其實不行喪也.
　唯五十以上, 血氣旣衰, 必資酒肉扶養者, 則不必然耳.
　其居喪聽樂, 及嫁娶者, 國有正法, 此不復論.

【殯】시신을 염을 하여 관에 넣은 채 장례 때까지 집에 보관하여 빈소를 차림.
【齊衰】'재최'로 읽으며 아버지의 상을 참최(斬衰), 어머니의 상을 재최(齊衰)라 함. '衰'는 '縗'와 같음. 참최 다음의 상복. 거친 베로 만들며 옷 가장자리를 반듯하게 잘라 입음. 계모나 유모의 상에 3년을 입으며 조부모, 처, 서모의 상에는 1년을 입음. 斬衰는 '斬縗'와 같음. 오복 중 가장 중한 것. 거친 베로 만들며 옷 가장자리를 꿰매지 않음. 자녀가 부모의 상에 입으며 며느리가 시아버지, 남편의 상에, 장손이 조부모의 상에 입는 상복.
【疏食】거친 곡식으로 지은 밥. 제대로 搗精하지 아니한 쌀로 지은 밥.
【期而小祥】'期'는 '朞'와 같음. 만 1년이 되어 小祥을 치를 때.
【大祥】초상 뒤 만 2주년 때의 제사.
【醯醬】식초와 간장. 음식 맛을 돋우기 위한 조미품을 뜻함.
【中月而禫】대상을 지낸 뒤 석 달이 되어 지내는 제사이며 이 때 상복을 벗음. 담은 상복을 벗는 제사라는 뜻. '中月'은 그 사이에 한 달을 지남. 따라서 석 달이 됨을 말함. 〈集註〉에 "中月, 間一月也"라 함. 담은 제사 이름. 〈集註〉에 "禫, 祭名. 大祥之後間一月而禫. 禫者, 澹, 澹然平安之意. 喪至此, 凡二十七月也"라 함.

【昌邑王】 劉賀. 漢나라 武帝의 다섯째 아들로 昌邑王에 봉해졌으며, 뒤에
昭帝가 後嗣없이 죽어 황제의 지위에 오를 수 있었으나 무도한 짓을 일삼아
海昏侯로 폐위되고 말았음.

【素食】 고기 반찬 없이 먹는 식사.

【霍光】 자는 子孟, 河東 平陽人. 霍去病의 異腹 동생. 武帝 때 奉車都尉를
지냈으며 昭帝 때 大司馬大將軍이 되었음. 뒤에 博陸侯에 봉해졌으며 창읍
왕을 세웠다가 무도하여 이를 폐하고 宣帝를 세움. 《漢書》에 전이 있음.

【阮籍】 자는 嗣宗(210~263). 陳留의 尉氏人. 阮瑀의 아들. 老莊에 밝았으며
거문고·바둑·시문 등에 능하였음. 步兵校尉를 역임하여 흔히 阮步兵이라
불림. '竹林七賢' 중의 하나. 〈豪傑詩〉·〈詠懷詩〉·〈達莊論〉·〈大人先生傳〉
등이 있으며 《三國志》(21), 《晉書》(49)에 전이 있음.

【何曾】 魏晉 때 사람으로 자는 潁孝. 일부 판본에는 자를 潁考라 하였으나
《晉書》에는 '潁孝'로 되어 있음. 음식으로 이름이 났던 인물. 晉나라 건국에
공을 세운 인물. 《晉書》에 전이 있음.

【面質】 면전에서 힐책함.

【公】 晉 文帝. 司馬昭. 晉文王. 晉 宣帝의 둘째 아들이며 이름은 昭, 자는 子上.
晉 武帝 司馬炎이 진나라를 세우고 나서 文帝로 추존함. 《晉書》(2)에 紀가
있음.

【擯】 擯斥함. 배척함. 내쫓음.

【四裔】 사방의 먼 미개지역의 오랑캐. 華夏(中原)에 상대하여 쓴말. 〈集註〉에
"四裔, 四夷; 華夏, 中國也"라 함.

【廬陵王】 남조 宋나라 武帝 劉裕의 아들. 이름은 劉義眞.

【武帝】 남조 宋 武帝. 東晉의 뒤를 이어 宋나라를 세움. 420~422년 재위.

【廚帳】 廚房에 장막을 쳐서 음식을 만듦.

【劉湛】 자는 弘仁. 南陽 河南 사람으로 義眞이 南豫州刺史였을 때 그의 밑
에 長史가 되어 있었음.

【暡】 暖과 같음.

【車螯】 바다에서 나는 큰 조개. 〈集註〉에 "車螯, 海蛤也"라 함.

【隋煬帝】 楊廣. 隋나라 文帝 楊堅의 둘째 아들로 무도한 짓을 일삼았으며
결국 병중의 아버지 문제를 독살하고 스스로 왕위를 차지하였음. 605~618년
재위함. 그의 어머니는 文獻皇后 獨孤氏였음.

【二溢米】 두 줌의 쌀. 〈集註〉에 "溢, 一手所握也"라 함.

【脯鮓】 포자로 읽으며 '脯'는 고기를 말린 것이며, '鮓'는 물고기로 만든 식혜
  나 젓갈류.

【衣襆】 '衣袱'과 같음. 포대기를 가리킴. 〈集註〉에 "衣襆, 卽今之袱也"라 함.

【楚王】 五代十國의 하나인 湖南 長沙에 나라를 세웠던 楚나라의 王 馬希聲.
  五代 後梁의 朱溫이 닭고기를 즐겨 먹었다는 말을 듣고 매일 닭 50마리씩
  올리도록 하였다 함.

【武穆王】 역시 五代十國 때 十國의 하나인 楚나라의 武穆王. 즉 馬殷. 자는
  霸圖, 시호는 武穆. 長沙에 도읍을 정하였으며 907년~951년까지 존속하다가
  南唐에게 망함.

【雞臛】 '臛'은 '학'으로 읽으며 오래 달여 익힌 국을 말함. 〈集註〉에 "雞臛,
  雞肉羹也"라 함.

【潘起】 사람 이름. 湖南 楚王의 신하이며 禮部侍郎에 올라 있었음.

【何代無賢】 '어느 시대인들 똑똑한 사람이 없으리오'의 뜻이며 이는 말을
  거꾸로 하여 조롱한 것임. 〈集註〉에 "何代無賢, 反辭以譏之"라 함.

【五代】 唐나라 뒤를 이어 일어났던 다섯 朝代로 後梁(朱溫: 907~923년), 後唐
  (李克用: 923~936), 後晉(石敬瑭: 936~946), 後漢(劉知遠: 947~950), 後周(郭威:
  951~960)의 다섯 나라. 뒤에 宋나라 趙匡胤이 통일함.

【覜然】 '전연'으로 읽으며 눈으로 직접 사람의 모습을 봄. 빤히 쳐다봄. 〈集註〉
  에 "覜然, 見人之貌"라 함.

【未斂】 초상이 났을 때 小斂과 大斂의 과정을 치름.

【親賓】 친척과 조문객.

【娛尸】 죽은 시신을 즐겁게 해 줌.

【輀車】 喪輿의 수레. 靈柩 수레.

1.《禮記》間傳

斬衰, 三日不食; 齊衰, 二日不食; 大功, 三不食; 小功緦麻, 再不食; 士與斂焉,
則壹不食. 故父母之喪, 旣殯食粥, 朝一溢米, 莫一溢米; 齊衰之喪, 疏食水飮,
不食菜果; 大功之喪, 不食醯醬; 小功緦麻, 不飮醴酒. 此哀之發於飮食者也.

2.《書儀》(司馬光)에 실려 있음.

237(5-2-10)
예를 잃은 진수

○ 부모의 상중에는 중문中門 밖 소박하고 누추한 방을 택하여 남편의
상차喪次를 만들며, 참최斬衰를 입고 거적자리를 깔며 흙덩이를 베개로
삼는다. 질대絰帶는 풀지 아니하며 남과 함께 자리를 같이 하지 않는다.
부인은 중문 안의 별실에 거처하며 유장帷帳과 이불, 요 등 화려한 물건을
치워버린다. 남자는 이유 없이 중문 안으로 들어갈 수 없으며, 부인은 문득
남자의 상차에 가서는 안 된다.

진晉나라 때 진수陳壽가 아버지 상을 당하였을 때 마침 병이 들어 비녀
婢女로 하여금 환약을 만들도록 하였는데, 조문객이 이를 보고 향당鄕黨
에서 그를 폄하하는 논의가 있었다. 진수는 이에 연루되어 침체하였고,
종신토록 감가坎坷하게 일생을 마쳐야 했다. 그러므로 혐의를 받을 만한
일에 신중히 하지 않을 수 없는 것이다.

○ 父母之喪, 中門外擇樸陋之室, 爲丈夫喪次. 斬衰, 寢苫, 枕塊,
不脫絰帶, 不與人坐焉. 婦人次於中門之內別室, 撤去帷帳衾褥華
麗之物. 男子無故, 不入中門, 婦人不得輒至男子喪次.

晉陳壽遭父喪有疾, 使婢丸藥, 客往見之, 鄕黨以爲貶議, 坐是
沉滯坎坷終身, 嫌疑之際, 不可不愼.

【樸陋】 소박하고 누추함.
【喪次】 거상하며 임시로 거주하는 것. '次'는 사흘 이상 머무는 것을 의미함.

【斬衰】'참최'로 읽으며 '斬縗'와 같음. 오복 중 가장 중한 것. 거친 베로 만들며 옷 가장자리를 꿰매지 않음. 자녀가 부모의 상에 입으며 며느리가 시아버지, 남편의 상에, 장손이 조부모의 상에 입는 상복.

【寢苫】거적 자리를 깔고 잠을 잠.

【枕塊】흙덩어리를 베개로 삼아 베고 잠.

【経】首経을 뜻함. 짚을 꼰 새끼에 삼 껍질을 감아 머리에 쓰는 두건. 〈集註〉에 "皆哀痛之至, 有所不安而然"이라 함.

【陳壽】자는 承祚(233~297). 西晉 때 巴西 安漢 사람으로 譙周에게 배워 蜀의 觀閣令史가 되었으나 환관 黃皓에 의해 쫓겨나고 말았음. 뒤에 晉나라에 들어서자 司空 張華의 추천으로 著作郞에 올라 陽平令을 거쳐 御史治書에 오름. 正史《三國志》를 편찬하였으며《古國志》,《益都耆舊傳》등이 있음. 《晉書》(82)에 전이 있음.

【沉滯】'沈滯'와 같음. 승진하지 못하고 그 자리에 머물러 있음.

【坎坷】제대로 펴지지 못하는 일생을 말하는 雙聲連綿語.

1.《書儀》(司馬光)에 실려 있음.

2.《禮記》間傳

父母之喪, 居倚廬, 寢苫枕塊, 不說経帶; 齊衰之喪, 居堊室, 芐翦不納; 大功之喪, 寢有席, 小功緦麻, 牀可也. 此哀之發於居處者也.

3.《禮記》雜記(下)

廬, 堊室之中, 不與人坐焉; 在堊室之中, 非時見乎母也, 不入門. 疏衰皆居堊室不廬. 廬, 嚴者也.

238(5-2-11)
부모 상중의 외출

○ 부모의 상중에는 외출해서는 안 된다. 만약 다른 상사喪事나 변고가 있어 부득이 나가야 한다면 박마樸馬를 타고 베로 안장과 고삐를 묶고 가야 한다.

○ 父母之喪, 不當出. 若爲喪事及有故, 不得已而出, 則乘樸馬, 布裹鞍轡.

【喪事】 피치 못해 참가해야 할 다른 사람의 상사.
【樸馬】 아무런 장식을 하지 않은 말. '樸'은 '素'와 같음. 〈集註〉에 "樸, 素也"라 함.
【裹】 '묶다'의 뜻. 음은 '과.'
【鞍轡】 안장과 고삐. 재갈. 轡는 '비'로 읽음.

〈黑釉三彩馬〉(唐) 明器 1971 河南 洛陽 출토

참고 및 관련 자료

1. 《書儀》(司馬光)에 실려 있음.

239(5-2-12)
불교 교리에 반대함

○ 세속에서는 불교의 거짓과 유혹을 믿고 무릇 상사喪事가 있을 때면 부처에게 공양하고 스님에게 음식을 대접하지 아니하는 자가 없다. 그러면서 이렇게 말한다.

"죽은 자를 위해 죄를 소멸해 주고 복을 받는 바탕이 되는 것이며 그로 하여금 천당에 태어나 여러 가지 즐거움을 누리도록 하기 위한 것이다. 이렇게 하지 아니하면 틀림없이 지옥에 들어가 칼로 베이고 불로 태워지고 방아로 찧어지고 맷돌로 갈리고 하여 온갖 고초를 다 당하고 만다."

이는 죽은 자에 대하여 전혀 모르는 말이다. 육신은 이미 썩어 없어졌고 혼백 역시 흩날려 사라지고 말았는데, 비록 베이고 태워지고 찧어지고 갈린다 해도 그 사라진 육신과 혼백에게 더해질 것이 없다. 게다가 하물며 불법佛法이 중국에 들어오기 전에도 사람은 진실로 죽었다가 다시 살아난 자가 있었는데, 무슨 연고로 그 어느 한 사람도

〈鎏金銅觀音造像〉(吳越) 1958
浙江 金華 萬佛塔 基壇 출토

지옥에 잘못 들어가서 이른바 말하는 시왕十王을 보았다는 자가 없는 것인가? 이로써 그러한 곳은 있을 수 없으며 믿을 수도 없는 것임은 분명한 것이다.

○世俗信浮屠誑誘, 凡有喪事, 無不供佛飯僧, 云:「爲死者, 滅罪資福, 使生天堂受諸快樂. 不爲者, 必入地獄, 剉燒舂磨, 受諸苦楚.」

殊不知死者, 形旣朽滅, 神亦飄散, 雖有剉燒舂磨, 且無所施. 又況佛法未入中國之前, 人固有死而復生者, 何故都無一人誤入地獄, 見所謂十王者耶? 此其無有, 而不足信也明矣.

【浮屠】'浮圖'로도 표기하며 원래는 탑. 梵語 '窣堵波'를 역음한 것. 처음에는 佛骨을 보관하여 모시는 것으로 사용하였으나 뒤에 불상이나 불경, 사리 혹은 불구, 유물, 승려의 유골 등을 보관하는 것으로 사용함. 여기서는 佛敎를 말함. 당시 理學家들은 불교에 대하여 아주 부정적인 견해를 가지고 있었으며 堯·舜·禹·湯·文·武·周公·孔·孟의 儒家만이 천하를 구제할 수 있다고 믿었음.

【飯僧】승려들에게 식사를 제공함.

【剉燒舂磨】저승의 지옥에서 벌어지는 처참함을 말함. 칼로 찢기고 불에 태워지며 방아에 찧기고 맷돌에 갈림.

【十王】'시왕'으로 읽으며 저승의 지옥에서 죄를 다스리는 열 명의 왕. 즉 秦廣王·初江王·宋帝王·五官王·閻羅王·變成王·泰山王·平等王·都市王·轉輪王이라 함.

참고 및 관련 자료

1. 《書儀》(司馬光)에 실려 있음.

240(5-2-13)
미신을 믿지 말라

○《안씨가훈顔氏家訓》에 실려 있다.

"우리 집안에서는 무당·박수·부적에 대하여는 논의에서 제외하였다. 너희들도 보아온 터이니 그러한 요망한 짓은 하지 말라."

○《顔氏家訓》曰:「吾家巫覡符章, 絶於言議, 汝曹所見, 勿爲妖妄.」

【顔氏家訓】北齊 顔之推(531~591?)가 지은 家訓書. 안지추는 《北齊書》와 《北史》 등 文苑傳에 전이 있으며 책은 7권 '序致'부터 '終制'까지 총 20편으로써 자신의 자녀들에게 세상을 어떻게 살기를 바라는 훈계의 내용이 절절하게 표현되어 있음.

【巫覡】巫는 여자 무당, 覡은 남자 무당(박수 무당). 〈集註〉에 "巫女巫, 覡男巫"라 함.

【符章】서부(書符, 부적)와 장초(章醮, 굿). 〈集註〉에 "符章, 卽書符拜章之術, 皆妖怪妄誕之事也"라 함.

【汝曹】너희들. '曹'는 무리를 뜻하는 말. 일부 판본에는 '女曹'로 되어 있음.

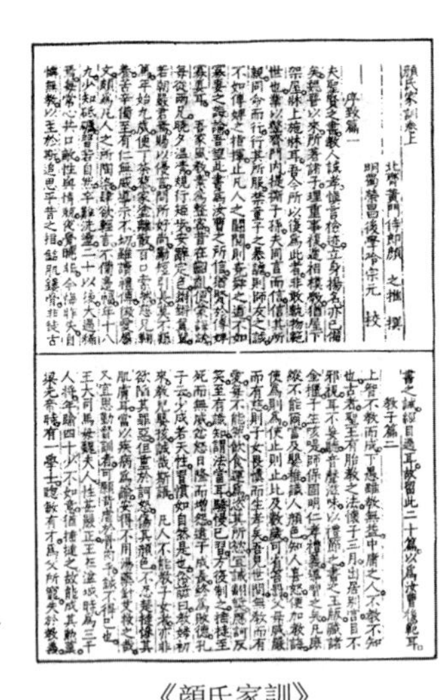

《顔氏家訓》

1.《顔氏家訓》治家篇

吾家巫覡禱請, 絶於言議; 符書章醮亦無祈焉, 並汝曹所見也. 勿爲妖妄之費.

241(5-2-14)
돌아가신 부모님의 제삿날

○ 이천伊川 정이程頤 선생이 말하였다.

"사람으로서 부모가 안 계시면 생일날 비통함이 곱절이나 될 것이다. 그런데 게다가 어찌 차마 술자리를 펼쳐놓고 음악을 연주하며 즐거움을 삼을 수 있겠는가? 만약 부모님이 모두 살아 계신 경우라면 함께 경사스럽게 여겨도 좋을 것이다."

○ 伊川先生曰: 「人無父母, 生日當倍悲痛, 更安忍置酒張樂以爲樂? 若具慶者可矣.」

【伊川】 程頤(1033~1107). 자는 正叔, 廣平先生이라 불렀으나 이천(伊川, 지금의 洛陽 남쪽)에 살아 흔히 伊川先生이라 불렀음. 그의 형 程顥(明道先生)와 더불어 北宋 理學 四派 즉, 濂溪學派(周敦頤)·百源學派(邵雍)·關學派(張載)와 더불어 洛學派의 대표적인 인물이며 小程子로 불림. 이들 학통이 南宋 閩學派(朱熹)에게로 이어진 것임.

【更】 게다가. 상황을 반전하여 '더욱'이라는 뜻을 넣을 때 쓰는 당시 白話語.

【悲痛】 〈集註〉에 "念父母鞠育之劬勞, 故倍增悲痛"이라 함.

【置酒張樂】 술자리를 마련하고 음악을 펼침. '樂'은 음이 '악.' 뒤의 「以爲樂」의 '樂'은 '락'으로 읽음.

【具】 俱와 같음. 父母가 俱存함. 〈集註〉에 "父母俱存曰具"라 함.

1. 《二程遺書》에 실려 있음.

2. 《明心寶鑑》孝行篇(4-10)

伊川先生曰:「人無父母, 生日當倍悲痛. 更安忍置酒張樂, 以爲樂? 若具慶者, 可矣.」

집안일을 넓혀 나랏일로

○ 여씨呂氏《동몽훈童蒙訓》에 말하였다.

"임금 섬기기를 어버이 섬기듯 하고, 관청의 어른 섬기기를 형을 섬기듯이 하라. 동료와 함께하기를 집안 식구들 대하듯 하고, 여러 관리들을 대우하기를 자신의 노복 대하듯 하라. 백성 사랑하기를 아내와 자식 사랑하듯 하고, 관청의 일 처리하기를 자신의 집안일 처리하듯 하라. 그러한 연후에야 능히 내 마음에 미진함이 없이 다한 것이 된다. 만약 털끝만큼이라도 지극히 하지 못한 것이 있다면 이는 모두가 내 마음에 미진함이 있기 때문이다."

○ 呂氏《童蒙訓》曰:「事君如事親, 事官長如事兄; 與同僚如家人, 待羣吏如奴僕; 愛百姓如妻子, 處官事如家事, 然後能盡吾之心. 如有毫末不至, 皆吾心有所未盡也」

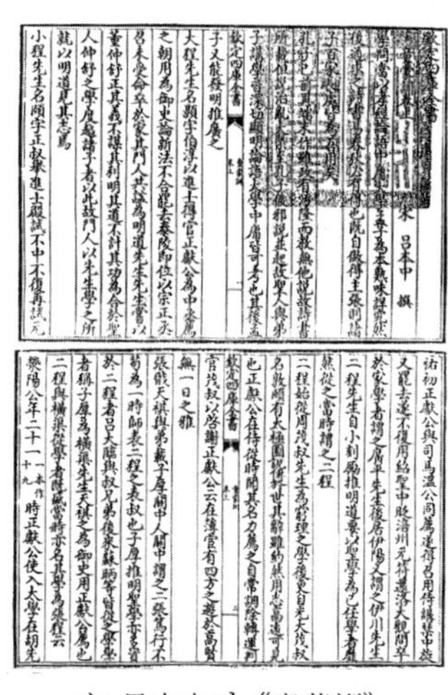

宋 呂本中의 《童蒙訓》

【呂氏】宋나라 때 인물 呂本中(1084~1145). 자는 居仁. 東萊先生이라 불렸으며 高宗 紹興 6년에 進士에 올라 起居舍人, 中書使人兼侍講, 權直學士院 등을 역임함. 시와 문장에도 뛰어나 陳思道, 黃庭堅 등과 교유하였음. 시호는 文淸. 재상 正獻公 呂公著의 증손. 저술로는 《童蒙訓》·《江西詩社宗派圖》·《紫薇詩話》·《師友淵源錄》·《東萊先生詩集》 등이 있음.

【童蒙訓】《呂氏童蒙訓》이라고도 함. 宋 呂本中이 찬술한 책으로 어린이를 훈계하기 위한 것임. 3권으로 되어 있으며 南宋 紹定 연간에 이미 판각이 되었고, 1925년 陶氏涉園飜刻本이 전함. 〈四庫全書〉에도 들어 있음. 〈四庫全書提要〉에 "童蒙訓三卷, 宋呂本中撰. 是書其家塾訓課之本也"라 함.
【羣吏】 자신이 거느리고 일하는 여러 관리나 아전들.
＊〈集註〉에 "盡吾之心, 致其誠而已"라 함.

1.《童蒙訓》단 지금의 〈四庫全書〉本에는 이 구절이 들어 있지 않음.
2.《明心寶鑑》治政篇(13-5)
《童蒙訓》曰:「事君如事親, 事官長如事兄, 與同僚如家人, 待群吏如奴僕, 愛百姓如妻子, 處官事如家事, 然後能盡吾之心. 如有毫末不至, 皆吾心有所未盡也」

주부와 현령의 알력

○ 어떤 이가 물었다.

"주부主簿는 현령을 보좌하는 자입니다. 주부가 하고자 하는 행정을 현령이 혹 허락하지 아니하면 어떻게 해야 합니까?"

이천伊川 선생이 말하였다.

"마땅히 성의誠意로써 감동시켜야 한다. 지금 현령과 주부가 불화를 겪고 있다면 이는 단지 사사로운 뜻에 의해 다툼이 일어난 것일 뿐이다. 현령은 고을의 어른이니 만약 능히 부형을 모시는 도리로써 이를 섬기되 허물이 있으면 자신에게 돌리고, 잘하는 것이 있으면 오직 현령에게 그 칭찬이 돌아가지 않으면 어쩌나 여기면서 이러한 성의를 쌓아나간다면 어찌 감동시키지 못할 자가 있겠는가?"

○ 或問:「簿佐令者也, 簿所欲爲, 令或不從奈何?」伊川先生曰: 「當以誠意動之. 今令與簿不和, 只是爭私意. 令是邑之長, 若能以事父兄之道事之, 過則歸己, 善則惟恐不歸於令, 積此誠意, 豈有不動得人?」

【簿】主簿. 현령을 도와 실제의 행정을 처리하는 실무자.
【伊川】程頤(1033~1107). 자는 正叔, 廣平先生이라 불렀으나 이천(伊川, 지금의 洛陽 남쪽)에 살아 흔히 伊川先生이라 불렸음. 그의 형 程顥(明道先生)와 더불어 北宋 理學 四派 즉, 濂溪學派(周敦頤)·百源學派(邵雍)·關學派(張載)

와 더불어 洛學派의 대표적인 인물이며 小程子로 불림. 이들 학통이 南宋 閩學派(朱熹)에게로 이어진 것임.

＊〈集註〉에 "孟子曰:「至誠而不動者, 未之有也.」"라 함.

1. 《二程遺書》劉元承(手編)에 실려 있음.
2. 《明心寶鑑》治政篇(13-6)
或問:「簿佐令者也. 簿所欲爲, 令或不從, 奈何?」伊川先生曰:「當以誠意動之. 今令與簿不和, 只是爭私意, 令是邑之長, 若能以事父兄之道事之, 過則歸己, 善則唯恐不歸於令, 積此誠意, 豈有不動得人?」

244(5-2-17)
일명의 조사

○ 명도明道 정호程顥 선생이 말하였다.

"처음 관리로 등용된 선비는 진실로 만물을 아끼고 사랑하는 데에 마음을 두며, 남에게 있어서는 반드시 구제해 주는 바가 있어야 한다."

○ 明道先生曰: 「一命之士, 苟存心於愛物, 於人必有所濟」

【明道】 北宋 理學의 대가 程顥(1032~1085). 자는 伯淳이며 明道先生이라 부름. 저서로는 《識仁篇》과 《定性》 등이 있으며 아우 伊川(程頤)과 구분하여 大程子라 하며, 두 사람을 합해 二程이라 부름. 北宋 理學 四派 즉, 濂溪學派(周敦頤)·百源學派(邵雍)·關學派(張載)와 더불어 洛學派의 대표적인 인물. 이들의 저술과 어록을 묶은 《二程集》이 있음. 그 학통이 南宋 閩學派(朱熹)에게로 이어진 것임.
【一命之士】 《周禮》에 朝廷의 관직 품계로 가장 낮은 朝士. 첫 벼슬에 오른 사람을 말하며 九品의 관리.
* 〈集註〉에 "一命猶然, 況居大位者乎?"라 함.

〔 참고 및 관련 자료 〕

1. 《明道行狀》에 실려 있음.
2. 《明心寶鑑》 治政篇(13-1)
明道先生曰: 「一命之士, 苟存心於愛物, 於人必有所濟」

245(5-2-18)
자신부터 바르게

○ 유안례劉安禮가 백성을 다스리는 도리에 대하여 질문하자, 명도明道 선생이 이렇게 말하였다.

"백성들로 하여금 각기 자신의 사정을 모두 다 털어놓을 수 있도록 해야 한다."

다시 관리를 통솔함에 대하여 질문하자 이렇게 말하였다.

"자신을 바르게 하고 사물을 격식대로 바로잡아야 한다."

○ 劉安禮問臨民, 明道先生曰:「使民各得輸其情」問御吏, 曰:「正己以格物」

【劉安禮】 자는 立之. 明道 程顥의 제자. 河間 사람이라 함.

【輸】 '盡'과 같음. 혹은 '言'과 같은 뜻이라고도 함.(《小學纂註》)

【明道】 北宋 理學의 대가 程顥(1032~1085). 자는 伯淳이며 明道先生이라 부름. 저서로는 《識仁篇》과 《定性》 등이 있으며, 아우 伊川(程頤)과 구분하여 大程子라 하며, 두 사람을 합해 二程이라 부름. 北宋 理學 四派 즉, 濂溪學派(周敦頤)·百源學派(邵雍)·關學派(張載)와 더불어 洛學派의 대표적인 인물. 이들의 저술과 어록을 묶은 《二程集》이 있음. 그 학통이 南宋 閩學派(朱熹)에게로 이어진 것임.

【御吏】 '御'는 '馭'와 같음. '통솔하다, 어거하다, 조종하다'의 뜻. 吏는 아전 따위의 부하직원이나 부하 관리.

【正己】 修己正心을 말함. 자신부터 수양하여 바르게 가짐.

【格物】格은 正과 같음.《大學》八條目의 하나. 格物·致知·誠意·正心·修身·齊家·治國·平天下의 단계 중 자신이 修己正心함으로써 그 아래 관리를 格物에 맞추어 통솔할 수 있음을 말함.

＊〈集註〉에 "平易近民, 使下情各得其上達, 則所以處之者, 自無不當矣. 范氏曰:「未有己不能正, 而能正人者.」"라 함.

1.《明道行狀》에 실려 있음.
2.《明心寶鑑》治政篇(13-8)
劉安禮問臨民, 明道先生曰:「使民各得輸其情.」問御吏, 曰:「正己以格物.」

246(5-2-19)
대부를 비난하지 말라

○ 이천伊川 정이程頤 선생이 말하였다.
"그 나라에 살면서 그 대부를 비난하지 않는다 하였으니 이러한 도리가
가장 좋은 것이다."

○ 伊川先生曰:「居是邦, 不非其大夫. 此理最好」

【伊川】 程頤(1033~1107). 자는 正叔, 廣平先生이라 불렸으나 이천(伊川, 지금의
    洛陽 남쪽)에 살아 흔히 伊川先生이라 불렸음. 그의 형 程顥(明道先生)와
    더불어 北宋 理學 四派 즉, 濂溪學派(周敦頤)·百源學派(邵雍)·關學派(張載)
    와 더불어 洛學派의 대표적인 인물이며 小程子로 불림. 이들 학통이 南宋
    閩學派(朱熹)에게로 이어진 것임.
【居是邦】 자신이 살거나 잠시 들러 머물고 있는 나라. 《荀子》에는 '居是邑'
    으로 되어 있음. 《論語》 衛靈公篇에 "子貢問爲仁. 子曰:「工欲善其事, 必先
    利其器. 居是邦也, 事其大夫之賢者, 友其士之仁者.」"라 함. 《荀子》 子道篇에
    이 말이 있으며 정이가 이를 인용한 것임. 〈集註〉에 "此古語, 而程子稱之"
    라 함.
【非】 비난함. 비방함.

> 참고 및 관련 자료

1. 《程子遺書》 游定夫(錄)에 실려 있음.

2.《論語》述而篇 冉有曰:「夫子爲衛君乎」章 注

君子居是邦, 不非其大夫, 況其君乎?

3.《荀子》子道篇

子路問於孔子曰:「魯大夫練而床, 禮邪?」孔子曰:「吾不知也.」子路出, 謂子貢
曰:「吾以夫子爲無所不知, 夫子徒有所不知.」子貢曰:「女何問哉?」子路曰:
「由問'魯大夫練而床, 禮邪?'夫子曰:'吾不知也.'」子貢曰:「吾將爲女問之.」
子貢問曰:「練而床, 禮邪?」孔子曰:「非禮也.」子貢出, 謂子路曰:「女謂夫子
爲有所不知乎? 夫子徒無所不知. 女問非也. 禮, 居是邑不非其大夫.」

〈揚場圖〉 魏晉磚畫 1972 嘉峪關 戈壁灘 출토

247(5-2-20)
관직에서 지켜야 할 세 가지

○《동몽훈童蒙訓》에 말하였다.

"관직에 있는 자가 마땅히 지켜할 법이란 오직 세 가지가 있으니 청렴함, 삼감, 근면함이다. 이 세 가지를 안다는 것은 바로 자신의 몸을 잘 간수할 줄 아는 것이 된다."

○《童蒙訓》曰：「當官之法, 唯有三事: 曰淸, 曰愼, 曰勤, 知此三者, 則知所以持身矣.」

【童蒙訓】《呂氏童蒙訓》이라고도 하며 宋 呂本中이 찬술한 책으로 어린이를 훈계하기 위한 것임. 3권으로 되어 있으며 南宋 紹定 연간에 이미 판각이 되었고 1925년 陶氏涉園飜刻本이 전함.〈四庫全書〉에도 들어 있음.

＊〈集註〉에 "吳氏曰: 淸謂廉潔不汚, 愼謂謹守禮法, 勤謂勤於職業. 能是三者, 則能持身而可以治人矣."라 함.

1.《明心寶鑑》致政篇

《童蒙訓》曰：「當官之法, 唯有三事, 曰淸, 曰愼, 曰勤. 知此三者, 則知所以持身矣.」

2.《昔時賢文》

「仕宦芳規淸愼勤, 飮食要訣緩暖軟.」

248(5-2-21)
무축과 여승, 뚜쟁이를 멀리 하라

○관직에 있는 자는 무릇 색다른 짓을 하는 사람과는 모두 의당 서로
접촉해서는 안 된다. 무축巫祝이나 이오尼嫗 같은 이들이라면 더욱 의당
멀리하고 끊어야 한다. 그리하여 오로지 마음을 맑게 하고, 일을 살피는
것을 근본으로 삼아야 한다.

○當官者, 凡異色人, 皆不宜與之相接, 巫祝尼嫗之類, 尤宜
疎絶, 要以淸心省事爲本.

【異色人】떳떳한 직업을 생업으로 삼지 아니하고 특이한 짓으로 사람을 현혹
　하는 일을 하는 자. 〈集註〉에 "異色人, 謂不務常業之人"이라 함.
【巫祝】巫堂과 祝師. 귀신 따위를 믿고 병을 고친다거나 복을 받는다고 현혹
　하며 이를 생업으로 삼는 자. 〈集註〉에 "巫祝, 皆事鬼神者"라 함.
【尼嫗】'尼'는 여승. 오(嫗)는 남녀를 소개하는 뚜쟁이. 남녀관계를 중개하는
　업을 일삼는 노파. '嫗'는 '오'로 읽음. "嫗音襖." 〈集註〉에 "尼, 女僧; 嫗, 牙
　婆也. 此輩一接之, 內則伺意以納賄, 外則誑人以行私. 善敗死行政, 故當一切
　禁絶"이라 함.
【淸心省事】마음을 청렴하게 가지며 무익한 일을 줄임. '省'은 '생'으로 읽음.
　그러나 '일을 살피다'의 뜻으로 보아 '성'으로 읽을 수도 있음.
＊〈集註〉에 "淸心, 謂不以物欲累心; 省事, 謂不作無益之事"라 함.

1.《明心寶鑑》治政篇(13-7)

《童蒙訓》曰:「凡異色人, 皆不宜與之相接. 巫祝尼媼之類, 尤宜罷. 絶要以淸心省事爲本.」

2. 출전을《童蒙訓》이라 하였으나 지금의 〈四庫全書本〉에는 실려 있지 않음.

〈鳳夔人物圖〉(帛畫) 전국시대. 湖南 長沙 출토

249(5-2-22)
부하에게 제압을 당하면

○ 뒤에 오른 젊은이는 갑자기 지방관서의 직책을 맡게 되면 흔히 교활한 아전의 미끼에 걸려들곤 한다. 이를 잘 살피지 못하였다가 털끝만큼의 이득을 얻고는 재임기간 동안 내내 아전에게 제압당하여 다시는 감히 마음대로 행동하지 못하게 된다. 무릇 관직에 있으면서 이익을 좋아하다가는, 자신이 얻는 것은 아주 적고 아래 관리들의 도둑질은 양을 알 수 없을 정도가 된다. 이로 말미암아 자신이 중벌을 받게 되니 참으로 애석한 일이다.

○ 後生少年, 乍到官守, 多爲猾吏所餌. 不自省察, 所得毫末, 而一任之間, 不復敢擧動. 大抵作官嗜利, 所得甚少, 而吏人所盜不貲矣. 以此被重譴, 良可惜也.

【後生少年】 어린 나이로 관직에 올라 경험을 쌓지 못한 신출내기 후배 관리.
【官守】 守令 따위의 지방 관리.
【猾吏】 직급은 낮으나 붙박이로 있어 경험이 많으며 탐욕을 부리는 교활한 부하 관리, 흔히 못된 衙前 따위를 일컬음.
【爲~所~】 흔히 "~에게 ~당하다"의 구문을 만드는 피동법 문장.
【不敢擧動】 아전에게 조종당하거나 제압당하여 스스로 행동하지 못함. 〈集註〉에 "不敢擧動, 爲吏所制也"라 함.
【貲】 量을 뜻함. 〈集註〉에 "不貲, 不可量也"라 함.
【良】 副詞로 '진실로'의 뜻. 강조하는 뜻으로 쓰임.

1. 《呂舍人雜記》에 실려 있음.

250(5-2-23)
화부터 내어서는 안 된다

○관직에 있는 자는 먼저 갑작스럽게 노하는 것을 경계해야 한다. 옳지 못한 일이 있으면 의당 자세히 살펴 이에 처신해야 한다. 그렇게 하면 반드시 도리에 맞지 않는 것이 없을 것이다. 그러나 먼저 급하게 화부터 내고 나면 이는 자신을 해칠 뿐이지 어찌 능히 남을 해칠 수 있겠는가?

○當官者, 先以暴怒爲戒. 事有不可, 當詳處之, 必無不中. 若先暴怒, 只能自害, 豈能害人?

【暴怒】 갑자기 노기를 폭발시킴. 暴은 '갑자기'의 뜻이 함께 들어 있음.
【中】 이치에 맞음.
【害人】 그에게 화풀이를 하는 것이 실제로는 자신만이 괴로울 뿐임을 말함.

참고 및 관련 자료

1.《明心寶鑑》治政篇
《童蒙訓》曰:「當官者, 必以暴怒爲戒. 事有不可, 當詳處之, 必無不中, 若先暴怒, 只能自害, 豈能害人?」
2. 출전을《明心寶鑑》治政篇에 이 구절이 인용되어 있으며 출전을《동몽훈》이라 함.

251(5-2-24)
성심으로 하면 된다

○ 관직을 맡아 일을 처리함에는 단지 실질대로 처리하기를 힘쓰면 된다. 만약 문자를 덧칠하여 변조하거나, 날짜를 소급해서 고치거나, 서명의 글자를 거듭 고쳐 바꾸거나 하다가 만일 실패하여 탄로나면 도리어 무거운 죄를 얻게 될 것이며, 또한 이는 성심誠心으로 임금을 섬겨 속이지 않아야 하는 도리를 길러야 함에 어긋나는 것이다.

○ 當官處事, 但務著實: 如塗擦文字, 追改日月, 重易押字, 萬一敗露, 得罪反重, 亦非所以養誠心事君不欺之道也.

【著實】 실질에 붙임. 실질대로만 처리함.
【押字】 글자를 써서 서명을 함.

1. 〈漢文大系〉에는 출전을 《童蒙訓》이라 하였으나 지금의 〈四庫全書〉본에는 실려 있지 않음.

252(5-2-25)
조혼 풍습의 폐단

○ 왕길王吉의 〈상소上疏〉에 이렇게 말하였다.

"부부란 인륜에 있어서 가장 큰 도리이며 요절과 장수가 여기서 비롯됩니다. 세상 풍속에 시집가고 장가드는 것이 너무 일러, 그들이 아직 어버이 되는 도리도 알기 전에 아이를 낳게 되니, 이 까닭으로 교화가 제대로 밝혀지지 못하고, 백성들이 흔히 일찍 죽고 마는 것입니다."

○ 王吉〈上疏〉曰:「夫婦人倫大綱, 夭壽之萌也. 世俗嫁娶太蚤, 未知爲人父母之道而有子, 是以敎化不明, 而民多夭.」

【王吉】西漢 때의 인물. 자는 子陽. 瑯琊 사람으로 諫大夫를 지냈으며 흔히 王陽으로도 부름.《漢書》(42)에 전이 있으며 貢禹와의 우정으로 유명했던 인물.
【夭壽】일찍 죽거나 오래 삶. 壽夭長短과 같음.
【蚤】'무'와 같음. 조혼 풍속을 비판한 것임.
【敎化不明】자신이 어버이를 제대로 섬기지 못한 채 아이를 낳음으로써 효나 기타 인륜에 대한 교양을 제대로 갖추지 못함.
【多夭】너무 일찍 결혼을 함으로써 충분한 신체 발육을 이루지 못하여 결국 일찍 죽게 된다는 뜻.
＊〈集註〉에 "古者, 二十而嫁, 三十而娶, 後世反是嫁娶太蚤, 故民多夭, 未知爲人父母之道而有子, 故敎化不明"이라 함.

1.《漢書》王吉傳

吉意以爲「夫婦, 人倫大綱, 夭壽之萌也. 世俗嫁娶太早, 未知爲人父母之道而
有子, 是以敎化不明而民多夭. 聘妻送女亡節, 則貧人不及, 故不擧子. 又漢家
列侯尙公主, 諸侯則國人承翁主, 使男事女, 夫詘於婦, 逆陰陽之位, 故多女亂.
古者衣服車馬貴賤有章, 以襃有德而別尊卑, 今上下僭差, 人人自制, 是以貪財
(趨)[誅]利, 不畏死亡. 周之所以能致治, 刑措而不用者, 以其禁邪於冥冥, 絶惡
於未萌也.」

253(5-2-26)
혼인에서 재물을 논하는 것은

○《문중자文中子》에 말하였다.

"혼인에 며느리를 맞으면서 재물을 논하는 것은 오랑캐나 이적들의 도이다. 군자라면 그러한 고을에 들어가 살지 않는다. 옛날 남자 쪽이나 여자 쪽은 각기 어떠한 덕을 가졌는가에 따라 택하였을 뿐, 재물로 예를 삼지는 않았다."

○《文中子》曰:「婚娶而論財, 夷虜之道也, 君子不入其鄕. 古者, 男女之族, 各擇德焉, 不以財爲禮.」

【文中子】책 이름이며 동시에 王通의 私諡. 책은 《中說》이라고도 하며 隋나라 때 王通(584~618)이 지은 것으로 알려짐. 왕통은 자는 仲淹. 龍門(지금의 山西 河津) 사람으로 初唐四傑의 하나인 王勃의 조부. 시호는 文中子.《중설》은 2권 10편(〈王道〉·〈天地〉·〈事君〉·〈周公〉·〈問易〉·〈禮樂〉·〈述史〉·〈魏相〉·〈立命〉·〈關郎〉)으로 되어 있으며, 정치의 득실에 관한 것과 수신 치국 등에 대한 것임. 왕통이 문인들과 대화한 내용을 그 제자 薛收와 姚義 등이 편집한 것.
【夷虜】夷狄과 胡虜. 禮가 없이 이익만 탐하는 오랑캐를 비유함.
＊〈集註〉에 "德, 謂男女之性行; 財, 謂男之聘財·女之資裝"이라 함.

1. 《文中子》事君篇

子曰:「婚娶而論財, 夷虜之道也, 君子不入其鄉. 古者, 男女之族, 各擇德焉, 不以財爲禮. 子之族, 婚嫁必具六禮.」曰:「斯道也, 今亡矣. 三綱之首不可廢, 吾從古」子曰:「惡衣薄食, 少思寡欲. 今人以爲詐, 我則好詐焉; 不爲誇衒, 若愚似鄙. 今人以爲恥, 我則不恥也.」

2. 《明心寶鑑》治家篇(14-15)

文仲子曰:「婚娶而論財, 夷虜之道也.」

254(5-2-27)
일부일처

○ 조혼으로 어린 나이에 빙례를 치르는 것은 사람을 천박하게 하는 것이며, 첩과 잉첩媵妾을 너무 많이 거느리는 것은 사람에게 문란을 가르치는 것이다. 게다가 귀천貴賤에 따라 등급이 있는 것이니, 일부일처一夫一婦는 서인들에 맞는 분수이다.

○ 早婚少聘, 敎人以偸; 妾媵無數, 敎人以亂. 且貴賤有等, 一夫一婦, 庶人之職也.

【早婚】일부 판본에는 ‘蚤婚’으로 되어 있음.
【少聘】어린 나이에 聘禮를 치름. 조혼과 같은 말.
【偸】‘薄’과 같음. 淺薄함. 輕薄함.
【妾媵】妾은 남자가 거느리는 첩. 媵은 여자가 시집갈 때 데리고 가는 남자 侍從.
【貴賤有等】古禮에 天子는 后·夫人·世婦·嬪·妻·妾 등 120인을 거느릴 수 있고, 諸侯는 妻·妾 등 9인, 大夫와 士는 一妻二妾, 庶人은 一夫一妻로 되어 있었음을 말함.

1. 《中說》魏相篇 참조.

2. 《家範》(9) 妻下篇 司馬光

禮: 自天子至於命士, 媵妾皆有數. 惟庶人無之, 謂之匹夫匹婦. 是故關雎美
后妃樂得淑女以配君子.

255(5-2-28)
혼인에서 가장 중요한 것은 가법

○ 사마온공司馬溫公이 말하였다.

"무릇 혼인을 의논함에는 마땅히 우선 그 사위 될 사람이나 며느리 될 자의 성품이나 행동과 그 집안의 가법家法이 어떠한가를 살펴야 하며, 구차스럽게 그 부귀를 부러워해서는 안 된다. 사위 될 자가 진실로 어질다면, 지금은 비록 빈천하다 해도 어찌 뒷날에도 그가 부귀할 수 없다고 미리 단정할 수 있겠는가? 만약 그가 불초하다면 지금 비록 부유하고 풍성하다고 어찌 뒷날 그가 빈천해지지 않는다고 미리 단정할 수 있겠는가? 며느리란 집안의 잘되고 못되는 것이 그로 말미암는 것이니, 일시의 부귀를 흠모하여 맞아들였다면, 그녀는 자신 친정의 부귀를 끼고 그 지아비를 가볍게 보거나, 그 시부모에게 오만하지 않은 자가 드무니, 교만하고 질투하는 성품을 길러놓는다면 뒷날 환난이 어찌 끝이 있겠는가? 가령 며느리 집의 재물로 인해 부유함을 이루거나, 며느리 집안의 권세에 의해 귀한 신분을 얻었다고 한들, 진실로 대장부大丈夫의 지기志氣를 가진 자로서 능히 부끄러운 마음이 없겠는가?"

○ 司馬溫公曰:「凡議婚姻, 當先察其壻與婦之性行, 及家法何如, 勿苟慕其富貴.

壻苟賢矣, 今雖貧賤, 安知異時不富貴乎? 苟爲不肖, 今雖富盛, 安知異時不貧賤乎? 婦者家之所由盛衰也, 苟慕一時之富貴而娶之, 彼挾其富貴, 鮮有不輕其夫而傲其舅姑. 養成驕妬之性, 異日爲患,

庸有極乎? 借使因婦財以致富, 依婦勢以取貴, 苟有丈夫之志氣者,
能無愧乎?」

【司馬溫公】司馬光(1019~1086). 北宋의 사학가이며 문장가, 사상가. 자는 君實.
만년의 호는 迂叟, 陝州 夏縣(지금의 山西 夏縣) 사람으로 涑水鄕(지금의 하현
서쪽)에 살아 涑水先生이라고도 부름. 북송 眞宗 天禧 3년에 태어나 哲宗
元祐 원년에 죽었음. 향년 68세. 인종 寶元 원년(1038)에 진사에 올라 仁宗·
英宗·神宗 3조를 섬겼음. 신종 때 왕안석의 신법에 반대하였으며 判西京
御史臺를 그만두고 洛陽에 15년을
살았음. 철종이 즉위하자 조정으로
들어가 재상이 되어, 신법을 파기하
고 구제를 회복하였으나 재위 8개월
만에 죽고 말았음. 시호는 文正,
溫國公에 봉해져 흔히 溫公이라
부름.《資治通鑑》을 편찬하였으며
《涑水紀聞》,《溫國文正司馬文集》
등이 있음.《송사》에 전이 있음.

司馬光(溫公, 君實)《三才圖會》

【家法】집안의 전통과 가풍.
【驕妬】교만하고 질투하는 성격.
【庸有極乎】'庸'은 '어찌'의 뜻. '어찌 그 끝이 있으리오'의 뜻.
【丈夫】大丈夫.《孟子》滕文公(下)에 "居天下之廣居; 立天下之正位; 行天下
之大道. 得志, 與民由之; 不得志, 獨行其道, 富貴不能淫; 貧賤不能移, 威武
不能屈. 此之謂大丈夫"라 함.

참고 및 관련 자료

1.《書儀》(司馬光)에 실려 있음.

2.《明心寶鑑》治家篇(14-12)

司馬溫公曰:「凡議婚姻, 先當察其壻與婦之性行及家法如何. 勿苟慕其富貴.
壻苟賢矣, 今雖貧賤, 安知異時不富貴乎! 苟爲不肖, 今雖富盛, 安知異時不貧

賤乎! 婦者家之所由盛衰也. 苟慕一時之富貴而娶之, 彼挾其富貴, 鮮有不輕
其夫, 而傲其舅姑. 養成驕妒之性, 異日爲患庸有極乎! 借使因婦財以致富, 依婦
勢以取貴, 苟有丈夫之志氣者, 能無愧乎?」

256(5-2-29)
딸과 며느리의 차이

○ 안정安定 호원胡瑗 선생이 말하였다.

"딸을 시집보낼 때는 반드시 우리 집보다 나은 집이어야 한다. 우리 집보다 나으면 딸이 시집 사람을 섬기면서 반드시 공경하고 삼갈 것이다.

며느리를 맞이할 때는 반드시 우리 집만 못한 집안에서 구해야 한다. 우리 집만 못하면 며느리가 시부모를 섬김에 있어 반드시 며느리로서의 도리를 잘 수행하게 될 것이다."

○ 安定胡先生曰:「嫁女必須勝吾家者, 勝吾家, 則女之事人, 必欽必戒; 娶婦必須不若吾家者, 不若吾家, 則婦之事舅姑, 必執婦道」

【安定】지명. 송대에 泰州에 속했으며 지금의 陝西省에 있음. 胡瑗의 조상이 살던 곳이어서 그를 '안정 선생'이라 부름.

【胡先生】胡瑗(993~1059)을 가리킴. 자는 翼之. 范仲淹의 추천으로 벼슬길에 올라 鐘律을 정리하였으며, 天章閣待制·太常博士 등을 지냄. 뒤에 敎學에 힘써 제자가 수백 명에 이르렀음. 저술로 《周易口議》·《洪範口議》·《皇祐新樂圖記》 등이 있으며 《宋史》(432) 儒林傳에 전이 있음.

【欽】존경하여 받듦.

【舅姑】시아버지와 시어머니.

＊〈集註〉에 "吳氏曰:「女婦之性, 大率. 畏慕富盛而厭薄貧賤.」"이라 함.

1. 《名臣言行錄》을 참고할 것.

2. 《明心寶鑑》治家篇(14-13)

安定胡先生曰:「嫁女必勝吾家者, 勝吾家, 則女之事人必欽必戒. 娶婦必須不若吾家者, 不若吾家, 則婦之事舅姑必執婦道.」

胡瑗(翼之) 《三才圖會》

257(5-2-30)
과부에게 장가들 때

○ 어떤 자가 물었다.

"상부孀婦는 도리에 있어서 마치 장가들어서는 안 되는 것처럼 여기는데 어찌 그렇습니까?"

이천伊川 선생이 말하였다.

"그렇다. 무릇 아내를 취하는 것은 자신에게 배필이 되는 것이다. 만약 절개를 잃은 자를 자신의 배필로 맞이한다면, 이는 자신도 절개를 잃은 것이 된다."

다시 물었다.

"혹 오갈 데 없는 과부로서 빈궁하여 의탁할 곳도 없는 자라면 다시 시집갈 수 있습니까, 없습니까?"

이천 선생이 대답하였다.

"단지 이는 후세 사람이 추위와 배고픔 때문에 죽을까 두려워하는 까닭에 그러한 이론이 있게 된 것이다. 그러나 굶어 죽는 것은 지극히 사소한 일이나, 절개를 잃은 일은 지극히 큰일이다."

○ 或問:「孀婦於理似不可取, 如何?」

伊川先生曰:「然, 凡取以配身也, 若取失節者以配身, 是己失節也」

又問:「或有孤孀貧窮無託者, 可再嫁否?」

曰:「只是後世怕寒餓死, 故有是說, 然餓死事極小, 失節事極大」

【孀婦】과부.〈集註〉에 "無夫曰孀"이라 함.

【伊川】程頤(1033~1107). 자는 正叔, 廣平先生이라 불렀으나 이천(伊川, 지금의
洛陽 남쪽)에 살아 흔히 伊川先生이라 불렸음. 그의 형 程顥(明道先生)와
더불어 北宋 理學 四派 즉, 濂溪學派(周敦頤)·百源學派(邵雍)·關學派(張載)
와 더불어 洛學派의 대표적인 인물이며 小程子로 불림. 이들 학통이 南宋
閩學派(朱熹)에게로 이어진 것임.

참고 및 관련 자료

1. 《語錄》唐彦思(錄)를 참고할 것.
2. 《明心寶鑑》婦行篇(20-9)

《列女傳》曰:「古者婦人姙子, 寢不側, 坐不偏, 立不蹕, 不食邪味, 割不正不食,
席不正不坐, 目不視邪色, 耳不聽淫聲. 夜則令瞽誦詩, 道正事. 如此則生子形
容端正, 才過人矣.」

258(5-2-31)
부인의 집안일

○《안씨가훈顏氏家訓》에 말하였다.

"부인이 집에서 하는 일은 오직 주식酒食, 의복衣服 등의 예禮에 관한 일일뿐이다. 국가의 일은 그들에게 참여시켜서는 안 되며, 가정의 일도 중요한 일은 시켜서는 안 된다. 만약 총명하며 재주와 지혜가 있으며, 고금에 통달하여 박식하다면 마땅히 군자(君子, 남편)를 보좌하여 그의 부족한 점을 권면해야 할 것이다. 암탉이 새벽에 울어 화禍를 부르는 일이 있도록 해서는 안 된다."

○《顏氏家訓》曰:「婦主中饋, 唯事酒食衣服之禮耳, 國不可使預政, 家不可事幹蠱, 如有聰明才智, 識達古今, 正當輔佐君子, 勸其不足, 必無牝雞晨鳴, 以致禍也.」

【中饋】밥 짓고 빨래하는 家事를 뜻함.《周易》(37) 家人卦에 "在中饋, 貞吉"이라 함.〈集註〉에 "進食曰饋, 居中饋食, 婦人主之預干也"라 함.
【幹蠱】그 일을 주관함. 雙聲連綿語로 여겨짐. '干'은 '主', '蠱'는 '事'를 뜻함.
【聰明】원래는 귀로 듣고 잘 알아차리는 똑똑함을 '聰'이라 하고, 눈으로 보아 민첩하게 깨닫는 것을 '明'이라 하였으나, 이를 묶어 사리에 밝고 영민(靈敏)함을 뜻하는 말로 쓰임.《尙書》堯典에 「昔在帝堯, 聰明文思, 光宅天下」라 하였고, 孔穎達의 疏에 「言聰明者, 據人近驗, 則聽遠爲聰, 見微爲明. ……以耳目之聞見, 喩聖人之智慧, 兼知天下之事」라 함.

【牝雞守晨】 새벽에 암탉이 울음을 뜻함. 여자가 家事나 국가의 일을 농단 함을 뜻함. 《書》牧誓에 「牝雞無晨. 牝雞之晨, 惟家之索」이라 함.
＊〈集註〉에 "婦人預政幹蠱, 則敗亡之禍矣"라 함.

참고 및 관련 자료

1.《顔氏家訓》治家篇

婦主中饋, 惟事酒食衣服之禮耳, 國不可使預政, 家不可使幹蠱; 如有聰明才智, 識達古今, 正當輔佐君子, 助其不足, 必無牝雞晨鳴, 以致禍也.

남북 부녀자들의 차이

○ 강동江東의 부녀자들은 대체로 바깥과 교유함이 없어, 그 친척과 인척의 경우라도 혹 십수 년간 서로 알지 못하는 경우가 있다. 다만 사람을 보내어 안부를 묻거나 선물을 보내어 은근한 정을 표시할 뿐이다. 업하鄴下의 풍속은 오직 부인이 집안의 일을 전담한다. 그 여자들은 곡직曲直을 가리는 소송이나, 초청에 응하고 불러 맞이하는 일, 아들을 위해 대신 관직을 구하고, 남편을 위해 억울함을 하소연하기도 한다. 이는 바로 항주恒州·대군代郡의 이민족이 끼친 풍속이리라!

○ 江東婦女, 略無交遊, 其婚姻之家, 或十數年間, 未相識者, 唯以信命贈遺致慇懃焉, 鄴下風俗, 專以婦持門戶, 爭訟曲直, 造請逢迎, 代子求官, 爲夫訴屈, 此乃恒代之遺風乎!

【江東】江南. 江左. 南朝시대의 建康(建鄴. 지금의 南京)을 중심으로 있었던 나라들. 즉 東晉과 宋·齊·梁·陳.

【婚姻】《爾雅》釋親에 「壻之父爲姻, 婦之父爲婚」이라 하였고, 다시 「婦之父母, 壻之父母, 相謂婚姻」이라 함.

【鄴下】고대의 相州. 明나라 때는 河南 彭德府라 불렀음.

【恒代】恒은 恆으로도 쓰며, 恆州. 지금의 山西省 大同縣. 拓跋氏가 이곳을 平城이라 하여 도읍을 정했음. 代는 代郡. 여기서의 恆代(恒代)는 이민족을 拓跋氏를 가리키는 말로 쓰였음. 北魏를 세워 北朝 때 위세를 떨쳤음.《洛陽

伽藍記》 참조. 《纂注》에 "恒, 恒山也; 代, 古國名. 地皆近燕趙, 燕太子丹不哀後宮美女以結士, 故其遺風如此"라 함.

* 〈集註〉에 "恒代, 皆燕趙間地名, 燕太子丹不愛後宮美女以結士. 故其遺風如此"라 함.

참고 및 관련 자료

1. 《顔氏家訓》 治家篇

江東婦女, 略無交遊, 其婚姻之家, 或十數年間, 未相識者, 惟以信命贈遺, 致殷勤焉. 鄴下風俗, 專以婦持門戶, 爭訟曲直, 造請逢迎, 車乘塡街衢, 綺羅盈府寺, 代子求官, 爲夫訴屈. 此乃恆·代之遺風乎! 南間貧素, 皆事外飾, 車乘衣服, 必貴整齊; 家人妻子, 不免飢寒. 河北人事, 多由內政, 綺羅金翠, 不可廢闕, 羸馬顇奴, 僅充而已; 倡和之禮, 或爾汝之.

장가를 든 뒤의 가족 화목

○무릇 사람이 있은 후에야 부부가 있게 되고, 부부가 있은 후에야 부자가 있게 되며, 부자가 있은 후에 형제가 있게 되니, 한 집안의 친척으로는 이 세 가지가 있을 따름이다. 이로부터 넓혀나가면 구족九族에 이르게 되지만, 모두가 이 삼친三親에 근본을 두고 있는 것이다. 그러므로 인륜人倫에 있어서 중요한 것이 되나니 가히 돈독히 하지 않을 수 없는 것이다.

형제란 몸은 나뉘어 있으나 기氣는 연결된 사람끼리이다. 바야흐로 어릴 때에는 부모가 왼손으로 끌어주고 오른손으로 잡아주며, 앞에서 옷깃을 잡고 가고 뒤에서 옷자락을 잡고 따른다. 밥 먹을 때는 한 상에서 먹고, 옷은 전해 입으며, 공부는 뒤따라 그 학업을 익히며, 놀 때도 같은 방향을 간다. 비록 패란悖亂한 사람이 있다 하더라도 서로 사랑하지 않을 수 없는 것이다.

그러나 장성하여 각기 자신의 아내를 거느리고 각기 자신의 자녀를 기르면서, 비록 돈독하고 후덕한 사람일지라도 조금은 정의情誼가 쇠미해지지 않을 수 없다. 아내끼리의 동서 사이는 형제에 비교한다면 더욱 소원하고 박한 관계이다.

지금 이처럼 소원하고 박한 관계의 사람으로 하여금 친하고도 후덕한 형제의 은혜로써 절제하고 헤아려 보도록 하는 것은, 마치 밑바닥이 네모난 그릇에 둥그런 뚜껑을 덮는 것과 같아서 틀림없이 맞지 않을 것이다. 오직 형제 사이의 우의가 깊고 지극하여 곁 사람인 처자로 인해 이것이 변질됨이 없도록 하여야 그나마 잘못을 면할 수 있을 것이다!

○ 夫有人民而後有夫婦, 有夫婦而後有父子, 有父子而後有兄弟, 一家之親, 此三者而已矣. 自玆以往, 至於九族, 皆本於三親焉. 故於人倫爲重者也, 不可不篤.

兄弟者, 分形連氣之人也. 方其幼也, 父母左提右挈, 前襟後裾, 食則同案, 衣則傳服, 學則連業, 遊則共方, 雖有悖亂之人, 不能不相愛也.

及其壯也, 各妻其妻, 各子其子, 雖有篤厚之人, 不能不少衰也. 姒娣之比兄弟, 則疎薄矣. 今使疎薄之人而節量親厚之恩, 猶方底而圓蓋, 必不合矣. 唯友悌深至, 不爲傍人之所移者, 免夫!

【人民而後有夫婦】이 구절은 《周易》序封傳의 내용임.
【九族】여러 가지 설이 있음. 《今文尙書》의 注에는 異姓 친족, 즉 父族四·母族三·妻族二라 하였고, 《古文尙書》에는 同姓 친족, 즉 高祖·曾祖·祖·父, 자기 자신, 子·孫·曾孫·玄孫을 가리킨다 하였음.
【分形連氣】形(몸)을 나뉘었으나 그 기(氣)는 연결되어 있음을 말함. 同氣, 즉 형제를 뜻함. 〈集註〉에 "吳氏曰:「兄弟同出於父母, 故形分而氣同.」"이라 함.
【左提右挈】〈集註〉에 "謂父母左手引兄以行, 右手挈弟以走也"라 함.
【前襟後裾】〈集註〉에 "謂兄前挽父母之襟, 弟後牽父母之裾也"라 함.
【娣姒】'제사'로 읽으며 여자 동서끼리를 말함. 〈集註〉에 "長婦爲姒, 少婦爲娣"라 함.
【節量】조절하여 양을 헤아림. 결재하여 처리함. 〈集註〉에 "節量, 猶言裁處"라 함.
【親厚之恩】친하게, 후하게 보살펴 주는 은혜.

참고 및 관련 자료

1. 《顔氏家訓》兄弟篇
夫有人民而後有夫婦, 有夫婦而後有父子, 有父子而後有兄弟: 一家之親, 此三而已矣. 自玆以往, 至於九族, 皆本於三親焉, 故於人倫爲重者也, 不可不篤.

兄弟者, 分形連氣之人也. 方其幼也, 父母左提右挈, 前襟後裾, 食則同案, 衣則
傳服, 學則連業, 游則共方, 雖有悖亂之人, 不能不相愛也. 及其壯也, 各妻其妻,
各子其子, 雖有篤厚之人, 不能不少衰也. 娣姒之比兄弟, 則疏薄矣; 今使疏薄
之人, 而節量親厚之恩, 猶方底而圓蓋, 必不合矣. 惟友悌深至, 不爲旁人之所
移者, 免夫!

2. 《周易》序卦傳

有天地然後有萬物, 有萬物然後有男女, 有男女然後有夫婦, 有夫婦然後有父子,
有父子然後有君臣, 有君臣然後有上下, 有上下然後禮義有所錯. 夫婦之道不可
以不久也, 故受之以恆. 恆者, 久也. 物不可以久居其所, 故受之以遯. 遯者, 退也.
物不可以終遯, 故受之以大壯. 物不可以終壯, 故受之以晉. 晉者, 進也. 進必
有所傷, 故受之以明夷. 夷者, 傷也. 傷於外者必反於家, 故受之以家人. 家道
窮必乖, 故受之以睽. 睽者, 乖也. 乖必有難, 故受之以蹇. 蹇者, 難也. 物不可
以終難, 故受之以解. 解者, 緩也. 緩必有所失, 故受之以損. 損而不已必益, 故受
之以益. 益而不已必決, 故受之以夬. 夬者, 決也. 決必有遇, 故受之以姤. 姤者,
遇也. 物相遇而後聚, 故受之以萃. 萃者, 聚也. 聚而上者謂之升, 故受之以升.
升而不已必困, 故受之以困. 困乎上者必反下, 故受之以井. 井道不可不革, 故受
之以革. 革物者莫若鼎, 故受之以鼎. 主器者莫若長子, 故受之以震. 震者, 動也.
物不可以終動, 止之, 故受之以艮. 艮者, 止也. 物不可以終止, 故受之以漸. 漸者,
進也. 進必有所歸, 故受之以歸妹. 得其所歸者必大, 故受之以豐. 豐者, 大也.
窮大者必失其居, 故受之以旅. 旅而无所容, 故受之以巽. 巽者, 入也. 入而後
說之, 故受之以兌. 兌者, 說也. 說而後散之, 故受之以渙. 渙者, 離也. 物不可
以終離, 故受之以節. 節而信之, 故受之以中孚. 有其信者必行之, 故受之以小過.
有過物者必濟, 故受之以既濟. 物不可窮也, 故受之以未濟, 終焉.

261(5-2-34)
아버지의 훈계

○ 중도仲塗 유개柳開가 이렇게 말하였다.

"돌아가신 아버지께서 집안을 다스림에 있어 효도를 중히 여기고 또 엄격하셨다. 매월 초하루와 보름날에는 내 제수弟嫂들이 당堂 아래에서 절하기를 마치고 손을 교차하여 얼굴을 가리고는 아버지의 훈계를 들었다. 아버지의 훈계는 이러하였다.

'사람은 가족을 이루어 형제로써 의롭지 않은 자가 없다. 그러나 모두가 각기 아내를 얻어 문안에 들여놓은 다음에는 서로 다른 성씨가 모여 살게 되어 장단점을 두고 다투고 경쟁하게 된다. 점차 물에 젖듯이 날마다 아내의 말을 듣게 되어, 결국 자신들끼리만 편애하여 사사롭게 물건을 소장하여, 마침내 배반하고 어그러지는 단계에 이르게 된다. 그리하여 문을 나누고 방을 갈라 따로 살게 되니, 그 환난이 도적이나 원수처럼 되고 만다. 이는 모두가 너희들 아녀자들이 짓는 짓이다. 남자로서 아무리 강한 창자를 가진 자라 해도 능히 아내의 말에 미혹되지 않을 자가 그 몇 사람이나 되겠는가? 나는 이런 경우를 많이 보아왔다. 너희들은 이런 일이 있어서야 되겠는가?'

모두 물러서게 되면 조심하고 두려워하여 감히 불효가 되는 일은 한마디도 말하지 못하였다. 우리 집안은 교훈에 힘입어 오늘에 이르기까지 이렇게 가족이 온전함을 얻었다."

○ 柳開仲塗曰:「皇考治家, 孝且嚴. 旦望, 弟婦等拜堂下畢, 即上手低面, 聽我皇考訓誡. 曰:『人家兄弟, 無不義者, 盡因娶婦入門,

異姓相聚, 爭長競短, 漸漬日聞, 偏愛私藏, 以致背戾, 分門割戶,
患若賊讎, 皆汝婦人所作, 男子剛腸者, 幾人能不爲婦人言所惑?
吾見多矣, 若等寧有是耶?』

　退則惴惴, 不敢出一語, 爲不孝事. 開輩抵此賴之, 得全其家云」

【柳開仲塗】柳開(947~1000)는 이름. 원래 이름은 肩愈. 자는 紹先. 뒤에 이름을
　開, 자를 仲塗로 바꿈. 宋나라 때 大名 사람으로 송대 처음 古文運動을
　주창하였으며《河東先生集》을 남김.《宋史》(440) 文苑傳에 전이 있음.
【皇考】돌아가신 아버지를 말함. 〈集註〉에 "父沒稱黃考"라 함.
【上手】손을 들고 교차함. 〈集註〉에 "上手, 叉手也"라 함.
【漸漬】점점 물이 젖듯이 천천히 그 영향을 받음. 〈集註〉에 "漸漬, 爲譖言
　如水之浸潤, 不驟也"라 함.

1. 柳仲塗(撰) 〈叔母穆夫人墓誌〉을 참고할 것.

262(5-2-35)
요즈음 세태

○ 이천伊川 선생이 말하였다.

"오늘날 사람들은 흔히 형제 사이의 사랑에 대하여 모르고 있다. 그러나 이를테면 여염閭閻집 소인小人이라 해도 밥 한 그릇을 얻으면 반드시 부모에게 먼저 드시도록 한다. 이는 무슨 이유에서이겠는가? 바로 부모의 입이 자신의 입보다 중하다 여기기 때문이다. 또 옷 한 벌이라도 얻으면 반드시 이를 먼저 부모님께 입혀드린다. 이는 무슨 이유에서이겠는가? 바로 부모의 몸이 자신의 몸보다 중하다 여기기 때문이다. 심지어 기르고 있는 개나 말에게도 마찬가지이다. 부모님이 기르는 개나 말을 대함에는, 반드시 자신이 기르고 있는 개나 말보다 달리 잘해 준다. 그런데 유독 부모가 낳은 자식끼리 사랑하는 일은 도리어 자신이 낳은 아들보다 경홀히 여기며, 심지어 마치 원수처럼 보고 있다. 온 세상이 모두 이와 같으니 심히 미혹스럽도다."

○ 伊川先生曰:「今人多不知兄弟之愛, 且如閭閻小人, 得一食, 必先以食父母, 夫何故? 以父母之口, 重於己之口也. 得一衣, 必先以衣父母. 夫何故? 以父母之體, 重於己之體也. 至於犬馬亦然, 待父母之犬馬, 必異乎己之犬馬也, 獨愛父母之子, 卻輕於己之子, 甚者至若仇敵, 擧世皆如此, 惑之甚矣.」

【伊川】程頤(1033~1107). 자는 正叔, 廣平先生이라 불렀으나 이천(伊川, 지금의 洛陽 남쪽)에 살아 흔히 伊川先生이라 불렸음. 그의 형 程顥(明道先生)와 더불어 北宋 理學 四派 즉, 濂溪學派(周敦頤)·百源學派(邵雍)·關學派(張載)와 더불어 洛學派의 대표적인 인물이며 小程子로 불림. 이들 학통이 南宋 閩學派(朱熹)에게로 이어진 것임.

【閭閻】일반 사람들이 사는 곳. 閭巷의 문. 〈集註〉에 "閭閻, 里巷之門也"라 함.

【父母之子】같은 부모가 낳은 자녀들. 즉 자신의 입장에서 보면 형제자매임을 말한 것임.

【仇敵】원수나 적으로 여김.

참고 및 관련 자료

1. 《語錄》劉元承(編)을 참조할 것.

263(5-2-36)
형제라도 생각이 다를 수 있다

○ 횡거橫渠 선생이 말하였다.

"〈사간斯干〉 시에 말하였다. '여기에 피를 나눈 형과 아우, 서로서로 아끼며 화목도 하지. 그러나 서로 똑같을 수는 없지'라 하였으니 이는 형제란 의당 서로 사랑하고 아끼며 잘못을 따라 배워서는 안 된다는 뜻이다. '무상유의無相猶矣'에서 '유猶'자는 '사(似, 비슷하다)'의 뜻이다. 사람의 정이란 대체로 남에게 은혜를 베풀다가도 그 보답을 받지 못하면 철회하며, 그 때문에 은혜를 끝까지 지속시키지 못하는 병폐가 있다. 상대의 잘못을 배우지 말고, 나 자신이 베풀 따름이다."

○ 橫渠先生曰:「斯干詩言:『兄及弟矣, 式相好矣, 無相猶矣.』言: 兄弟宜相好, 不要相學, '猶', '似'也. 人情大抵, 患在施之不見報, 則報, 故恩不能終. 不要相學, 己施之而已.」

【橫渠】張載(1020~1077). 자는 子厚, 關中의 郿縣 橫渠鎭에 살아 橫渠先生이라 부름. 저서로는 《正蒙》·《東銘》·《西銘》·《理窟》 등이 있으며, 北宋 理學 四派 즉, 濂溪學派(周敦頤)·百源學派(邵雍)·關學派(張載)·洛學派(程顥, 程頤) 의 하나를 이루었음.
【斯干】《詩經》 小雅의 편명.
【不要相學】'不要'는 '~하지 말라'의 白話語 구문. 相學은 형제로서 내리사랑과 위쪽으로의 공경에 혹 소홀함이 있을 경우 이를 상대적으로 여겨 똑같이 대우하거나 따라 배우는 일. 즉 허물을 배우는 일.

＊〈集註〉에 "朱子曰:「不要相學, 是不要相學其不好處. 如兄能愛其弟, 弟却
不恭其兄, 兄豈可學弟之不恭而遂忘其愛? 但當盡其愛而已. 如弟能恭其兄,
兄却不愛其弟, 弟豈可學兄之不愛而遂忘其恭? 但當盡其恭而已.」"라 함.

1.《橫渠經說》에 실려 있음.
2.《詩經》小雅 斯干

秩秩斯干, 幽幽南山. 如竹苞矣, 如松茂矣. 兄及弟矣, 式相好矣, 無相猶矣. 似續
妣祖, 築室百堵, 西南其戶. 爰居爰處, 爰笑爰語. 約之閣閣, 椓之橐橐. 風雨攸除,
鳥鼠攸去, 君子攸芋. 如跂斯翼, 如矢斯棘, 如鳥斯革, 如翬斯飛, 君子攸躋. 殖殖
其庭, 有覺其楹, 噲噲其正, 噦噦其冥, 君子攸寧. 下莞上簟, 乃安斯寢. 乃寢
乃興, 乃占我夢. 吉夢維何, 維熊爲羆, 維虺維蛇. 大人占之, 維熊維羆, 男子之祥.
維虺維蛇, 女子之祥. 乃生男子, 載寢之床, 載衣之裳, 載弄之璋. 其泣喤喤,
朱芾斯皇, 室家君王. 乃生女子, 載寢之地, 載衣之褐, 載弄之瓦. 無非無儀, 唯酒
食是議, 無父母詒罹.

264(5-2-37)
공경을 위주로

○ 이천伊川 선생이 말하였다.

"근래 세상이 천박하여 서로 즐기며 친압하는 것을 서로 허여하는 것으로 여기고 있으며, 규각圭角이 없음을 서로 즐기고 사랑하는 것인 양 여기고 있다. 이와 같이 하면서 어찌 능히 관계를 오래 지속시킬 수 있겠는가? 만약 오래 지속시키고자 한다면 모름지기 공경恭敬으로 해야 한다. 군신붕우君臣朋友의 관계가 모두 의당 경敬을 위주로 해야 하는 것이다."

○ 伊川先生曰:「近世淺薄, 以相歡狎爲相與, 以無圭角爲相歡愛. 如此者安能久? 若要久, 須是恭敬, 君臣朋友, 皆當以敬爲主也.」

【伊川】 程頤(1033~1107). 자는 正叔, 廣平先生이라 불렀으나 이천(伊川, 지금의 洛陽 남쪽)에 살아 흔히 伊川先生이라 불렀음. 그의 형 程顥(明道先生)와 더불어 北宋 理學 四派 즉, 濂溪學派(周敦頤)·百源學派(邵雍)·關學派(張載)와 더불어 洛學派의 대표적인 인물이며 小程子로 불림. 이들 학통이 南宋 閩學派(朱熹)에게로 이어진 것임.
【歡狎】 서로 허물없이 터놓아 가까이하되 그 도가 지나침을 말함. 〈集註〉에 "歡狎, 爲歡好而褻狎也"라 함.
【相與】 서로 허여함. 서로 터놓고 허락함.
【無圭角】 圭角이 없음. 圭角은 옥의 모서리가 모남을 말함. 서로 원만하면 그만이라 여겨 예절 따위를 중시하지 아니함. 〈集註〉에 "無圭角, 謂去方而 爲圓也"라 함.

1.《語錄》劉元承(編)에 실려 있음.

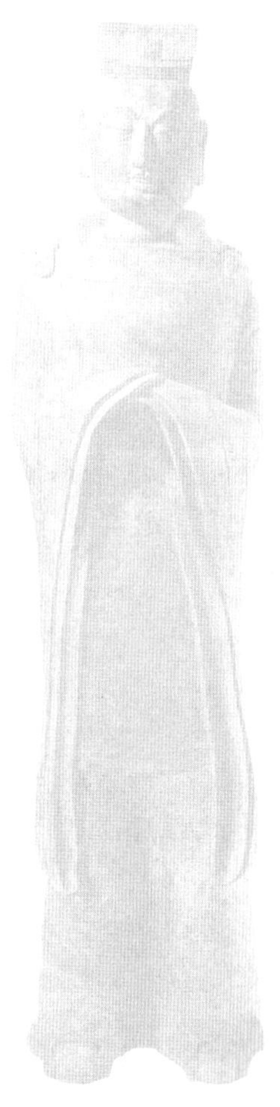

265(5-2-38)
친구 사이에 지켜야 할 덕목

○ 횡거橫渠 선생이 말하였다.

"오늘날의 친구는 아첨 잘하는 자를 가려서 사귀며, 어깨를 두드리고 소매를 잡아주는 것을 마치 의기가 투합하는 것으로 여기고 있다. 그러다가 말 한 마디라도 마음에 맞지 아니하면 노기를 서로에게 가한다. 친구를 사귐에는 서로 몸을 낮추어 겸손하기를 게을리하지 않아야 한다. 그러므로 이 친구 사이에는 공경함을 위주로 하는 사람이라야 서로 친히 허여하게 되어 그 효과가 가장 빠르리라."

○ 橫渠先生曰:「今之朋友, 擇其善柔以相與, 拍肩執袂以爲氣合. 一言不合, 怒氣相加. 朋友之際, 欲其相下不倦. 故於朋友之間, 主其敬者, 日相親與, 得効最速.」

【橫渠】張載(1020~1077). 자는 子厚, 關中의 郿縣 橫渠鎭에 살아 橫渠先生이라 부름. 저서로는 《正蒙》·《東銘》·《西銘》·《理窟》 등이 있으며, 北宋 理學 四派 즉, 濂溪學派(周敦頤)·百源學派(邵雍)·關學派(張載)·洛學派(程顥, 程頤) 의 하나를 이루었음.
【善柔】부드럽게 아첨하기를 잘함. 《論語》 季氏篇에 "孔子曰:「益者三友, 損者三友. 友直, 友諒, 友多聞, 益矣. 友便辟, 友善柔, 友便佞, 損矣.」"라 함.
【相下】서로 양보하여 겸손하고자 함. 〈集註〉에 "相下, 謂彼此相讓"이라 함.
【効】서로 충고하고 격려하여 얻는 이득과 효과. 〈集註〉에 "効, 卽忠告善道 之益也"라 함.

1. 《橫渠語錄》에 실려 있음.

2. 《明心寶鑑》交友篇(19-5)

橫渠先生曰:「今之朋友, 擇其善柔以相與. 拍肩執袂, 以爲氣合. 一言不合, 怒氣相加. 朋友之際, 欲其相下不倦. 故於朋友之間, 至於敬者, 日相親與, 得效最速.」

266(5-2-39)
대를 이어가야 할 돈독한 우정

○《동몽훈童蒙訓》에 말하였다.

"동료끼리 의기가 투합하다가 교대로 그 직분을 승계하여 형제와 같은 의를 간직한 경우 그 자손에게 이르러서도 역시 대대로 그 형제 같은 의리를 지켜가야 한다. 선배들은 오로지 이와 같이 하기를 힘썼는데 지금 사람들은 이를 아는 이들이 대체로 적어졌다. 또 자신을 천거하고 보증을 서 준 옛 사람 및 과거 자신의 직책에 안찰관按察官 등을 맡았던 자를 대함에는, 나중에 자신의 관직이 비록 그들보다 높다할지라도 선배들은 모두 사양하며 피하고 아래 자리에 앉았다. 풍속이 이와 같았으니 어찌 순후淳厚하지 않을 수 있었겠는가!"

○《童蒙訓》曰:「同僚之契, 交承之分, 有兄弟之義, 至其子孫, 亦世講之. 前輩專以此爲務, 今人知之者蓋少矣. 又如舊擧將, 及嘗爲舊任按察官者, 後己官雖在上, 前輩皆辭避, 坐下坐, 風俗如此, 安得不厚乎!」

【童蒙訓】《呂氏童蒙訓》이라고도 하며 宋 呂本中이 찬술한 책으로 어린이를 훈계하기 위한 것임. 3권으로 되어 있으며, 南宋 紹定 연간에 이미 판각이 되었고, 1925년 陶氏涉園飜刻本이 전함. 〈四庫全書〉에도 들어 있음.
【契】 뜻이 맞아 함께 일을 한 동료들을 말함.

【世講之】‘講’은 講睦과 같음. 서로 화목을 이루어 의리를 지켜나감.《小學
纂注》의 주에 “世講之, 謂世世敍兄弟之義, 蓋念其祖宗當日相與之情而不
忘也”라 함.
【擧將】擧主와 같음. 宋代 사람을 등용할 때 保證과 薦擧를 받았으며 이를
擧將, 擧主라 함. 자신의 등용에 큰 보탬을 준 사람을 뜻함.
【按察官】그 屬邑의 按察을 맡았던 사람. 당시 자신이 그의 아래였음을
뜻함.
【前輩】先輩와 같음. 그러나 가까운 시절의 선배가 아닌 먼 옛날부터 같은
분야를 공부한 사람들을 지칭하는 말임.

참고 및 관련 자료

1.《童蒙訓》을 출전이라 하였으나 지금의 〈四庫全書〉본《童蒙訓》에는 이
구절이 실려 있지 않음.

267(5-2-40)
조상의 음덕

○ 문정공文正公 범중엄范仲淹이 참지정사參知政事였을 때 여러 아들들에게 이렇게 고하였다.

"내가 가난할 때 네 어머니와 함께 어버이를 모셨다. 네 어머니가 직접 밥을 지으면 부모님은 달고 맛있다 여겼지만, 이로써 충분하게 해드렸다고 여겨본 적이 없었다. 그런데 지금 이렇게 후한 봉록을 받고 있어 어버이를 봉양하고자 하나, 어버이는 계시지 않는구나. 네 어머니도 이미 일찍 세상을 떠나고 말았으니, 내가 가장 한스럽게 여기는 바다. 그러니 차마 너희들로 하여금 부귀의 즐거움을 마음 놓고 누리라고 할 수가 없구나.

范仲淹(989~1052)

우리 오중吳中에는 우리 종족이 심히 많다. 그들 중에는 진실로 나와 아주 가까운 친척도 있고 비교적 먼 친척도 있다. 그러나 우리 조종祖宗이 볼 때에는 모두가 한결같은 자손이며 진실로 친근하고 소원한 차이가 없다. 진실로 조종의 뜻에 친소親疎가 없다면 굶주림과 추위에 떠는 자를 두고 내 어찌 그들을 구휼救恤하지 않을 수 있겠느냐? 조종으로부터 내려오면서 덕을 쌓은 지 백여 년에 비로소 내게 나타나 큰 관직을 얻을 수 있었던 것이니, 만약 내가 홀로 부귀를 누리면서 종족을 구휼하지 아니한다면 다른 날에 내 무슨 면목으로 지하에서 조종을 뵐 수 있겠으며, 지금 또한 무슨 낯으로 가묘家廟에 들어갈 수 있겠느냐?"

이에 은전의 특례로 받은 물건과 녹복받은 것들을 항상 일가 사람들에게 균등하게 나누어 주었으며, 아울러 의전택義田宅이라는 것을 마련하였다고 한다.

○ 范文正公, 爲參知政事時, 告諸子曰:「吾貧時, 與汝母養吾親, 汝母躬執爨, 而吾親甘旨, 未嘗充也. 今而得厚祿, 欲以養親, 親不在矣. 汝母亦已蚤世, 吾所最恨者, 忍令若曹享富貴之樂也. 吾吳中宗族甚衆, 於吾固有親疎, 然吾祖宗視之, 則均是子孫, 固無親疎也. 苟祖宗之意無親疎, 則饑寒者, 吾安得不恤也? 自祖宗來, 積德百餘年, 而始發於吾, 得至大官, 若獨享富貴, 而不恤宗族, 異日何以見祖宗於地下, 今何顔入家廟乎?」

於是恩例俸賜, 常均於族人, 幷置義田宅云.

【范文正公】范仲淹(989~1052). 자는 希文. 北宋 蘇州 吳縣 사람으로 2살에 고아가 되었으며, 어머니가 朱氏에게 재가하여 이름을 朱說이라 하였음. 뒤에 자신의 정체성을 위해 어머니를 떠나 應天府(지금의 河南 商丘)로 가서 고학한 끝에 眞宗 8년 진사에 오름. 그리고 벼슬길에 오르자 어머니를 모시고 본 이름을 되찾았으며 仁宗 때 吏部員外郎·權開封府 등을 역임함. 당시 呂夷簡 등과 정치적 갈등을 겪기도 하였으며, 뒤에 陝西의 羌人을 토벌한 공로로 재상에 오르기도 하였음. 시호는 文正, 저서에는 《范文正公集》이 있음. 《宋史》(314)에 전이 있음.

【參知政事】참정. 宰相 다음의 높은 지위임.

【爨】직접 불을 지펴 밥을 하고 반찬을 만듦.

【早世】일찍 세상을 떠남.

【若曹】'汝曹, 而曹, 汝等'과 같음. '너희들.'

【吳中】지금의 江蘇省 蘇州 吳縣 일대.

【恩例俸賜】임금이 특별히 베푸는 은전과 일정하게 받는 봉록.

【義田宅】가난한 종족에게 농토와 집을 무료로 사용하게 한 것임.

1.《名臣事實》과 《宋名臣言行錄》을 참조할 것.

268(5-2-41)
가계는 여유를 남겨두어라

○ 사마온공司馬溫公이 말하였다.

"무릇 가장 된 자는 반드시 부지런히 예법禮法을 지켜 모든 자제와 가속의 무리를 통솔하되 각기 직분을 나누어 주고, 일거리를 주며, 그 성취와 공적에 책임을 맡겨야 한다. 그리고 재용을 조절하여 쓰도록 다스리고, 수입을 헤아려 지출을 계획하며, 집안의 있고 없음을 참작하여 위아래 사람들에게 옷과 먹을 것을 공급하여야 한다. 그리고 길흉사에 쓸 비용은 모두가 품위와 절도가 있게 하되, 균평하지 않음이 없도록 한다. 필요 없는 비용은 줄이고 사치와 화려함은 금지하여 항상 모름지기 조금씩 여유를 남겨 뜻밖의 일에 대비해야 한다."

○ 司馬溫公曰:「凡爲家長, 必勤守禮法, 以御群子弟及家衆, 分之以職, 授之以事, 而責其成功. 制財用之節, 量入以爲出. 稱家之有無, 以給上下之衣食. 及吉凶之費, 皆有品節, 而莫不均一. 裁省冗費, 禁止奢華. 當須稍存贏餘, 以備不虞.」

【司馬溫公】司馬光(1019~1086). 北宋의 사학가이며 문장가, 사상가. 자는 君實. 만년의 호는 迂叟, 陝州 夏縣(지금의 山西 夏縣) 사람으로 涑水鄉(지금의 하현 서쪽)에 살아 涑水先生이라고도 부름. 북송 眞宗 天禧 3년에 태어나 哲宗 元祐 원년에 죽었음. 향년 68세. 인종 寶元 원년(1038)에 진사에 올라 仁宗·英宗·神宗 3조를 섬겼음. 신종 때 왕안석의 신법에 반대하였으며, 判西京

御史臺를 그만두고 洛陽에 15년을 살았음. 철종이 즉위하자 조정으로 들어가 재상이 되어, 신법을 파기하고 구제를 회복하였으나 재위 8개월 만에 죽고 말았음. 시호는 文正, 溫國公에 봉해져 흔히 溫公이라 부름. 《資治通鑑》을 편찬하였으며 《涑水紀聞》, 《溫國文正司馬文集》 등이 있음. 《송사》에 전이 있음.

【品節】 품위와 절도를 지켜야 함. 혹은 규정을 뜻함.

【家衆】 집안의 모든 家屬들. 〈集註〉에 "家衆, 婢僕輩也"라 함.

【職·事】 각자의 직무와 사업. 〈集註〉에 "職, 如主庖廩·掌田園之類; 事, 如治産業·給征役之類"라 함.

【稱】 그에 맞게 함. 〈集註〉에 "家以以給, 有則豐, 無則儉也"라 함.

【裁省冗費】 '裁'는 制裁함. '省'은 줄임. 용비(冗費)는 쓸데없는 비용. 쓰지 않아도 될 비용.

【不虞】 뜻밖의 생각지 않았던 일을 말함. 〈集註〉에 "不虞, 謂不可虞度之事, 如水火盜賊之類. 此皆制財用之節也"라 함.

참고 및 관련 자료

1. 《家儀》(司馬光)에 실려 있음.

2. 《明心寶鑑》 治家篇(14-16)

司馬溫公曰:「凡爲家長, 必謹守禮法, 以御群子弟及家衆. 分之以職, 授之以事, 而責其成功, 制財用之節. 量入以爲出, 稱家之有無, 以給上下之衣食及吉凶之費, 皆有品節, 而莫不均一. 裁省冗費, 禁止奢華, 常須稍存贏餘, 以備不虞.」

右廣明倫

이상은 명륜^{明倫}을 넓힘에 대한 것이다.

* 〈集註〉에 "李氏曰: 「首十四章, 廣父子之親. 次十章, 廣君臣之義. 次八章, 廣夫婦之別. 次四章, 廣長幼之序. 次三章, 廣朋友之交. 末二章, 通論五倫之義.」라 함.

임동석(茁浦 林東錫)

慶北 榮州 上茁에서 출생. 忠北 丹陽 德尙골에서 성장. 丹陽初中 졸업. 京東高 서울 教大 國際大 建國大 대학원 졸업. 雨田 辛鎬烈 선생에게 漢學 배움. 臺灣 國立臺灣師範大學 國文研究所(大學院) 博士班 졸업. 中華民國 國家文學博士(1983). 建國大學校 教授. 文科大學長 역임. 成均館大 延世大 高麗大 外國語大 서울대 등 大學院 강의. 韓國中國言語學會 中國語文學研究會 韓國中語中文學會 會長 역임. 저서에 《朝鮮譯學考》(中文) 《中國學術槪論》 《中韓對比語文論》. 편역서에 《수레를 밀기 위해 내린 사람들》 《栗谷先生詩文選》. 역서에 《漢語音韻學講義》 《廣開土王碑研究》 《東北民族源流》 《龍鳳文化源流》 《論語心得》 〈漢語雙聲疊韻研究〉 등 학술 논문 50여 편.

임동석중국사상100

소학 小學

朱熹 撰 / 林東錫 譯註
1판 1쇄 발행/2009년 12월 12일
2쇄 발행/2013년 11월 11일
발행인 고정일
발행처 동서문화사
창업 1956. 12. 12. 등록 16-3799
서울강남구신사동563-10 ☎546-0331~6 (FAX)545-0331
www.dongsuhbook.com
잘못 만들어진 책은 바꾸어 드립니다.

*

*

사업자등록번호 211-87-75330
ISBN 978-89-497-0615-3 04080
ISBN 978-89-497-0542-2 (세트)